电力行业"十四五"规划教材

职业教育电力技术类 新形态教材

架空输电线路
工程概预算

JIAKONG SHUDIAN XIANLU
GONGCHENG GAI YUSUAN

主　编　夏　伟　王　灿

副主编　陈慧彬　张德宗

编　写　张和峰　杨　驿

主　审　边飞挺

中国电力出版社

CHINA ELECTRIC POWER PRESS

内容提要

本书为电力行业"十四五"规划教材。

本书内容包括电网工程总费用计算、架空输电线路工程认知、架空输电线路工程图纸识读、架空输电线路工程预算定额计量计价、架空输电线路工程施工图预算成果文件编制、架空输电线路工程造价软件运用共六个项目模块。本书在讲述基本理论的基础上，引用了大量实战案例，并通过各类任务演习帮助学生循序渐进地掌握架空输电线路工程概预算编制流程和方法。

本书适用于中职、高等职业学校、普通高等学校输配电线路施工与运行专业、输配电工程技术专业、电力工程及自动化专业学生，适用于从事输配电工程造价工作相关人员的入门学习，也可作为从事输电工程相关人员的工作参考书籍。

图书在版编目（CIP）数据

架空输电线路工程概预算 / 夏伟，王灿主编.

北京：中国电力出版社，2025．7． -- ISBN 978-7-5198-9201-2

Ⅰ.F426.61

中国国家版本馆 CIP 数据核字第 2024XC5947 号

出版发行：中国电力出版社

地　　址：北京市东城区北京站西街 19 号（邮政编码 100005）

网　　址：http://www.cepp.sgcc.com.cn

责任编辑：牛梦洁（010-63412528）

责任校对：黄　蓓　郝军燕

装帧设计：赵丽媛

责任印制：吴　迪

印　　刷：北京锦鸿盛世印刷科技有限公司

版　　次：2025 年 7 月第一版

印　　次：2025 年 7 月北京第一次印刷

开　　本：787 毫米×1092 毫米　16 开本

印　　张：16.75　插页：12 张

字　　数：374 千字

定　　价：63.00 元

前言

　　概预算工作是建设项目管理中一项极其重要的基础工作，随着我国经济建设的不断发展，其在工程建设领域中的地位越来越重要。本教材旨在培养学生在输配电线路工程概预算方面的专业能力，使学生能够识读工程图纸，正确掌握和运用现行的标准、定额编制工程概预算书，合理确定工程造价，为从事线路工程概预算的实际工作奠定基础。

　　教材采用 2018 版定额体系内容，针对架空输电线路各个分部工程设计了典型案例和任务练习，让学生理论知识结合任务进行实战练习，有助于培养学生的实际操作能力和解决工程问题的能力。教材能够满足不同层次学生的需求，具有很好的普适性。

　　本教材由电网工程总费用计算、架空输电线路工程认知、架空输电线路工程图纸识读、架空输电线路工程预算定额计量计价、架空输电线路工程施工图预算成果文件编制、架空输电线路工程造价软件运用六个项目模块组成。项目一模块内容包括电力工程建设相关知识、电网工程造价费用构成、工程造价计价依据、工程造价计价、全过程造价管理、造价工程师执业资格制度；项目二模块内容涉及架空输电线路工程基础知识；项目三模块介绍了施工图纸识读，主要包括基础、杆塔、架线、附件、接地装置、辅助各个分部工程图纸的识读；项目四模块主要介绍了土石方工程、基础工程、接地工程、杆塔工程、架线工程、附件工程、辅助工程等预算定额计量计价案例；项目五模块为施工图预算成果文件编制；项目六模块为工程造价软件运用。本教材力求概念清晰、结构严谨、深入浅出、内容新颖，并结合电力工程造价的特点，做到理论联系实际，兼顾行业特点和实用性。

　　由于时间仓促、作者水平所限，书中错误在所难免，敬请同行和广大读者批评指正。

编　者

2024 年 6 月

目录

电网工程总费用计算

储备知识一　电力工程建设相关知识

一、工程造价含义

工程造价通常是指工程项目在建设期（预计或实际）支出的建设费用。由于所处的角度不同，工程造价有不同的含义。

含义一：从投资者（业主）角度分析，工程造价是指建设一项工程预期开支或实际开支的全部固定资产投资费用。投资者为了获得投资项目的预期效益，需要对项目进行策划决策、建设实施（设计、施工）直至竣工验收等一系列活动。在上述活动中所花费的全部费用，即构成工程造价。从这个意义上讲，工程造价就是建设工程固定资产总投资。

含义二：从市场交易角度分析，工程造价是指在工程发承包交易活动中形成的建筑安装工程费用或建设工程总费用。显然，工程造价的这种含义是指以建设工程这种特定的商品形式作为交易对象，通过招标投标或其他交易方式，在多次预估的基础上，最终由市场形成的价格。这里的工程既可以是整个建设工程项目，也可以是其中一个或几个单项工程或单位工程，还可以是其中一个或几个分部工程，如建筑安装工程、装饰装修工程等。随着经济发展、技术进步，分工细化和市场的不断完善，工程建设中的中间产品也会越来越多，商品交换会更加频繁，工程价格的种类和形式也会更为丰富，工程承发包价格是一种重要且较为典型的工程造价形式，是在建筑市场通过发承包交易（多数为招标投标）。由需求主体（投资者或建设单位）和供给主体（承包商）共同认可的价格。

工程造价的两种含义实质上就是从不同角度把握同一事物的本质，对投资者而言，工程造价就是项目投资，是"购买"工程项目需支付的费用。同时，工程造价也是投资者作为市场供给主体"出售"工程项目时确定价格和衡量投资效益的尺度。

二、工程项目的组成

1. 电网工程项目的组成

工程项目可分为单项工程、单位（子单位）工程、分部（子分部）工程和分项工程。例如某大学的建设项目，可按如图 1-1 所示分解。

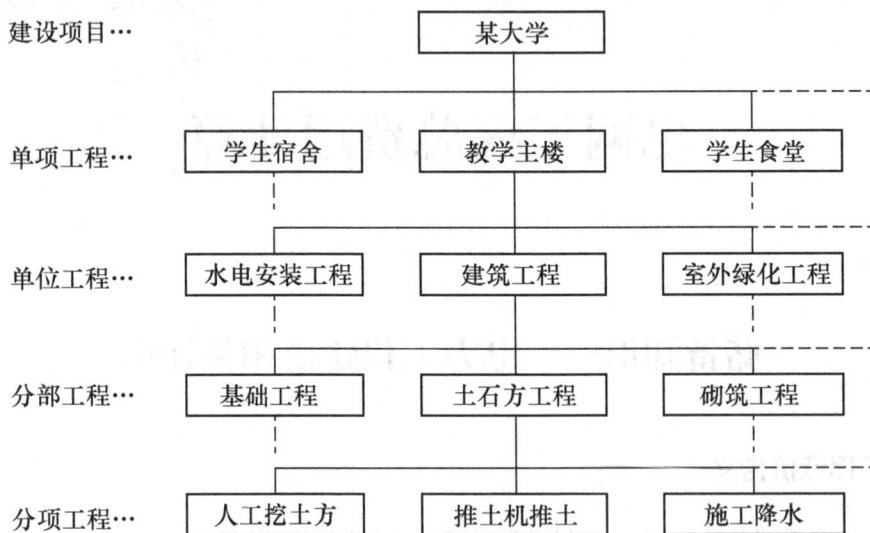

```
建设项目…                        某大学

单项工程…        学生宿舍        教学主楼        学生食堂

单位工程…       水电安装工程      建筑工程       室外绿化工程

分部工程…        基础工程        土石方工程       砌筑工程

分项工程…        人工挖土方       推土机推土       施工降水
```

图 1-1　建设项目分解图

电力建设预算项目划分是按照工程项目划分对建设预算项目设置、编排次序和编排位置的规定，与设计的专业划分及分卷分册图纸划分相适应。电力建设预算项目划分层次级别，如图 1-2 所示。

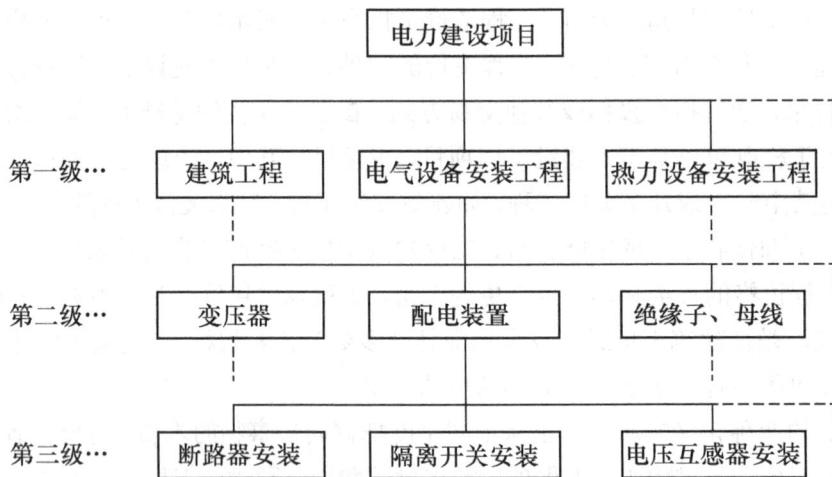

```
                            电力建设项目

第一级…        建筑工程      电气设备安装工程    热力设备安装工程

第二级…         变压器         配电装置        绝缘子、母线

第三级…       断路器安装      隔离开关安装      电压互感器安装
```

图 1-2　电力建设项目分解图

（1）单项工程。单项工程是指具有独立的设计文件，建成后能够独立发挥生产能力、投资效益的一组配套齐全的工程项目。单项工程是工程项目的组成部分，一个工程项目有时可以仅包括一个单项工程，也可以包括多个单项工程，生产性工程项目的单项工程，一般是指

能独立生产的车间，包括厂房建筑、设备安装等工程。

（2）单位（子单位）工程。单位工程是指具备独立施工条件并能形成独立使用功能的工程。对于建筑规模较大的单位工程，可将其能形成独立使用功能的部分作为一个子单位工程。根据现行国家标准《建筑工程施工质量验收统一标准》（GB 50300—2013）。具有独立施工条件和能形成独立使用功能是单位（子单位）工程划分的基本要求。

单位工程是单项工程的组成部分。如工业厂房工程中的土建工程、设备安装工程、工业管道工程等就是单项工程所包含的不同性质的单位工程。有的工程项目没有单项工程，而是直接由若干单位工程组成。

（3）分部（子分部）工程。分部工程是指将单位工程按专业性质、建筑部位等划分的工程。根据现行国家标准《建筑工程施工质量验收统一标准》（GB 50300—2013），建筑工程包括：地基与基础、主体结构、装饰装修、屋面、给排水及采暖，通风与空调、建筑电气、智能建筑、建筑节能、电梯等分部工程。

当分部工程较大或较复杂时，可按材料种类、工艺特点、施工程序、专业系统及类别等划分为若干子分部工程。例如地基与基础分部工程又可细分为地基、基础、基坑支护、地下水控制、土方、边坡、地下防水等子分部工程；主体结构分部工程又可细分为混凝土结构、砌体结构、钢结构、木结构、钢管混凝土结构、型钢-混凝土结构、铝合金结构等子分部工程；装饰装修分部工程又可细分为地面，抹灰、门窗，吊顶、（金属、石材玻璃）幕墙、轻质隔墙、（板、砖）饰面、涂饰，裱糊与软包、外墙防水等子分部工程；智能建筑分部工程又可细分为通信网络系统、计算机网络系统、建筑设备监控系统，火灾报警及消防联动系统、会议系统与信息导航系统、专业应用系统、安全防范系统、综合布线系统、智能化集成系统、电源与接地、计算机机房工程，住宅（小区）智能化系统等子分部工程。

（4）分项工程。分项工程是指将分部工程按主要工种、材料、施工工艺、设备类别等划分的工程。例如土方开挖，土方回填、钢筋、模板、混凝土、砖砌体、木门窗制作与安装、钢结构基础等工程。分项工程是工程项目施工生产活动的基础，也是计量工程用工用料和机械台班消耗的基本单元；同时，又是工程质量形成的直接过程。分项工程既有其作业活动的独立性，又有相互联系、相互制约的整体性。

2. 架空输电线路工程项目组成

架空输电线路本体工程项目为一个单位工程，由6个分部工程构成，分别是基础工程、杆塔工程、接地工程、架线工程、附件安装工程、辅助工程。项目划分见表1-1。

表1-1　　　　　　　　　　架空输电线路工程项目划分表

编号	项目名称	主要内容及范围说明	技术经济指标单位
一	架空输电线路本体工程		元/km
1	基础工程		元/m³

编号	项目名称	主要内容及范围说明	技术经济指标单位
1.1	基础工程材料工地运输	各类基础工程、基础垫层、基础护壁、基础保护帽用水泥、砂、石、基础钢材、地脚螺栓等材料的工地运输	
1.2	基础土石方工程	各类基础坑的土石方开挖和回填，线路分坑复测，基础垫层等的土石方工程及相关材料	
1.3	基础砌筑		
1.3.1	预制基础	各类预制基础的安装及相关材料	
1.3.2	现浇基础	掏挖基础、岩石基础、大板基础、阶梯基础、插入式基础、灌注桩基础承台等现浇基础及基础垫层、基础护壁、基础保护帽的施工安装及相关材料	
1.3.3	灌注桩基础	灌注桩基础的施工安装及材料	
1.3.4	锚杆基础	锚杆基础的施工安装及相关材料	
1.3.5	其他基础	以上未包含的各类其他基础的施工安装及相关材料	
1.4	基础防护	基础防腐及基础阴极保护等施工安装及相关材料	
1.5	地基处理	灰土垫层2∶8、大块基础	
2	杆塔工程		元/t
2.1	杆塔工程材料工地运输	各类杆塔材料及其附件的工地运输	
2.2	杆塔组立		
2.2.1	混凝土杆组立	各类混凝土杆组立、拉线制作、安装及相关材料	
2.2.2	铁塔、钢管杆组立	各类铁塔、钢管杆组立,拉线制作、安装及相关材料	
3	接地工程		元/基
3.1	接地工程材料工地运输	各类杆塔接地材料的工地运输	
3.2	接地土石方	杆塔接地装置土石方开挖及填埋	
3.3	接地安装	接地钢材敷设、降阻剂、接地模块及其他接地装置安装及相关材料	
4	架线工程		元/km
4.1	架线工程材料工地运输	导地线及架线工程相关材料的工地运输	
4.2	导地线架设	导线材料及架设、避雷线材料及架设、光缆材料及架设	
4.3	导地线跨越架设	导线、避雷线跨越铁路、公路、河流及电力线等的跨越架设	
4.4	其他架线工程	耦合屏蔽线等安装及相关材料	
5	附件安装工程		元/基
5.1	附件安装工程材料工地运输	金具、绝缘子及其他附件材料的工地运输	
5.2	绝缘子串及金具安装		

编号	项目名称	主要内容及范围说明	技术经济指标单位
5.2.1	耐张绝缘子串及金具安装	耐张绝缘子串材料及安装、耐张绝缘子金具材料及安装、耐张转角塔导线挂线、跳线	
5.2.2	悬垂绝缘子串及金具安装	各类悬垂绝缘子串组装、悬挂,各类金具安装及绝缘子、金具等相关材料	
6	辅助工程		元/km、元/m³、元/处
6.1	尖峰、施工基面土石方工程	尖峰、施工基面土石方工程及相关材料	
6.2	护坡、挡土墙及排洪沟		
6.2.1	护坡、挡土墙及排洪沟材料工地运输	护坡、挡土墙及排洪沟用水泥、砂、石等材料的工地运输	
6.2.2	护坡、挡土墙及排洪沟土石方工程	护坡、挡土墙及排洪沟的土石方工程及相关材料	
6.2.3	护坡、挡土墙及排洪沟砌筑	护坡、挡土墙及排洪沟等施工安装及相关材料	
6.3	基础永久性围堰		
6.3.1	基础永久性围堰材料工地运输	基础永久性围堰用水泥、砂、石等材料的工地运输	
6.3.2	基础永久性围堰材土石方工程	基础永久性围堰的土石方工程及相关材料	
6.3.3	基础永久性围堰砌筑	基础永久性围堰砌筑及相关材料	
6.4	索道站安装	索道安装及索道用支架等相关材料运输	
6.5	杆塔上装的各类辅助生产装置	标志牌、防坠落装置、防鸟刺装置、避雷装置等辅助生产装置的安装及相关材料	
6.6	输、送电线路试运	输、送电线路调试	

三、电网建设工程项目的建设程序

电网建设工程项目建设程序是指电网建设项目从策划、评估、决策、设计、施工到竣工验收、投入生产或交付使用的整个建设过程中,各项工作必须遵循的先后工作次序。各个阶段的工作之间存在着严格的先后次序,前后工作次序不得任意颠倒,但可以进行合理的交叉。工程项目建设程序是工程建设过程的客观反映,是建设项目科学决策和顺利进行的重要保证。

按照我国现行规定,政府投资项目建设程序可以分为以下阶段。

（1）根据国民经济和社会发展长远规划,结合行业和地区发展规划的要求,提出项目建议书。

（2）在勘察、试验、调查研究及详细技术经济论证的基础上编制可行性研究报告。

（3）根据咨询评估情况,对工程项目进行决策。

（4）根据可行性研究报告,编制设计文件。

（5）初步设计经批准后，进行施工图设计，并做好施工前各项准备工作。

（6）组织施工，并根据施工进度做好生产或动用前的准备工作。

（7）按批准的设计内容完成施工安装，经验收合格后正式投产或交付使用。

（8）生产运营一段时间（一般为1年）后，可根据需要进行项目后评价。

电网工程建设各阶段对应的工程造价任务如图1-3所示。

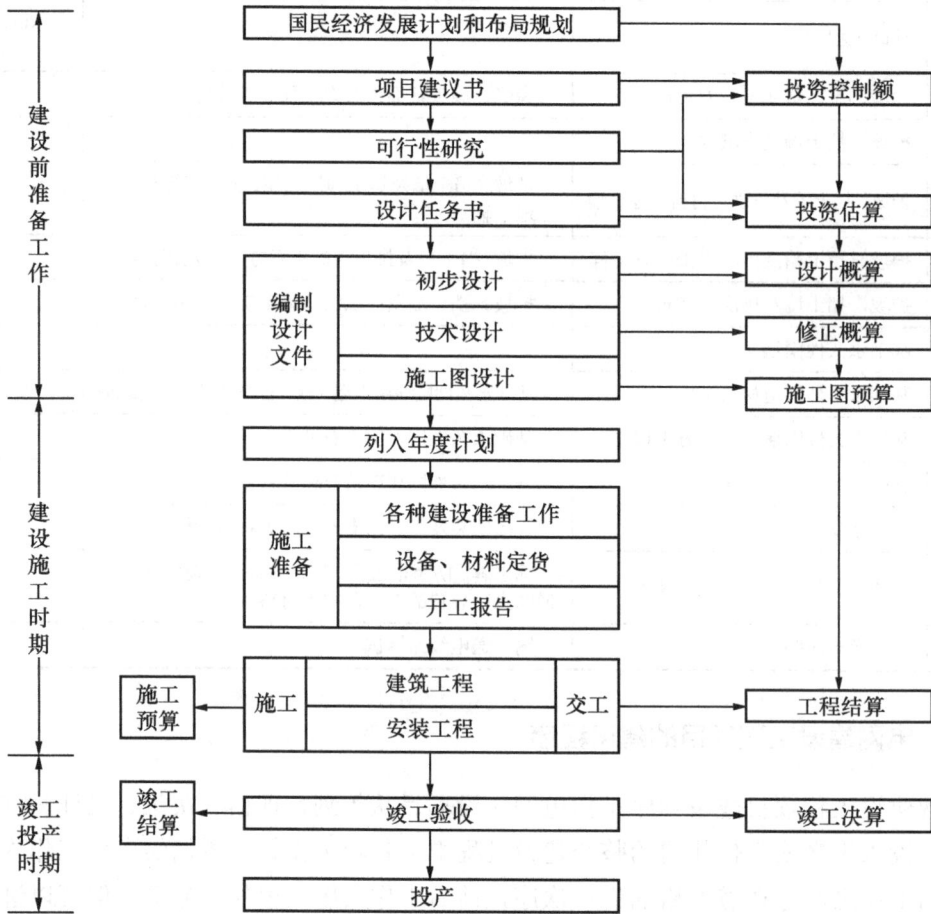

图1-3　电网工程建设程序图

相关术语

项目建议书：项目建议书是拟建项目单位向国家提出的要求建设某一项目的建议文件，是对工程项目建设的轮廓设想。项目建议书的主要作用是推荐一个拟建项目，论述其建设的必要性、建设条件可行性和获利可能性，供国家选择并确定是否进行下一步工作。

可行性研究：可行性研究是对工程项目在技术上是否可行和经济上是否合理，进行科学的分析和论证。

初步设计：根据可行性研究报告的要求和设计基础资料对拟建工程项目进行具体设计，编制技术方案，并通过对工程项目所作出的基本技术经济规定，编制项目总概算。

施工图设计：根据初步设计或技术设计要求，结合现场实际情况，完整地表现建筑物外形、内部空间分割、结构体系、构造状况以及建筑群的组成和周围环境的配合。施工图设计还包括各种运输、通信、管道系统、建筑设备设计。在工艺方面，应具体确定各种设备的型号、规格及各种非标准设备的制造加工图。

储备知识二　电网工程造价费用构成

一、电网工程建设项目总费用构成

电网工程建设项目总费用构成如图1-4所示。

1. 静态投资与动态投资

静态投资是指不考虑物价上涨、建设期贷款利息等影响因素的建设投资。静态投资包括：建筑安装工程费、设备和工器具购置费、工程建设其他费、基本预备费，以及因工程量误差而引起的工程造价增减值等。

动态投资是指考虑物价上涨、建设期贷款利息等影响因素的建设投资。动态投资除包括静态投资外，还包括建设期贷款利息、涨价预备费等。相比之下，动态投资更符合市场价格运行机制，使投资估算和控制更加符合实际。

静态投资与动态投资密切相关。动态投资包含静态投资，静态投资是动态投资最主要的组成部分，也是动态投资的计算基础。

2. 建筑安装工程费

建筑安装工程费包括建筑工程费和安装工程费，由直接费、间接费、利润和税金组成，如图1-5所示。

建筑工程费是指对构成建设项目的各类建筑物、构筑物等设施工程进行施工，使之达到设计要求及功能所需要的费用。

安装工程费是指对建设项目中构成生产工艺系统的各类设备、管道、线缆及其辅助装置进行组合、装配和调试，使之达到设计要求的功能指标所需要的费用。

其中

$$直接工程费=人工费+材料费+施工机械使用费$$
$$定额直接费=人工费+计价材料费+施工机械使用费$$

架空线路安装工程费用的主要内容和计算标准见《电网工程建设预算编制与计算规定》，简称"电网预规"。

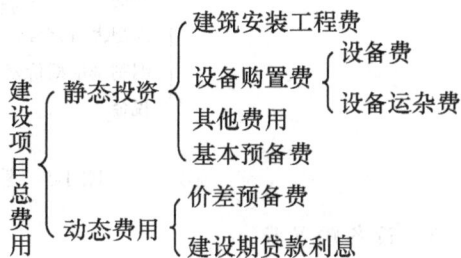

图 1-4　电网工程建设项目总费用构成

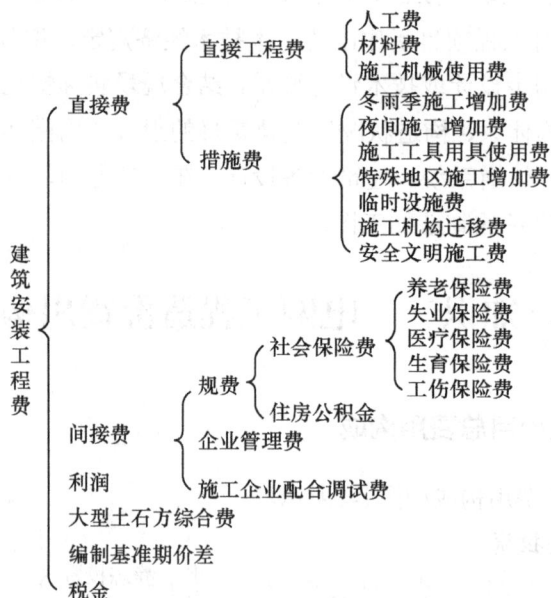

图 1-5　建筑安装工程费用构成

3. 设备购置费

设备购置费是指为项目建设而购置或自制各种设备，并将设备运至施工现场指定位置所支出的费用。包括设备费和设备运杂费，计算公式

$$设备购置费=设备费+设备运杂费$$

$$设备运杂费=设备费×设备运杂费费率$$

$$设备运杂费费率=铁路、水路运杂费费率+公路运杂费费率$$

（1）铁路、水路运杂费费率。

1）主设备（主变压器、换流变压器、高压电抗器及平波电抗器、组合电器）铁路、水路运杂费费率：运距 100km 以内费率为 1.5%；超过 100km 时，每增加 50km 费率增加 0.08%；不足 50km 按 50km 计取。

2）其他设备铁路、水路运杂费费率见表 1-2。

表 1-2　　　　　　　　　其他设备铁路、水路运杂费费率

序号	适用地区	费率（%）
1	上海、天津、北京、辽宁、江苏	3.0
2	浙江、安徽、山东、山西、河南、河北、黑龙江、吉林、湖南、湖北	3.2
3	陕西、江西、福建、四川、重庆	3.5
4	内蒙古、云南、贵州、广东、广西、宁夏、甘肃（武威及以东）、海南	3.8
5	新疆、青海、甘肃（武威以西）	4.5

注　以上费率中均不包括因运输超限设备而发生的路、桥加固、改造，以及障碍物迁移等费用。

（2）公路运杂费费率。公路运输的运距在 50km 以内费率为 1.06%；运距超过 50km 时，每增加 50km 费率增加 0.35%；运距不足 50km 按 50km 计取。

（3）其他说明。供货商直接供货到现场的，计取卸车费及保管费时，主设备按设备费的 0.5%计算，其他设备按设备费的 0.7%计算。

4. 工程建设其他费用

其他费用是指为完成工程项目建设所必需的，但不属于建筑工程费、安装工程费、设备购置费、基本预备费的其他相关费用，包括建设场地征用及清理费、项目建设管理费、项目建设技术服务费、生产准备费、大件运输措施费、专业爆破服务费，如图 1-6 所示。

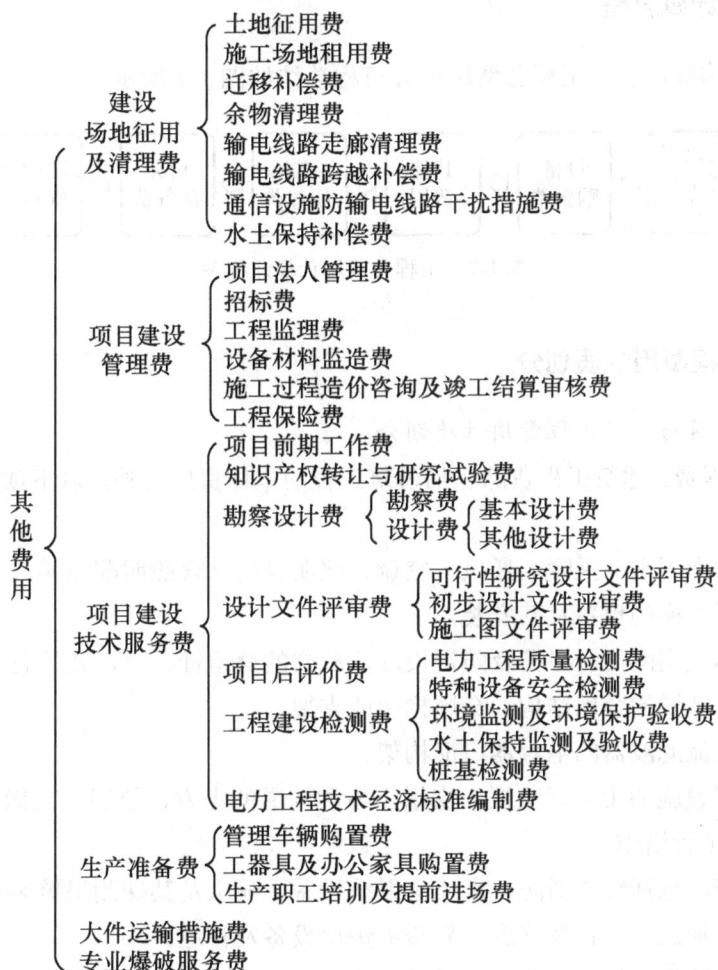

其他费用
- 建设场地征用及清理费
  - 土地征用费
  - 施工场地租用费
  - 迁移补偿费
  - 余物清理费
  - 输电线路走廊清理费
  - 输电线路跨越补偿费
  - 通信设施防输电线路干扰措施费
  - 水土保持补偿费
- 项目建设管理费
  - 项目法人管理费
  - 招标费
  - 工程监理费
  - 设备材料监造费
  - 施工过程造价咨询及竣工结算审核费
  - 工程保险费
- 项目建设技术服务费
  - 项目前期工作费
  - 知识产权转让与研究试验费
  - 勘察设计费
    - 勘察费
    - 设计费
      - 基本设计费
      - 其他设计费
  - 设计文件评审费
    - 可行性研究设计文件评审费
    - 初步设计文件评审费
    - 施工图文件评审费
  - 项目后评价费
  - 工程建设检测费
    - 电力工程质量检测费
    - 特种设备安全检测费
    - 环境监测及环境保护验收费
    - 水土保持监测及验收费
    - 桩基检测费
  - 电力工程技术经济标准编制费
- 生产准备费
  - 管理车辆购置费
  - 工器具及办公家具购置费
  - 生产职工培训及提前进场费
- 大件运输措施费
- 专业爆破服务费

图 1-6　其他费用构成

5. 基本预备费

基本预备费是指因为设计变更（含施工过程中工程量增减、设备改型、材料代用）增加的费用、一般自然灾害可能造成的损失和预防自然灾害所采取的临时措施费用，以及其他不确定因素可能造成的损失而预留的工程建设资金。

6. 价差预备费

价差预备费是指建设工程项目在建设期间由于价格等变化引起工程造价变化的预测预留费用。

7. 建设期贷款利息

建设期贷款利息是指项目法人筹措债务资金时,在建设期内发生并按照规定允许在投产后计入固定资产原值的利息。

其他费用及动态费用的主要内容和计算标准见电网预规。

二、总费用计算流程

结合总费用构成内容,工程总费用计算流程总结如图 1-7 所示。

图 1-7　工程总费用计算流程图

三、电网工程费用性质划分

1. 各类站建筑与安装工程费用性质划分

(1)建筑工程费。建筑工程费除包括建筑工程的本体费用之外,以下项目也列入建筑工程费中:

1)建筑物的上下水、采暖、通风、空调、照明设施(含照明配电箱)。

2)建筑物用电梯的设备及其安装。

3)建筑物的金属网门、栏栅及防雷设施,独立的避雷针、塔,建筑物的防雷接地。

4)屋外配电装置的金属结构、金属构架或支架。

5)换流站直流滤波器的电容器门形构架。

6)各种直埋设施的土方、垫层、支墩,各种沟道的土方、垫层、支墩、结构、盖板,各种涵洞,各种顶管措施。

7)消防设施,包括气体消防、水喷雾系统设备、喷头及其探测报警装置。

8)站区采暖加热站设备及管道、采暖锅炉房设备及管道。

9)生活污水处理系统的设备、管道及其安装。

10)混凝土砌筑的箱、罐、池等。

11)设备基础、地脚螺栓。

12)建筑专业出图的站区工业管道。

13)建筑专业出图的电线、电缆埋管工程。

14)凡建筑工程建设预算定额中已明确规定列入建筑工程的项目,按定额中的规定执行，例如二次灌浆均列入建筑工程等。

（2）安装工程费。安装工程费除包括各类设备、管道及其辅助装置的组合、装配及其材料费用之外，以下项目也列入安装工程费中：

1）设备的维护平台及扶梯。

2）电缆、电缆桥（支）架及其安装，电缆防火。

3）屋内配电装置的金属结构、金属支架、金属网门。

4）设备本体、道路、屋外区域（如变压器区、配电装置区、管道区等）的照明。

5）电气专业出图的空调系统集中控制装置安装。

6）集中控制系统中的消防集中控制装置。

7）接地工程的接地极、降阻剂、焦炭等。

8）安装专业出图的电线、电缆埋管、工业管道工程。

9）安装专业出图的设备支架、地脚螺栓。

10）凡设备安装工程建设预算定额中已明确规定列入安装工程的项目，按定额中的规定执行。

2. 各类站设备与材料费用性质划分

（1）在划分设备与材料时，对同一品名的物品不应硬性确定为设备或材料，而应根据其供应或使用情况分别确定。

（2）设备的零部件、备品备件及随设备供应的专用工具，属于设备。

（3）凡属于一个设备的组成部分或组合体，无论用何种材料做成或由哪个制造厂供应，即使是现场加工配制的，均属于设备。

（4）凡属于各生产工艺系统设备成套供应的，无论是由该设备厂供应，或是由其他厂家配套供应，或在现场加工配置，均属于设备。

（5）某些设备难以统一确定其组成范围或成套范围的，应以制造厂的文件及其供货范围为准，凡是制造厂的文件上列出，且实际供应的，应属于设备。

（6）设备中的填充物品，无论其是否随设备供应，都属于设备的一部分。例如变压器、断路器、油浸式电抗器用的变压器油等，均属于设备。

（7）配电系统的断路器、电抗器、电流互感器、电压互感器、隔离开关属于设备，封闭母线、共箱母线、管形母线、软母线、绝缘子、金具、电缆、接线盒等属于材料。

（8）35kV 及以上高压穿墙套管属于设备。

（9）换流阀内冷却系统管道属于设备，外冷却系统管道属于材料。

（10）换流站的直流极线和中性线属于材料。

（11）随设备供应的钢制设备基础框架、地脚螺栓属于设备。

（12）建筑工程中给排水、采暖、通风、空调、消防、采暖加热（制冷）站（或锅炉）的风机、空调机（包括风机盘管）和水泵属于设备。

（13）凡设备安装工程建设预算定额中已经明确了设备与材料划分的，应按定额中的规定执行。

3. 架空输电线路工程费用性质划分

架空输电线路工程的基础工程、杆塔工程、接地工程、架线工程、附件工程、辅助工程均列入安装工程费。

架空输电线路辅助设施工程的相关费用称为辅助设施工程费，参照各类站建筑与安装工程费用性质划分及各类站设备与材料费用性质划分。

架空输电线路工程中，避雷器及监测装置等属于设备，在编制建设预算时计入设备购置费。

储备知识三　工程造价计价依据

一、工程造价管理标准

（1）基础标准，包括《工程造价术语标准》（GB/T 50875—2013）《建设工程计价设备材料划分标准》（GB/T 50531—2009）等。此外，我国目前还没有统一的建设工程造价费用构成标准，而这一标准的制定应是规范工程计价最重要的基础工作。

工程造价依据
相关封面

（2）管理规范，包括《建设工程量清单计价规范》（GB/T 50500—2024）、《建设工程造价咨询规范》（GB/T 51095—2015）、《建设工程造价鉴定规范》（GB/T 51262—2017）、《建筑工程建筑面积计算规范》（GB/T 50353—2013）以及不同专业的建设工程量计算规范等，建设工程量计算规范有《通用安装工程量计算规范》（GB/T 50856—2024）等，同时也包括各专业部委发布的各类清单计价、工程量计算规范。

（3）操作规程，主要包括中国建设工程造价管理协会陆续发布的各类成果文件编审的操作规程：《建设项目投资估算编审规程》（CECA/GC 1—2015）、《建设项目设计概算编审规程》（CECA/GC 2—2015）、《建设项目施工图预算编审规程》（CECA/GC 5—2010）,《建设项目工程结算编审规程》（CECA/GC 3—2010）,《建设项目工程竣工决算编制规程》（CECA/GC 9—2013）、《建设工程招标控制价编审规程》（CECA/GC 6—2011）、《建设工程造价鉴定规程》（CECA/GC 8—2012）、《建设项目全过程造价咨询规程》（CECA/GC 4—2017）。其中《建设项目全过程造价咨询规程》（CECA/GC 4—2017），是我国最早发布的涉及建设项目全过程工程咨询的标准之一。

（4）质量管理标准，主要包括《建设工程造价咨询成果文件质量标准》（CECA/GC 7—2012），该标准编制的目的是对工程造价咨询成果文件和过程文件的组成、表现形式、质量管理要素，成果质量标准等进行规范。

（5）信息管理规范，主要包括《建设工程人工材料设备机械数据标准》（GB/T 50851—2013）和《建设工程造价指标指数分类与测算标准》（GB/T 51290—2018）。

二、工程定额

工程定额主要指国家、地方或行业主管部门制定的各种定额，包括工程消耗量定额和工程计价定额等。工程消耗量定额主要是指完成规定计量单位合格建筑安装产品所消耗的人工、材料、施工机具台班的数量标准。工程计价定额是指直接用于工程计价的定额或指标，包括预算定额、概算定额、概算指标和投资估算指标等。此外，部分地区和行业造价管理部门还会颁布工期定额，工期定额是指在正常的施工技术和组织条件下，完成建设项目和各类工程所需的工期标准。

主网输电线路工程涉及相关定额书目如下。

（1）《电网工程建设预算编制与计算规定（2018 年版）》。简称"电网预规"，预规是电网工程投资估算、初步设计概算、施工图预算、工程量清单编制和费用计算的依据，与电力建设工程估算指标、概算定额、预算定额配套使用。

（2）《电网工程建设预算编制与计算规定　使用指南（2018 年版）》。使用指南与预规配套使用，帮助广大从业人员尽快了解、熟悉和正确使用 2018 版预规。

（3）《电力建设工程估算指标（2016 版）第三册 输电线路工程》。估算指标是工程建设项目在开展前期工作中有关投资管理的基础，是规划阶段投资决策的重要参考，是编制初步可行性研究投资匡算和可行性研究阶段投资估算的依据。

（4）《电力建设工程预算定额（2018 版）第四册 架空输电线路工程》《电力建设工程预算定额（2018 版）第五册 电缆输电线路工程》。预算定额是编制施工图预算、初步设计概算的依据，是编制估算指标的基础，也是编制最高投标限价、投标报价和施工结算的参考依据，同时也是调解处理工程建设经济纠纷的参考依据。

（5）《电力建设工程概预算定额（2018 版）使用指南 第五册 输电线路工程》。本指南是概、预算定额的配套用书，是介绍 2018 版预算定额的修编思路，概算定额、预算定额的工作内容、工程量计算规则及使用说明。

（6）《电力建设工程装置性材料综合预算价格（2018 年版）》。与预规、概算定额配套使用，综合价是编制投资估算、初步设计概算的装置性材料计价依据。

（7）《电力建设工程装置性材料预算价格（2018 年版）》。与预规、概算定额、预算定额配套使用，预算价格是编制概算、施工图预算的装置性材料计价依据。

（8）《电力建设工程施工机械台班费用定额（2018 年版）》。与预规配套使用，本定额是编制电力建设工程概、预算定额的基础，以及确定施工机械租赁台班费用的参考依据。

（9）《常用设备材料价格信息》。价格信息包括火力发电工程和电网工程的主要设备和材料，具体材料包括黑色金属、电缆、导线、塔材及混凝土制品、电瓷及金具等。信息价格可作为编制电力建设工程投资估算、初步设计概算、施工图预算、招标控制价的依据，电力建设工程投标报价和工程结算时参考使用。

三、工程计价信息

工程计价信息是指工程造价管理机构发布的建设工程人工、材料、工程设备、施工机具的价格信息，以及各类工程的造价指数、指标等。

例如：《电力工程造价与定额管理总站关于发布 2018 版电力建设工程概预算定额 2021 年度价格水平调整的通知（定额〔2022〕1 号）》，见图1-8。文件中详细给出了针对 2018 版概预算定额中的人、材、机价格调整系数。

电力工程造价与定额管理总站文件

定额〔2022〕1号

电力工程造价与定额管理总站关于发布2018版电力建设工程概预算定额2021年度价格水平调整的通知

各有关单位：

根据《2018 年版电力建设工程概预算定额价格水平调整办法》（定额〔2020〕9号）的有关规定，电力工程造价与定额管理总站根据各地区收集并上报的电力建设工程各种要素价格变化情况，完成了 2018 版电力建设工程概预算定额 2021 年度人工费、材料和施工机械费价差调整测算工作，现予发布，请遵照执行。

在编制建设预算时，根据本次调整系数计算的人工费、材料和施工机械费价差只计取税金，汇总计入"编制基准期价差"。该价差应作为建筑、安装工程费的组成部分。

附件：1. 电力建设工程概预算定额人工调整系数表
2. 发电安装工程概预算定额材机调整系数表
3. 电网安装工程概预算定额材机调整系数表
4. 电力建设建筑工程典型施工机械价差调整汇总表

电力工程造价与定额管理总站
2022年1月14日

附件1

电力建设工程概预算定额人工调整系数表

单位：%

省份或地区	建筑工程	安装工程
北京	10.25	10.53
天津	9.59	9.74
河北南部	8.37	8.42
河北北部	8.64	8.69
山西	8.02	8.03
山东	9.46	9.58
内蒙古东部	8.92	9.00
内蒙古西部	8.12	8.14
辽宁	8.07	8.09
吉林	7.97	7.98
黑龙江	7.52	7.57
上海	10.50	10.85
江苏	9.86	10.06
浙江	9.68	9.82
安徽	7.57	7.60
福建	9.01	9.09
河南	8.54	8.59
湖北	8.20	8.24
湖南	7.82	7.85
江西	7.75	7.80
四川	8.46	8.50

图1-8 电力工程造价与定额管理总站人材机调价文件

《电力工程造价与定额管理总站关于发布 2021 年度电力建设工程装置性材料综合信息价的通知（定额〔2022〕16 号）》，见图1-9。文件针对 2018 版装置性材料综合预算价重新进行了调整并进行发布。

电力工程造价与定额管理总站文件

定额〔2022〕16 号

电力工程造价与定额管理总站关于发布 2021 年电力建设工程装置性材料综合信息价的通知

各有关单位:

按照《2018 年版电力建设工程概预算定额价格水平调整办法》(定额〔2020〕9 号)的有关规定,电力工程造价与定额管理总站根据 2021 年电力建设工程常用材料价格信息,并结合电力工程实际造价数据,以《电力建设工程装置性材料综合预算价(2018 年版)》为基础,完成了 2021 年电力建设工程装置性材料综合信息价的测算工作,现予发布。

2021 年电力建设工程装置性材料综合信息价分为发电工程和变电工程两部分。在编制电力工程建设预算时,可使用综合信息价与《电力建设工程装置性材料综合预算价(2018 年版)》中综合预算价进行价差计算,此价差只计取税金,汇总计入"编制基准期价差",并作为建筑安装工程费的组成部分。

附件: 1. 2021 年发电工程装置性材料综合信息价
2. 2021 年变电工程装置性材料综合信息价

电力工程造价与定额管理总站
2022 年 5 月 18 日

附件 1

2021 年发电工程装置性材料综合信息价

FZ01 冷风道
范围:从送风机、一次风机风口到预热器入口管道、磨煤机调温用的压力冷风道、磨煤机的密封风管道、安全监控系统冷却风道。不包括消音器及暖风器。
内容:方圆形管道、孔门、补偿器、传动装置、支吊架、螺栓。

编码	项目	单位	综合价(元)
FZ011	125MW 冷风道	t	7260
FZ012	200MW 冷风道	t	7008
FZ013	300MW 冷风道	t	8762
FZ014	600MW 冷风道	t	8666
FZ015	1000MW 冷风道	t	8981

FZ02 热风道
范围:从空气预热器出口分别到磨煤机入口、燃烧器(二次风)及煤粉混合器入口。
内容:方圆形管道、风门、孔门、补偿器、异形管件、传动装置、支吊架、螺栓。

编码	项目	单位	综合价(元)
FZ021	125MW 热风道	t	8289
FZ022	200MW 热风道	t	8191
FZ023	300MW 热风道	t	9630
FZ024	600MW 热风道	t	9072
FZ025	1000MW 热风道	t	9222

图 1-9　电力工程造价与定额管理总站装置性材料调价文件

储备知识四　工程造价计价

工程计价是指按照法律法规及标准规范规定的程序、方法和依据,对工程项目实施建设的各个阶段的工程造价及其构成内容进行预测和估算的行为。工程计价依据是指在工程计价活动中,所要依据的与计价内容、计价方法和价格标准相关的工程计量计价标准、工程计价定额及工程造价信息等。

工程计价的基本原理是项目的分解和价格的组合。即将建设项目自上而下细分至最基本的构造单元(假定的建筑安装产品),采用适当的计量单位计算其工程量,以及当时当地的工程单价,首先计算各基本构造单元的价格,再对费用按照类别进行组合汇总,计算出相应工程造价。工程计价可分为工程计量和工程组价两个环节。

一、工程计量

工程计量工作包括工程项目的划分和工程量的计算。

（1）单位工程基本构造单元的确定，即划分工程项目。编制工程概算预算时，主要是按工程定额进行项目的划分；编制工程量清单时主要是按照清单工程量计算规范规定的清单项目进行划分。

（2）工程量的计算就是按照工程项目的划分和工程量计算规则，就不同的设计文件对工程实物量进行计算，工程实物量是计价的基础，不同的计价依据有不同的计算规则规定。目前，工程量计算规则包括两大类：

1）各类工程定额规定的计算规则。

2）各专业工程量计算规范附录中规定的计算规则。

二、工程组价

工程组价包括工程单价的确定和总价的计算。

（1）工程单价是指完成单位工程基本构造单元的工程量所需要的基本费用。工程单价包括工料单价和综合单价。

1）工料单价仅包括人工、材料、机具使用费，是各种人工消耗量、各种材料消耗量、各类施工机具台班消耗量与其相应单价的乘积，用公式表示如下

$$工料单价=\sum（人材机消耗量×人材机单价)$$

2）综合单价除包括人工、材料、机具使用费外，还包括可能分摊在单位工程基本构造单元上的费用。根据我国现行有关规定，又可以分为清单综合单价（不完全综合单价）与全费用综合单价（完全综合单价）两种：清单综合单价中除包括人工、材料、机具使用费外、还包括企业管理费、利润和风险因素；全费用综合单价中除包括人工、材料、机具使用费外，还包括企业管理费、利润、规费和税金。综合单价根据国家、地区、行业定额或企业定额消耗量和相应生产要素的市场价格，以及定额或市场的取费费率来确定。

（2）工程总价是指按规定的程序或办法逐级汇总形成的相应工程造价。根据计算程序的不同，分为单价法和实物量法。

1）单价法，包括工料单价法和综合单价法。

工料单价法。首先依据相应计价定额的工程量计算规则计算项目的工程量，其次依据定额的人、材、机要素消耗量和单价，计算各个项目的直接费，汇总成直接费合价，最后再按照相应的取费程序计算其他各项费用，汇总后形成相应工程造价。工程概预算编制基本程序如图 1-10 所示。

综合单价法。若采用全费用综合单价（完全综合单价）。首先依据相应工程量计算规范规定的工程量计算规则计算工程量，并依据相应的计价依据确定综合单价，然后用工程量乘以综合单价，并汇总即可得出分部分项工程及单价措施项目费，之后再按相应的办法计算总价措施项目费、其他项目费，汇总后形成相应工程造价。我国现行的《建设工程量清单计价规范》（GB/T 50500—2024）中规定的清单综合单价属于不完全综合

单价，当把规费和税金计入不完全综合单价后即形成完全综合单价。工程量清单编制程序如图 1-11 所示。

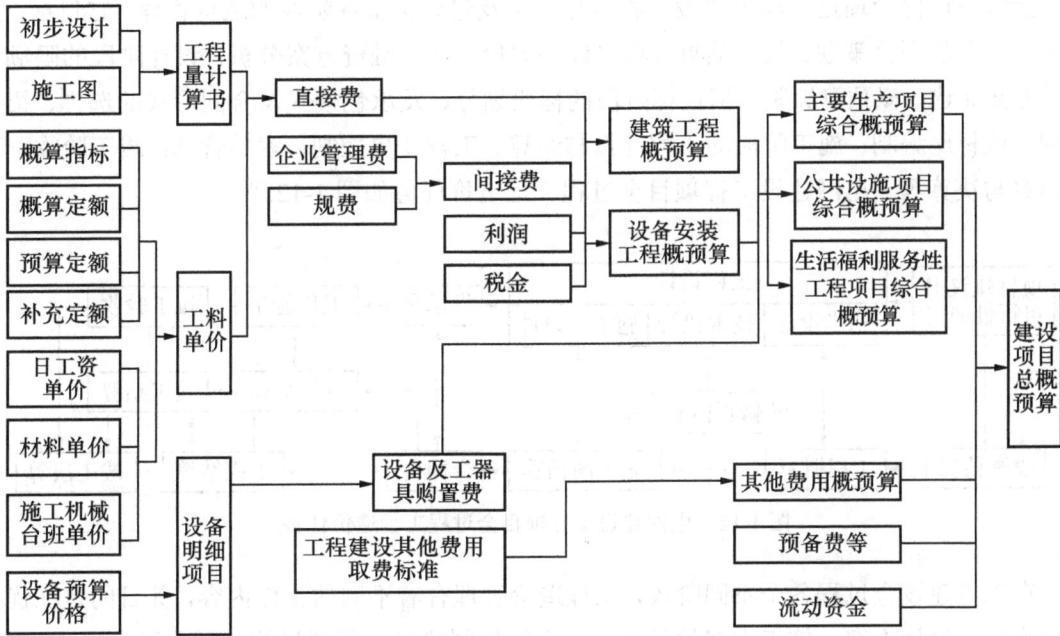

图 1-10　工料单价法工程概预算编制基本程序

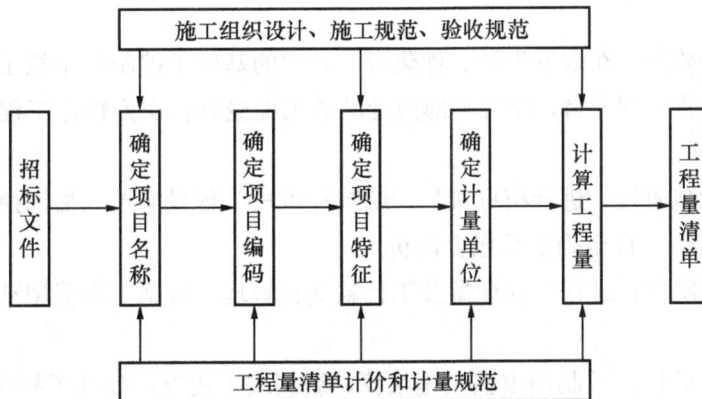

图 1-11　工程量清单编制程序

2）实物量法，依据施工图纸和预算定额的项目划分即工程量计算规则，先计算出分部分项工程量，然后套用预算定额（消耗量定额）计算人，材、机等要素的消耗量，再根据各要素的实际价格及各项费率汇总形成相应工程造价的方法。

储备知识五 全过程造价管理

全过程造价管理是指覆盖建设工程策划决策及建设实施各阶段的造价管理。它包括：策划决策阶段的项目策划、投资估算、项目经济评价、项目融资方案分析；设计阶段的限额设计，方案比选、概预算编制；招投标阶段的标段划分、发承包模式及合同形式的选择、招标控制价或标底编制；施工阶段的工程计量与结算、工程变更控制、索赔管理；竣工验收阶段的结算与决算等。电网建设工程项目全过程工程造价任务如图1-12所示。

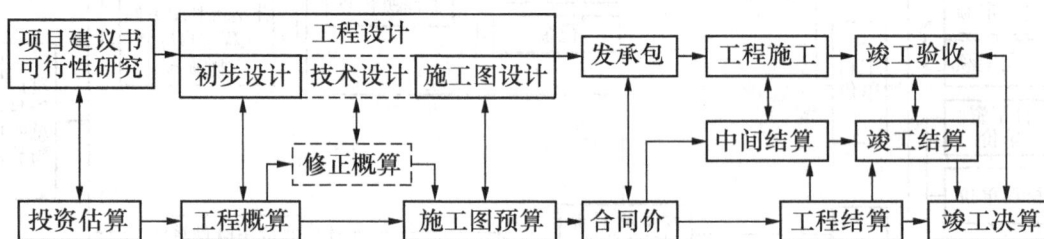

图1-12 电网建设工程项目全过程工程造价任务

在工程建设全过程各个不同阶段，工程造价管理有着不同的工作内容，其目的是在优化建设方案、设计方案、施工方案的基础上，有效控制建设工程项目的实际费用支出。

（1）工程项目策划阶段：按照有关规定编制和审核投资估算，经有关部门批准，即可作为拟建工程项目的控制造价；基于不同的投资方案进行经济评价，作为工程项目决策的重要依据。

（2）工程设计阶段：在限额设计、优化设计方案的基础上编制和审核工程概算、施工图预算。对于政府投资工程而言，经有关部门批准的工程概算将作为拟建工程项目造价的最高限额。

（3）工程发承包阶段：进行招标策划，编制和审核工程量清单、招标控制价或标底，确定投标报价及其策略，直至确定承包合同价。

（4）工程施工阶段：进行工程计量及工程款支付管理，实施工程费用动态监控，处理工程变更和索赔。

（5）工程竣工阶段：编制和审核工程结算、编制竣工决算，处理工程保修费用等。

相关术语

建设预算：建设预算是指以具体的建设工程项目为对象，依据不同阶段设计，根据预规及相应的估算指标、概算定额、预算定额等计价依据，对工程各项费用的预测和计算。投资估算、初步设计概算和施工图预算统称为建设预算。

建设预算文件：建设预算文件是指建设预算经具有相关专业资格人员根据建设预算编制

办法进行编制，反映建设预算各项费用的计算过程和结果的技术经济文件。建设预算文件一般包括投资估算书、初步设计概算书和施工图预算书。

投资估算：投资估算是指以可行性研究文件、方案设计为依据，按照预规及估算指标或概算定额等计价依据，对拟建项目所需总投资及其构成进行的预测和计算。经具有相关专业资格人员根据建设预算编制办法进行编制，形成的技术经济文件为投资估算书。

初步设计概算：初步设计概算是指以初步设计文件为依据，按照预规及概算定额等计价依据，对建设项目总投资及其构成进行的预测和计算。经具有相关专业资格人员根据建设预算编制办法进行编制，形成的技术经济文件为初步设计概算书。

施工图预算：施工图预算是指以施工图设计文件为依据，按照预规及预算定额等计价依据，对工程项目的工程造价进行的预测和计算。经具有相关专业资格人员根据建设预算编制办法进行编制，形成的技术经济文件为施工图预算书。

工程结算：工程结算是指根据合同约定，对实施中、终止、竣工的工程项目，依据工程资料进行工程量计算和核定，对合同价款进行的计算、调整和确认。经具有相关专业资格人员根据合同和电力行业工程结算规定进行编制，形成的成品文件为工程结算书。

竣工决算：竣工决算是指建设工程项目完工交付之后，由项目建设单位根据有关规定，编制综合反映建设项目从筹建到竣工投产为止的全部建设费用、建设成果和财务状况总结性文件的过程。按照规定格式编制竣工决算，反映建设项目实际造价和投资效果的成品文件为竣工决算书。

不同阶段的概预算特点对比见表 1-5。

表 1-5　　　　　　　　　　电力工程不同阶段概预算特点对比

类别	编制阶段	编制单位	编制依据	用途
投资估算	可行性研究	工程咨询机构	投资估算指标	投资决策
设计概算	初步设计或扩大初步设计	设计单位	概算定额	控制投资及造价
施工图预算	工程承发包	建设单位委托的工程咨询机构和施工单位	预算定额	编制标底、投标报价、确定工程合同价
施工预算	施工阶段	施工单位	施工定额	企业内部成本、施工进度控制
工程结算	竣工验收前	施工单位	预算定额、设计及施工变更资料	确定工程项目建造价格
竣工决算	竣工验收后	建设单位	预算定额、工程建设其他费用定额、竣工结算资料	确定工程项目实际投资

储备知识六　造价工程师执业资格制度

一、造价工程师执业资格制度简介

　　为了加强建设工程造价管理专业人员的执业准入管理，确保建设工程造价管理工作质量，维护国家和社会公共利益，1996 年发布的《造价工程师执业资格制度暂行规定》，确立了造价工程师职业资格制度。凡从事工程建设活动的建设、设计、施工、工程造价咨询、工程造价管理等单位和部门，必须在计价、评估、审查（核）、控制及管理等岗位配备有造价工程师职业资格的专业技术管理人员。

　　造价工程师是指通过职业资格考试取得中华人民共和国造价工程师职业资格证书，并经注册后从事建设工程造价工作的专业技术人员。根据《造价工程师职业资格制度规定》，国家设置造价工程师准入类职业资格，纳入国家职业资格目录。工程造价咨询企业应配备造价工程师，工程建设活动中有关工程造价管理岗位按需要配备造价工程师。专业技术人员取得一级造价工程师、二级造价工程师职业资格，可认定其具备工程师、助理工程师职称，并可作为申报高一级职称的条件。

　　《注册造价工程师管理办法》《造价工程师继续教育实施办法》《造价工程师职业道德行为准则》等文件的陆续颁布与实施确立了我国造价工程师职业资格制度体系框架。我国造价工程师职业资格制度如图 1-13 所示。

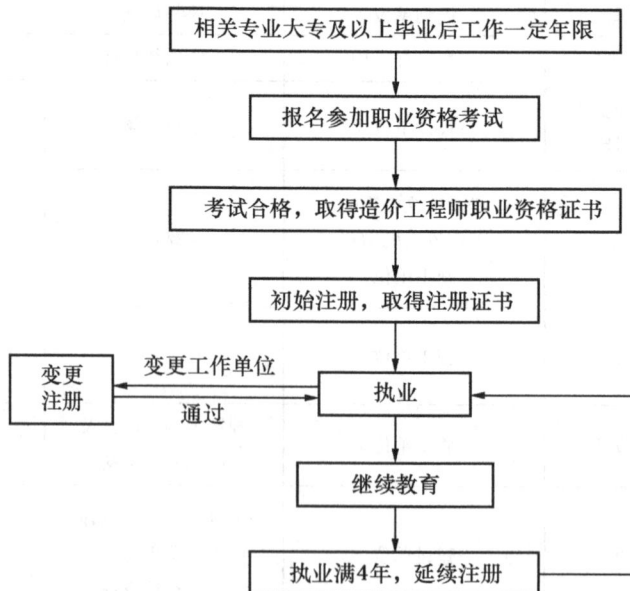

图 1-13　造价工程师职业资格制度简图

二、造价工程师素质要求

造价工程师的职责关系到国家和社会公众利益，对其专业和身体素质的要求包括以下几个方面。

（1）造价工程师是复合型专业管理人才。作为工程造价管理者，造价工程师应是具备工程、经济和管理知识与实践经验的高素质复合型专业人才。

（2）造价工程师应具备技术技能。技术技能是指能应用知识、方法、技术及设备来达到特定任务的能力。

（3）造价工程师应具备人文技能。人文技能是指与人共事的能力和判断力。造价工程师应具有高度的责任心和协作精神，善于与业务工作有关的各方人员沟通、协作，共同完成工程造价管理工作。

（4）造价工程师应具备组织管理能力。造价工程师应能了解整个组织及自己在组织中的地位，并具有一定的组织管理能力，面对机遇和挑战，能够积极进取、勇于开拓。

（5）造价工程师应具有健康体魄。健康的心理和较好的身体素质是造价工程师适应紧张、繁忙工作的基础。

三、执业资格考试

造价工程师分为一级造价工程师和二级造价工程师。一级造价工程师职业资格考试全国统一大纲、统一命题、统一组织。从 1997 年试点考试至今，每年均举行一次全国造价工程师执业资格考试（除 1999 年停考外）。自 2018 年起设立二级造价工程师。二级造价工程师职业资格考试全国统一大纲，各省、自治区、直辖市自主命题并组织实施。

1. 报考条件

（1）一级造价工程师报考条件。凡遵守法律、法规，具有良好的业务素质和道德品行，具备下列条件之一者，可以申请参加一级造价工程师职业资格考试：

1）具有工程造价专业大学专科（或高等职业教育）学历，从事工程造价业务工作满 5 年；具有土木建筑、水利、装备制造、交通运输、电子信息、财经商贸大类大学专科（或高等职业教育）学历，从事工程造价业务工作满 6 年。

2）具有通过工程教育专业评估（认证）的工程管理、工程造价专业大学本科学历或学位，从事工程造价业务工作满 4 年；具有工学、管理学、经济学门类大学本科学历或学位，从事工程造价业务工作满 5 年。

3）具有工学、管理学、经济学门类硕士学位或者第二学士学位，从事工程造价业务工作满 3 年。

4）具有工学、管理学、经济学门类博士学位，从事工程造价业务工作满 1 年。

5）具有其他专业相应学历或者学位的人员，从事工程造价业务工作年限相应增加1 年。

（2）二级造价工程师报考条件。凡遵守法律、法规，具有良好的业务素质和道德品行，具备下列条件之一者。可以申请参加二级造价工程师职业资格考试：

1）具有工程造价专业大学专科（或高等职业教育）学历，从事工程造价业务工作满 2 年；具有土木建筑、水利、装备制造、交通运输、电子信息、财经商贸大类大学专科（或高等职业教育）学历，从事工程造价业务工作满 3 年。

2）具有工程管理、工程造价专业大学本科及以上学历或学位，从事工程造价业务工作满 1 年；具有工学、管理学、经济学门类大学本科及以上学历或学位，从事工程造价业务工作满 2 年。

3）具有其他专业相应学历或者学位的人员，从事工程造价业务工作年限相应增加 1 年。

2. 考试科目

造价工程师职业资格考试设基础科目和专业科目，一级造价工程师职业资格考试设 4 个科目，包括："建设工程造价管理""建设工程计价""建设工程技术与计量"和"建设工程造价案例分析"。其中，"建设工程造价管理"和"建设工程计价"为基础科目，"建设工程技术与计量"和"建设工程造价案例分析"为专业科目。

二级造价工程师职业资格考试设两个科目，包括："建设工程造价管理基础知识"和"建设工程计量与计价实务"。其中，"建设工程造价管理基础知识"为基础科目，"建设工程计量与计价实务"为专业科目。

造价工程师职业资格考试专业科目分为 4 个专业类别，即：土木建筑工程、交通运输工程、水利工程和安装工程，考生在报名时可根据实际工作需要选择其一。

3. 职业资格证书

一级造价工程师职业资格考试合格者，由各省、自治区、直辖市人力资源社会保障行政主管部门颁发中华人民共和国一级造价工程师职业资格证书，该证书全国范围内有效。

二级造价工程师职业资格考试合格者，由各省、自治区、直辖市人力资源社会保障行政主管部门颁发中华人民共和国二级造价工程师职业资格证书，该证书原则上在所在行政区域内有效。

四、注册

国家对造价工程师职业资格实行执业注册管理制度。取得造价工程师职业资格证书且从事工程造价相关工作的人员，经注册方可以造价工程师名义执业。

住房城乡建设部、交通运输部、水利部分别负责一级造价工程师注册及相关工作。各省、自治区、直辖市住房城乡建设、交通运输、水利行政主管部门按专业类别分别负责二级造价工程师注册及相关工作。

经批准注册的申请人，由住房城乡建设部、交通运输部、水利部核发《中华人民共和国一级造价工程师注册证》（或电子证书）；或由各省、自治区、直辖市住房城乡建设、交通运输、水利行政主管部门核发《中华人民共和国二级造价工程师注册证》（或电子证书）。

造价工程师执业时应持注册证书和执业印章。注册证书、执业印章样式以及注册证书编号规则由住房城乡建设部会同交通运输部、水利部统一制定。执业印章由注册造价工程师按照统一规定自行制作。

五、执业

造价工程师在工作中，必须遵纪守法，恪守职业道德和从业规范，诚信执业，主动接受有关主管部门的监督检查，加强行业自律。造价工程师不得同时受聘于两个或两个以上单位执业，不得允许他人以本人名义执业，严禁"证书挂靠"。出租出借注册证书的，依据相关法律法规进行处罚；构成犯罪的，依法追究刑事责任。

1. 一级造价工程师执业范围

包括建设项目全过程的工程造价管理与咨询等，具体工作内容有：

1）项目建议书、可行性研究投资估算与审核，项目评价造价分析。

2）建设工程设计概算、施工（图）预算的编制和审核。

3）建设工程招标投标文件工程量和造价的编制与审核。

4）建设工程合同价款、结算价款、竣工决算价款的编制与管理。

5）建设工程审计、仲裁、诉讼、保险中的造价鉴定，工程造价纠纷调解。

6）建设工程计价依据、造价指标的编制与管理。

7）与工程造价管理有关的其他事项。

2. 二级造价工程师执业范围

二级造价工程师主要协助一级造价工程师开展相关工作，可独立开展以下具体工作：

1）建设工程工料分析、计划、组织与成本管理，施工图预算、设计概算的编制。

2）建设工程量清单、最高投标限价、投标报价的编制。

3）建设工程合同价款、结算价款和竣工决算价款的编制。

造价工程师应在本人工程造价咨询成果文件上签章，并承担相应责任。工程造价咨询成果文件应由一级造价工程师审核并加盖执业印章。

任务 1　电网工程总费用计算

重庆市某丘陵地 220kV 架空输电线路工程，该工程根据施工图纸和《电力建设工程预算定额 第四册 架空输电线路工程》计算定额直接费 360.98 万元，其中人工费为 220.20 万元，机械费为 73.25 万元。装置性材料（乙供）费用 800.23 万元。其他已知条件如下：建设场地征用及清理费 200 万元；工程保险费 5 万元；工程监理费 35 万元；项目建设技术服务费 150 万元；大型土石方综合费 0 万元，专业爆破服务费 0 万元；价差预备费 20 万元；贷款利息 25 万元。要求利用 2018 版电网预规计算本工程总费用。

任务答案

注意：人工、材料与机械价差调整参考附录 A《电力工程造价与定额管理总站关于发布 2018 版电力建设工程概预算定额 2022 年度价格水平调整的通知（定额〔2023〕1 号）》，社会保险费率取 33.2%，住房公积金费率取 12%，税率 9%。本任务计算数值保留小数点后两位。

（1）建筑安装工程费计算，见表 1-3。

表 1-3　　建筑安装工程费计算表

序号	项目费用名称	取费基数	费率（%）	计算公式	金额（万元）
一	直接费				
1	直接工程费				
(1)	定额直接费				
1)	人工费				
2)	机械费				
3)	消耗性材料费				
(2)	装置性材料费				
2	措施费				
(1)	冬雨季施工增加费				
(2)	夜间施工增加费				
(3)	施工工具用具使用费				
(4)	特殊地区施工增加费				
(5)	临时设施费				
(6)	施工机构迁移费				
(7)	安全文明施工费				
二	间接费				
1	规费				
(1)	社会保险费				
(2)	住房公积金				

续表

序号	项目费用名称	取费基数	费率（%）	计算公式	金额（万元）
2	企业管理费				
3	施工企业配合调试费				
三	利润				
四	大型土石方综合费				
五	编制基准期价差				
1	人工费				
2	材料费				
3	机械费				
六	税金				
合计					

（2）其他费用计算，见表 1-4。

表 1-4　　　　　　　　　其他费用计算表

序号	项目费用名称	取费基数	费率（%）	计算公式	金额（万元）
一	建设场地征用及清理费				
二	项目建设管理费				
1	项目法人管理费				
2	招标费				
3	工程监理费				
4	设备材料监造费				
5	施工过程造价咨询及竣工结算审核费				
6	工程保险费				
三	项目建设技术服务费				
四	生产准备费				
1	管理车辆购置费				
2	工器具及办公家具购置费				
3	生产职工培训及提前进场费				
五	大件运输措施费				
六	专业爆破服务费				
合计					

（3）基本预备费计算。

（4）总费用计算。

架空输电线路工程认知

储备知识一　架空输电线路工程施工工序简介

架空输电线路工程施工工序过程，依施工次序通常可分为：交接桩，线路复测，施工准备，基础施工，杆塔施工，架线、附件施工，检测与附属工作，验收及送电，质量回访。

一、交接桩

由建设单位组织交接桩工作，监理、设计、测量、施工等单位参加，设计单位在现场将线路桩位向施工单位进行交接。

交接前施工单位、监理单位应熟悉工程图纸相关资料，做好充分的技术准备。对测量控制点提出相关要求，如多远距离一个控制点、需要多少个控制点等。测量单位或设计单位在交接会议上或现场将控制点交予监理单位和各施工单位。

所交接桩一般包括 RTK 控制桩、线路控制桩（转角桩、加密桩）、重要杆塔位桩（大跨越档杆塔桩、重要跨越档杆塔桩等）。

二、线路复测

在架空输电线路施工之前，应进行设计数据复测工作。施工单位根据设计提供的杆塔位明细表，线路平断面图对线路进行复测工作。其工作内容如下。

（1）定线复测：以杆位与测量基点，用重转法或前视法检查直线桩位与档距。

（2）转角杆塔的角度复测：应用测回法进行复测。

（3）杆塔桩位丢失补桩：按平、断面图数据进行补测。

（4）施工区段复测：为保证线路连续正确，测量范围应延长至相邻区段相邻的两基杆位桩。

（5）高差复测：对线路跨越的河流、电力线、通信线、铁路、公路、建筑物等跨越点标高进行复测。

三、施工准备

线路施工前的准备工作包括：现场调查、施工图会审、编制技术资料、备料加工供应。

1. 现场调查

现场调查对象主要包括路径情况、交通情况、杆位情况、沿线交叉跨越及障碍物、驻地及生产与生活供应和大跨越、特殊交叉跨越情况等。其主要内容如下。

（1）线路路径情况调查：线路沿线的行政归属（市、县、乡、村）。地形，地质，风俗人情，劳动力，地方性材料（砂、石、水）供应数量与价格等。

（2）交通运输调查。

1）主要设备、材料运输可利用铁路、公路、水路、桥梁、隧道情况，货站、码头卸存货能力，选出合理的运输路线和卸货场地。对于超高压、特高压线路等涉及大件运输的工程尤为重要。

2）材料转运沿线可利用的乡间道路，确定运输区段控制范围，统计出修路工作量。

3）选定工地材料站，计算工地运输半径，确定运输方案。

（3）杆位调查。

1）杆塔位所在地的行政归属，青苗种类、面积和生长季节。

2）杆塔位的地形、地质情况，确定降基面土石方量及泥水坑、流砂坑挖掘和组立杆塔的施工方案。

3）材料运输是否一次运到杆塔位，如需小运，统计小运道路长度，人抬运距离或架设索道数量、施工便道长度。

（4）施工中特殊问题：跨越大型河流、海、高速铁路、特殊管线，线路通过泥沼、湿陷性黄土、冻土等地质，高山、峡谷、荒漠、高原、岩溶等地貌的特殊施工方案确定。

（5）沿线交叉跨越调查。

1）沿线被跨公路、普通铁路、河流、电力线、通信线情况了解，确定跨越施工方案。

2）沿线被跨房屋、树木、农业设施及其他障碍物情况了解，确定处理方案。

（6）沿线生产（生活）供应。

1）施工驻地、材料站等临时设施的地点、规模、材料、人工费用估算。

2）确定施工力量部署，施工区段划分。

3）沿线水、电生活供应。

2. 施工图会审

由建设单位组织，施工、设计、运行、监理等单位参加。对线路施工图进行全面审查。施工单位根据现场调查情况，提出修改或修正意见，审查会通过后实施。施工图会审工作主要包括基础施工图、杆塔施工图、架线施工图等审查。

（1）基础施工图的审查。审查内容为：核对基础图的实物编号与材料表的编号是否一致；基础图所绘材料与材料表是否一致，包括主筋、箍筋、地脚螺栓等的规格、数量、长度等；

核对基础配筋是否具有方向性，其方向是否与铁塔受力方向相匹配；核对拉线盘零件与拉线盘预留孔是否统一；核对每个基础的混凝土用量与材料表上所列是否相符。

除了审查基础施工图外，还要审查与基础施工图相关联的设计图。审查的内容主要包括自立式铁塔基础的根开与铁塔根开是否统一；地脚螺栓露出基础顶面高度能否满足螺母拧紧后留有 2～3 扣的裕度；底座板及垫板材料是否代用，代用后能否满足露扣要求；各种铁塔基础的顶部尺寸（含根开、地脚螺栓根开、地脚螺栓直径等）是否与铁塔底座对应尺寸相匹配；对于杆塔所配基础类型与设计提供的地质条件是否相一致；核对水泥杆配置的三盘（即底盘、卡盘、拉线盘）与杆形结构图是否一致等。

（2）杆塔施工图审查。施工前应核对杆塔图的部件数量与材料表是否一致，总装图材料表与部件图材料表是否一致，杆塔图上说明的技术要求与部件加工图是否一致，电杆接地螺孔所焊接的主钢筋与杆顶地线横担挂线孔能否直接电气接通，确保避雷线良好接地。各部件间连接部位的尺寸是否正确，安装图上的编号与材料表编号是否统一，拉线对各部件间的空气间隙能否满足设计规程要求，拉线金具是否属于标准金具等。

（3）架线施工图审查。架线施工图主要包括电气部分的杆塔明细表、机电安装图及相应的施工说明书，架线施工图审查的主要项目是架线施工图的数量是否齐全，架线施工图与相关联的施工图是否一致，如绝缘子串与杆塔上的挂线孔配合是否恰当，架线施工图本身有无差错，有无矛盾等。

3．技术准备

技术准备工作主要包括：编制施工组织设计与各种技术手册，编制基础接地、杆塔、架线等施工作业指导书，编制特殊施工方案措施与带电跨越等安全技术措施。

4．备料与加工供应

施工单位根据施工图的实物工程量统计出装置性材料，如杆塔、三盘、导线、地线、金具等材料需用量。地方性材料如砂子、石子、水等材料需用量。消耗性材料，如铁丝、铁钉、油漆等需用量。编制物资供应计划，寻找质量好、价格低、售后服务好的厂家和加工单位进行加工或自加工，并按各施工阶段及时将材料和加工件统一平衡分配到各施工队，保证施工进度需求。

四、基础施工

基础施工工作主要内容包括：首先，根据施工图纸要求和现场地形，开挖施工基面；然后进行线路杆塔桩复测，并按作业指导书制定的分坑尺寸进行现场分坑放样；再按照放样尺寸进行基坑开挖；将基础施工材料运输至施工杆位；按照设计图纸进行基础施工，若基础为现浇混凝土基础施工，其施工工序为：进行底盘、拉线盘安装，现场支模、钢筋和地脚螺栓安装找正，现场浇筑混凝土，拆模，养护，回填土。

此项施工属于隐蔽工程，如有偏差或不符合要求，将影响立杆质量，甚至在运行后可能发生倒杆塔的严重事故。故需严格保证质量，做好施工记录，以便检查。

五、杆塔施工

杆塔施工主要内容为：首先将杆塔材料运输至施工杆塔位，然后进行杆塔的排杆焊接，再进行杆塔组装、起立，安装卡盘（电杆）、拉线，回填夯实，安装接地装置，整杆。

其中，排杆焊接、组立杆塔、整杆工作介绍如下。

（1）排杆焊接：如采用整根制造的水泥杆时，不需要焊接，只需将杆排正到立杆起吊位置即可。分段制造的水泥杆，必须在施工现场焊接成所要求的长度。焊接前的排杆是将两段及以上的水泥杆，按要求在地面上排直，并将杆身垫平垫实后，方可焊接。

（2）组立杆塔：这是线路施工中主要的一道工序。有整体起立和分解组立两种基本方式。分解组立的杆塔，可以先行部分组装，也可边组装边起吊；整体起立的杆塔多在起立前进行地面组装。因此施工小组也可根据需要分成组装和立杆塔两个小组，分别进行施工。

（3）整杆：杆塔组立以后，有可能由于组立时误差，或者拉线地锚走动，埋土未夯实，基础下沉等种种原因，导致杆身倾斜或横担扭歪等，这在架线前纠正较易，因此应在架线前逐基进行一次检查扶正。同时调整杆塔上的装置，包括紧螺丝部件等，以确保施工质量，这种工作称为整杆。

六、架线、附件施工

架线施工内容包括：导线、地线展放，导线、地线连接，紧线施工，附件安装。放线前应该做好准备工作，如搁逐线盘，每基杆塔悬挂放线滑轮，调整耐张杆的拉线和加补强拉线，搭交叉跨越的越线架，紧线工具和导、地线连接工具的准备等。附件安装即悬垂线夹安装、保护金具安装、耐张杆塔跳线安装。紧线施工完成后，要复测弧垂，并观测三相导线相间距离，每项导线为分裂导线时观测线间距离，如不符合要求，应随即进行调整，直至达到标准为止。

七、检测与附属工作

线路安装完成后，要使用电阻测量仪器逐基杆塔进行接地电阻值测量并做好记录，使用经纬仪及配套工器具测量导线对公路、铁路、电力线、通信线、通航河流、建筑物等的垂直与水平距离并做好记录，测量导线、地线对山坡的风偏距离并做好记录。

附属工作包括：平整施工基面，浇制铁塔地脚螺栓保护帽，保护间隙安装，运行通道障碍物清理等。

八、验收及送电

施工全面结束，应经过一定的验收手续，并具备详细的施工记录和竣工图纸。经验收合格，才能进行其他电气试验。由建设单位组织，施工单位配合，试验单位进行线路参数测试并计算出线路投产所需的定值参数。最后，由启动委员会组织，建设、设计、试验、监理、施工、发电厂、变电站、运行等单位参加，进行综合调试合格后，线路投产送电 72 小时移交运行单位。

九、质量回访

线路投产后，施工单位应定期或不定期地向运行单位进行质量回访，进一步提高工作质量和工程质量，满足业主提出的各项合理要求。

储备知识二　架空输电线路组成

架空输电线路通常由杆塔、导线、避雷线（或称架空地线）、绝缘子、金具、杆塔基础和接地装置等主要元件所组成，如图 2-1 所示。

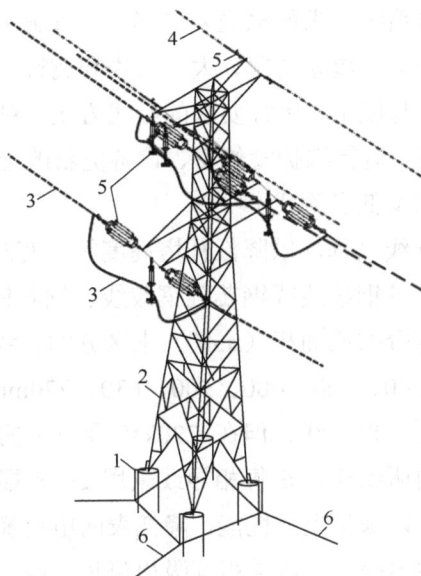

图 2-1　架空输电线路的主要组成
1—基础；2—塔；3—导线；4—地线；5—绝缘子串（绝缘子金具串）；6—接地装置

一、导线与地线

1. 导线

导线是架空输电线路的重要部件，用以传输电能。由于导线长期在旷野、山区或湖海边运行，需要耐受风、冰等外荷载的作用，又受气温剧烈变化的影响和化学气体等侵袭。因此，要求导线具有良好的导电性能，较高的机械强度、疲劳强度和耐振性能，较小的温度伸长系数，一定的耐化学腐蚀性能力。导线的种类、性能和截面大小，直接影响线路的输送能力、运行的可靠性，还对避雷线、绝缘子、金具、杆塔、基础等工程量用量及形式有影响，从而直接影响工程建设投资。

导线主要有钢芯铝绞线、铝包钢铝绞线、铝包绞线、铝合金铝绞线、全铝合金绞线等。目前新建线路广泛采用的导线为钢芯铝绞线。它是由机械强度较高的钢芯为芯线，以承受张力，外面绕几层导电性能好的铝线合并绞制而成，如图 2-2 所示。钢芯铝绞线一般可分为正常型、轻型、加强型和特强型几种。

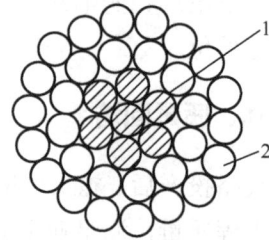

图 2-2 钢芯铝绞线截面示意图
1—钢芯；2—铝线

在技术改造线路及直流换流站接地极线路中常采用耐热型导线，主要的耐热导线有钢芯耐热铝合金绞线、殷钢芯耐热铝合金绞线、碳纤维芯软铝型线绞线、铝基陶瓷纤维芯耐热铝合金绞线、钢芯软铝绞线、钢芯软铝型线绞线，较为常用的为钢芯耐热铝合金绞线、铝包殷钢芯超耐热铝合金绞线。

导线选型时，一般根据系统要求的输送容量确定导线截面，结合工程实际情况，如线路电压等级、线路所经区域地貌、覆冰情况、大气污染和腐蚀、无线电干扰、电晕和可听噪声等因素，选择满足生态环保与施工、运行要求的导线方案。对导线进行技术方案比较的基础上，还应进行基于初期投资、运行维护检修费、设备更新改造费以及事故损失等各项费用的全寿命周期费用，以年费用最低者为优。

大跨越工程。为减小导线弧垂，以降低杆塔高度等，有时也采用钢绞线、铝合金绞线、铝包钢绞线、铜包钢绞线、硅钢绞线或钢芯硅钢绞线、钢芯铝合金绞线等。

导线的大小是按导电部分的截面积（mm²）来区分的。我国常用的导线系列有 35、50、70、95、120、150、185、240、300、400、500、630、720mm² 及 800mm² 等。

输电线路一般每相采用一根导线，但在 220kV 及以上的超高压输电线路，为减少线路电晕损失、无线电干扰、可听噪声，在每相导线采用 2～8 根或以上分裂导线。为了保证分裂导线线束间距保持不变，以满足电气性能，降低表面电位梯度的要求；同时为了在短路情况下，导线线束间不致产生电磁力，造成相互吸引碰撞，或者虽有吸引碰撞，但事故消除后即能恢复正常状态，常在档距中间相隔一定的距离安装间隔棒，这样对次档距的振荡和微风的振动，也可起到一定的抑制作用。

2. 地线（亦称避雷线）

地线位于导线的上方、架设在杆塔的顶部，其主要功能是防止雷直击导线、雷击杆塔顶时对雷电流有分流作用、对导线起耦合和屏蔽作用、实现载波通信或光纤（OPGW）通信。要求避雷线有足够机械强度，且耐振、耐腐蚀，具有一定的导电性和足够的热稳定性。按防雷的要求，可设一根或两根，它与导线形成一定的保护角和线间距离，以保护导线不受雷电伤害而引起闪络跳闸停电或导线受损事故。

地线一般采用镀锌钢绞线、钢芯铝绞线、钢芯铝合金绞线、铝包钢绞线、OPGW 复合地线光缆，并与导线相匹配。OPGW 除了防止雷击外，还可实现光纤通信、远动、继电保护和图像传输及线路运行检修监测和气象参数的测量等。

二、绝缘子

输电线路上采用的绝缘子，用作支持或悬挂导线，使之与杆塔绝缘，保障线路安全可靠地传输电力。因此，它应具有较高的机械强度和良好的电气绝缘性能，同时对化学杂质的侵袭也应具有足够的抗御能力，并能适应周围大气条件剧烈的变化，如温度、湿度变化。

输电线路用绝缘子的种类很多，可以分别按绝缘介质、连接方式和承载能力大小进行分类。按介质分类有盘形悬式瓷质绝缘子、盘形悬式玻璃绝缘子、半导体釉和棒形悬式复合绝缘子四种，部分如图 2-3 所示；接连接方式分有球型和槽型两种；按承载能力大小分为 40、60、70、100、160、210、300kN 共七个等级；每种绝缘子又分普通型、耐污型、空气动力型和球面型等多种类型。

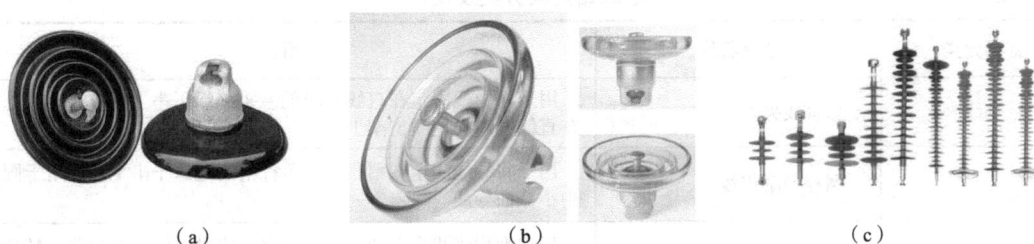

图 2-3　绝缘子示意图
（a）盘形悬式瓷质绝缘子；（b）盘形悬式玻璃绝缘子；（c）棒形悬式复合绝缘子

三、金具

金具在架空输电线路上，主要用于支持、固定和接续导、地线及将绝缘子连接成串，亦用于保护导线和绝缘体。

按金具结构性能、安装方法和使用范围划分，大致可以分为悬垂线夹、耐张线夹、连接金具、接续金具、保护金具和拉线金具六大类，如图 2-4 所示。也可简单归纳为安装金具、保护金具和拉线金具三大类。金具分类及使用见表 2-1。

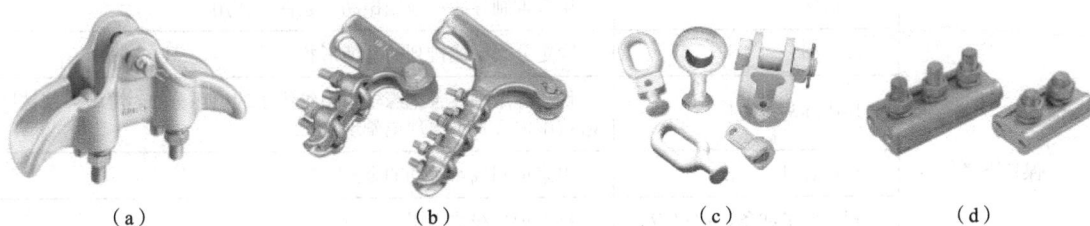

图 2-4　金具示意图（一）
（a）悬垂线夹；（b）耐张线夹；（c）连接金具；（d）接续金具；

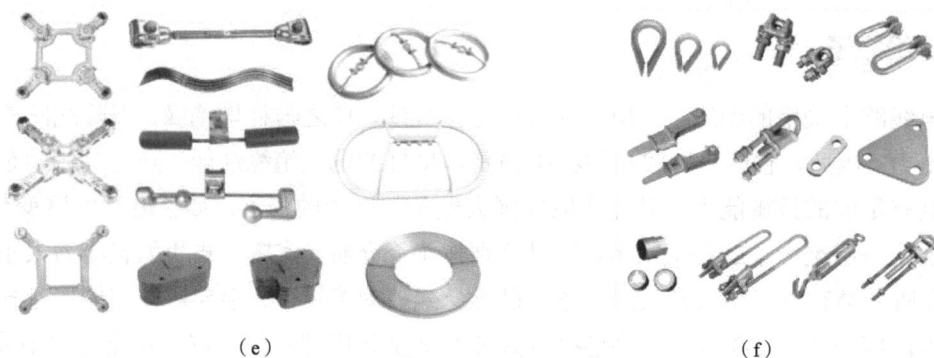

（e）　　　　　　　　　　　　　　　　（f）

图 2-4　金具示意图（二）
（e）保护金具；（f）拉线金具

表 2-1　　　　　　　　　　　　　　输电线路金具分类及使用

金具分类	金具名称	用途
悬垂线夹	悬垂线夹	用于将导线固定在直线杆塔的悬垂绝缘子串上，或将地线悬挂在直线杆塔的地线支架上
耐张线夹	螺栓型耐张线夹	用于将导线固定在耐张、转角杆塔的绝缘子串上。适用于固定中小截面导线
耐张线夹	压缩型耐张线夹	压缩型耐张线夹分两种，一种用于将导线固定在耐张、转角杆塔的绝缘子串上，适用于固定大截面导线。另一种用于将地线固定在耐张、转角杆塔上
耐张线夹	楔型耐张线夹	用于将地线固定在耐张、转角杆塔上
连接金具	U 型挂环、二联板、直角挂板、延长环、U 型螺栓等	这类金具又称为通用金具，多用于绝缘子串与杆塔之间、线夹与绝缘子串之间及地线线夹与杆塔之间的连接
连接金具	球头挂环、碗头挂板	连接球窝型绝缘子的专用金具
接续金具	接续管（圆形）	一种用于大截面导线的接续，另一种用于地线的接续
接续金具	接续管（圆形）	用于中小截面导线的接续
接续金具	补修管	一种用于导线的补修，另一种用于地线的补修
接续金具	并沟线夹	一种用于导线作为跳线时的接续，另一种用于地线作为跳线时的接续
保护金具	防振锤	用来抑制导线、地线振动，起保护作用
保护金具	间隔棒	固定分裂导线排列的几何形状
保护金具	均压环与屏蔽环	均压环用来改善绝缘子串中绝缘子的电压分布，屏蔽环使被屏蔽范围内金具不出现电晕现象
保护金具	防舞金具	用来抑制线路舞动的金具
保护金具	预绞丝护线条、铝包带	起保护导线的作用
保护金具	重锤	抑制悬垂绝缘子串及跳线绝缘子串摇摆角过大及直线杆塔上导线、地线上拔
保护金具	招弧角	用于在发生闪络时保护绝缘子并帮助拉断电弧

金具分类	金具名称	用途
拉线金具	UT 型线夹	可调式的用于固定和调整杆塔拉线下端，不可调式的用于固定杆塔拉线上端
	楔型线夹	用于固定杆塔拉线上端
	拉线二联板	用于连接两根组合拉线

四、杆塔

杆塔是用来支持导线、地线及其他附件，使导线、地线、杆塔彼此保持一定的安全距离，并使导线对地面、交叉跨越物或其他建筑物等设施保持允许的安全距离。导线、地线在杆塔上有多种布置方式，杆塔头部尺寸应满足绝缘配合和带电作业等要求。杆塔不仅承担着导线、地线、其他部件及本身的重量（承力杆塔还要承受导线、地线的张力），还要承受侧面风的压力。因此，对杆塔的要求应具有足够的高度和机械强度，以保证线路在发生故障和自然因素变化（如大风、暴雨或覆冰等）的情况下不致折断、倾斜或倒塌。它是架空线路极为重要的部件，其投资占线路本体的 1/3～1/2。

杆塔由于受电压等级、地理条件、导线型号、加工及运输等因素的影响，使杆塔的种类繁多。输电线路杆塔多数采用钢和钢筋混凝土结构，过去也采用木结构。通常对木和钢筋混凝土的杆形结构称为杆，钢的塔形结构和钢筋混凝土的烟囱形结构称为塔。不带拉线的杆塔称为自立式杆塔，带拉线的杆塔称为拉线杆塔。目前常用的杆塔有电杆和铁塔如图 2-5 所示，此外，还有使用钢柱、钢管和铝合金制造的杆塔。

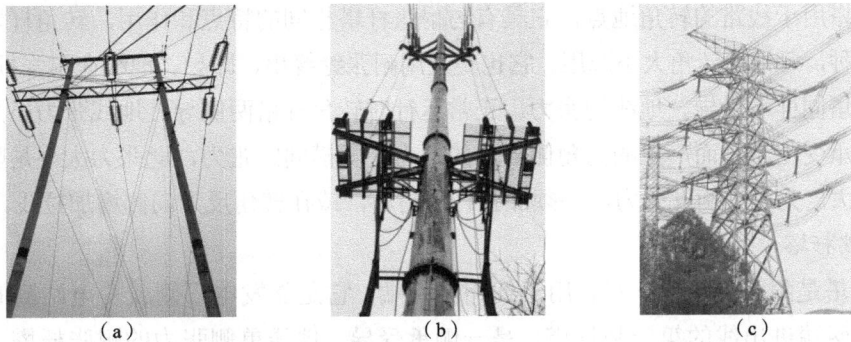

（a）　　　　　　　　　　（b）　　　　　　　　　　（c）

图 2-5　电杆示意图
（a）混凝土电杆；（b）钢管杆；（c）铁塔

输电线路的杆塔，一般是按杆塔在线路中的用途进行分类，通常有以下几种杆塔：直线杆塔、耐张杆塔、转角杆塔、特殊杆塔，各类型杆塔布置示意图如图 2-6 所示。

1. 直线杆塔

直线杆塔位于线路直线段的中间部分，也称中间杆塔。采用悬垂绝缘串挂导、地线，即导线在直线杆塔上不开断，它是线路中使用最多的杆塔。直线杆塔正常运行中仅承受导、地线自重和风压等荷载。直线杆塔机械强度要求不高，组装结构简单，造价低。在一条输电线路中，大部分是直线杆塔。直线杆塔常占全线杆塔总数的80%。

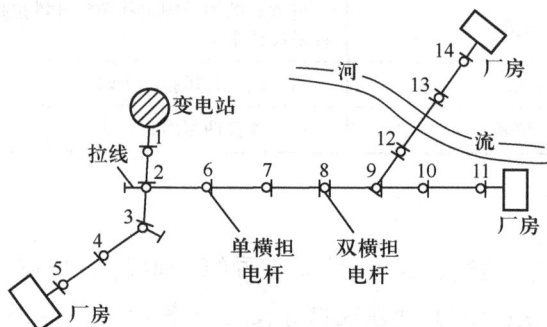

图 2-6　各类型杆塔布置示意图
1、5、11、14—终端杆；2、9—分歧杆；3—转角杆；
4、6、7、10—直线杆（中间杆）；8—分段杆（耐张杆）；
12、13—跨越杆

2. 耐张杆塔

耐张杆塔也称为承力杆塔，采用耐张绝缘串挂导、地线，即导、地线在耐张杆塔处开断，耐张杆塔可承受导线、避雷线架设后的纵向张力。正常运行时所受的荷载，基本上与直线杆塔相同，导、地线张力两侧相互抵消的。有时仅承受两侧导、地线的不平衡张力，只在事故时承受一侧断线张力。耐张杆塔把整个线路分成许多小段，起锚固导、地线的作用，限制了线路事故的范围。此外，耐张杆塔还可以作为架线时的紧线杆塔，这对于线路施工与检修也是必要的。

3. 转角杆塔

转角杆塔用于线路的转角地点，它具有与耐张杆塔相同的特点和作用。转角杆塔分直线型与耐张型两种，可根据转角大小选用。它也是采用耐张绝缘串，即导、地线在耐张杆塔处开断，它与耐张杆塔同样承受导、地线的张力。正常运行时转角杆塔两侧导、地线张力虽是平衡抵消的，但尚需承受由转角而产生的内角侧合力的拉力，即横向的张力，此张力大小是随转角角度的增大而增大。为了平衡此张力，必须加强杆塔材料，或在转角反方向侧增加拉线。

4. 终端杆塔

终端杆塔是耐张杆塔的一种，用于线路的两端，它是靠发电厂侧或变电站侧的第一座杆塔，即线路两端进出线的第一基杆塔，是一侧承受导、地线单侧张力的耐张杆塔。终端杆塔在正常运行时承受的两侧拉力差相当大。

5. 特殊杆塔

特殊杆塔包括跨越、换位、分歧等杆塔。

（1）跨越杆塔：当线路跨越河流、铁路、公路、沟谷或其他电力线时，常常出现较大的档距或要求杆塔有较高的高度。这种在跨越处设立高塔时，称为跨越杆塔。大跨越档距一般在1000m以上，塔的高度一般在100m以上，导线选型或塔的设计需予以特殊考虑，并自成一个耐张段。

（2）换位杆塔：为了获得导线相间电压、电流的基本平衡，改善对通信线路的干扰影响，在较长的输电线路工程中，即在中性点直接接地的电力网中，长度超过 100km 的 110kV 及以上电压等级的输电线路工程，需要将导线换位。换位杆塔就是用来改变线路中三相导线相互位置的杆塔。导线在换位杆塔上不开断称为直线换位杆塔，反之称为耐张换位杆塔。此外，换位的方式还有悬空换位和附加旁路跳线架换位。前者是在耐张绝缘子串外侧另串接一串绝缘子，然后通过一组特殊的跳线交叉跳接以完成三相导线的位置变换；后者是利用干字形耐张塔或转角塔并在其近旁附设一组小型架构，架一小段旁路导线转接跳线，通过跳线换接进行导线换位，如图 2-7 所示。

（3）分歧杆塔：如果一条输电线路同时向两个地区供电，就需要设立分歧杆塔。分歧杆塔兼有直线杆塔和终端杆塔的受力性质。

杆塔类型的选用，取决于输电电压、回路数量、导线及地线规格与排列方式、杆塔材料、经过地区的施工条件及运输条件、线路的重要性等因素，既要做到经济合理，又要保证安全可靠。

图 2-7　导线换位示意图
（a）直线换位；（b）耐张换位

五、基础

杆塔基础是保持杆塔稳定的地下构筑物，以保证杆塔不发生倾斜、倒塌、下沉等。基础在土壤中的埋置深度和选用的基础形式，关系到杆塔的稳定性，它对线路的正常运行很重要。因此，确定基础形式应根据线路的地形、施工条件、地质特点和杆塔形式，并根据节约工程量、降低造价原则综合考虑确定。

国内架空输电线路杆塔常用的基础形式主要有开挖回填类基础和原状土类基础两大类。开挖回填类基础主要包括直柱混凝土台阶式基础、直柱或斜柱钢筋混凝土板式基础、装配式基础、联合式基础和拉线基础等。原状土类基础主要包括掏挖基础（直掏挖、斜掏挖）、岩石基础、挖孔桩基础、螺旋锚基础、微型桩基础、灌注桩基础等。原状土基础由于减少了对土壤的扰动，能充分发挥地基土的承载性能，可大幅度地节约基础材料和施工费用，因此，在输电线路工程中被广泛应用。

输电线路的杆塔基础按施工方式分为预制基础、现浇混凝土基础、桩式基础、岩石基础等。

1. 预制基础

预制基础通常是工厂加工预制，现场吊拼装。输电线路中预制基础主要用混凝土杆及拉线基础，也有部分铁塔采用预制金属基础、预制金属支架型基础。混凝土杆所用的底盘、卡盘、拉线盘（俗称三盘），如图2-8所示。电力输电线路为稳定电线杆，防止倒伏，一般采用三盘固定。底盘垫在电线杆下，防止下陷；拉线盘用拉线拉住电线杆防倒；卡盘夹住电线杆埋在地下，用于防止电线杆倾覆与下陷。

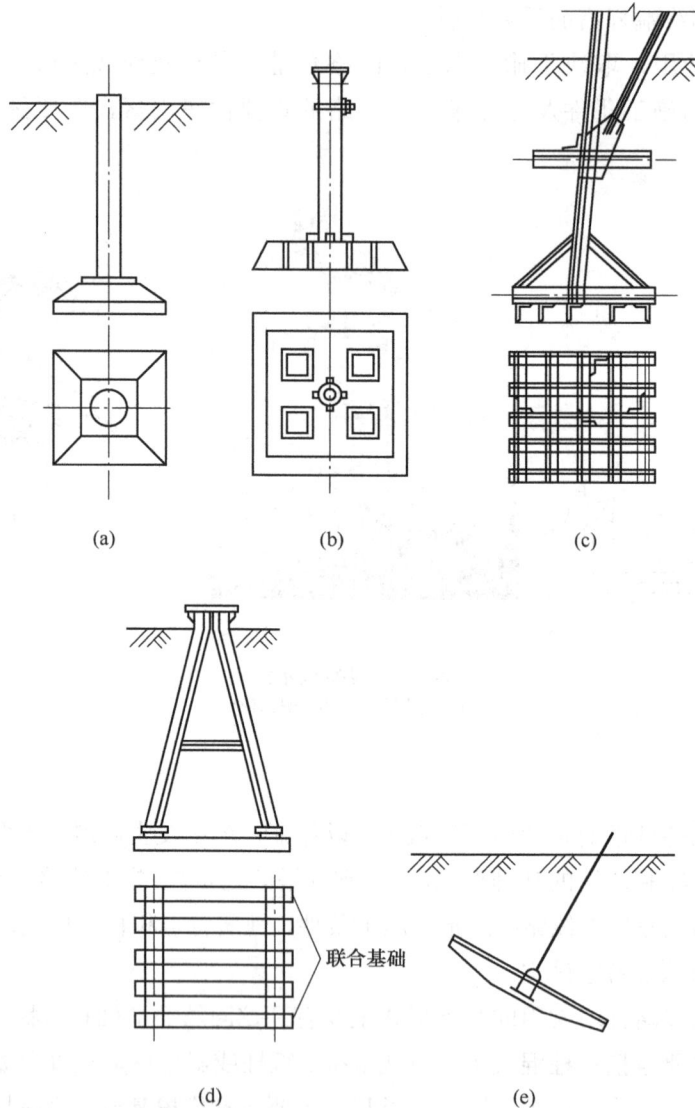

(a)　　　　　　　　(b)　　　　　　　　(c)

(d)　　　　　　　　(e)

图2-8　三盘示意图
（a）底盘基础；（b）底盘、卡盘基础；（c）预制金属基础；
（d）预制金属支架基础；（e）拉线基础

2. 现浇混凝土基础

现浇混凝土基础是指在杆塔位处浇制混凝土做成的基础。现浇混凝土基础由于整个基础埋入地下，使塔身与基础结成一整体，稳定性好，它用于地质条件较好，混凝土原材料砂、石和水供给方便，运输条件较好及地下水位不太高的区域。常用现浇混凝土基础如图 2-9 所示。

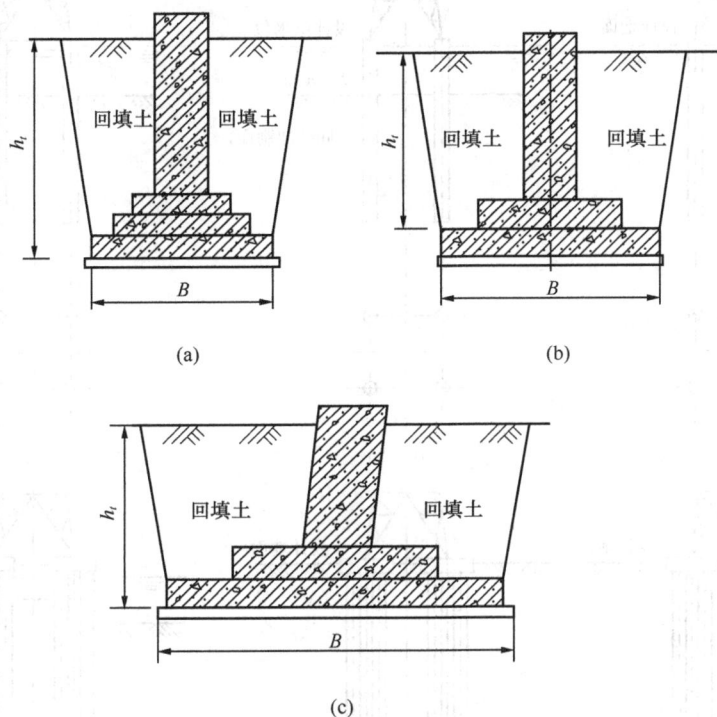

图 2-9　现浇混凝土基础示意图
（a）直柱混凝土台阶式基础；（b）直柱钢筋混凝土板式基础；（c）斜柱钢筋混凝土板式基础

3. 桩式基础

当输电线路跨越江河或经过湖泊、沼泽地带时，由于多属流砂、淤泥等地质，天然含水量大、承载力低，多采用桩式基础。

桩是指深入土层的柱型构件，称为基桩。由基桩与连接桩顶的承台组成桩基础，简称桩基。若桩身全部埋入土中，承台底面与土体接触，则称为低承台桩基；若桩身上部露出地面而承台底位于地面以上，则称为高承台桩基，如图 2-10 所示。桩基的主要作用是将上部结构的荷载传递到深部较坚硬、压缩性小的土层或岩层。因此，桩式基础用于地质条件较差、地下水位高、难以敞口开挖的地域。桩式基础按施工方法常用的有打入桩（预制桩）和钻孔灌注桩。输电线路基础施工中，应用最广泛的是钻孔灌注桩。

4. 岩石基础

岩石基础是利用原状岩石强度高的特点，在覆盖层比较浅的基岩地区，在岩石上打孔，把钢筋和地脚螺丝浇筑在岩石里，凭岩石与细石混凝土之间和细石混凝土与锚桩之间的黏结力，使锚筋与岩石结成整体，然后将杆塔固定在锚筋上，如图 2-11 所示。这样利用原状岩石作为电杆塔基础，可保证结构的稳定性。因此，可减少土石方开挖量和减少现浇混凝土量，节约钢材，加快施工速度。

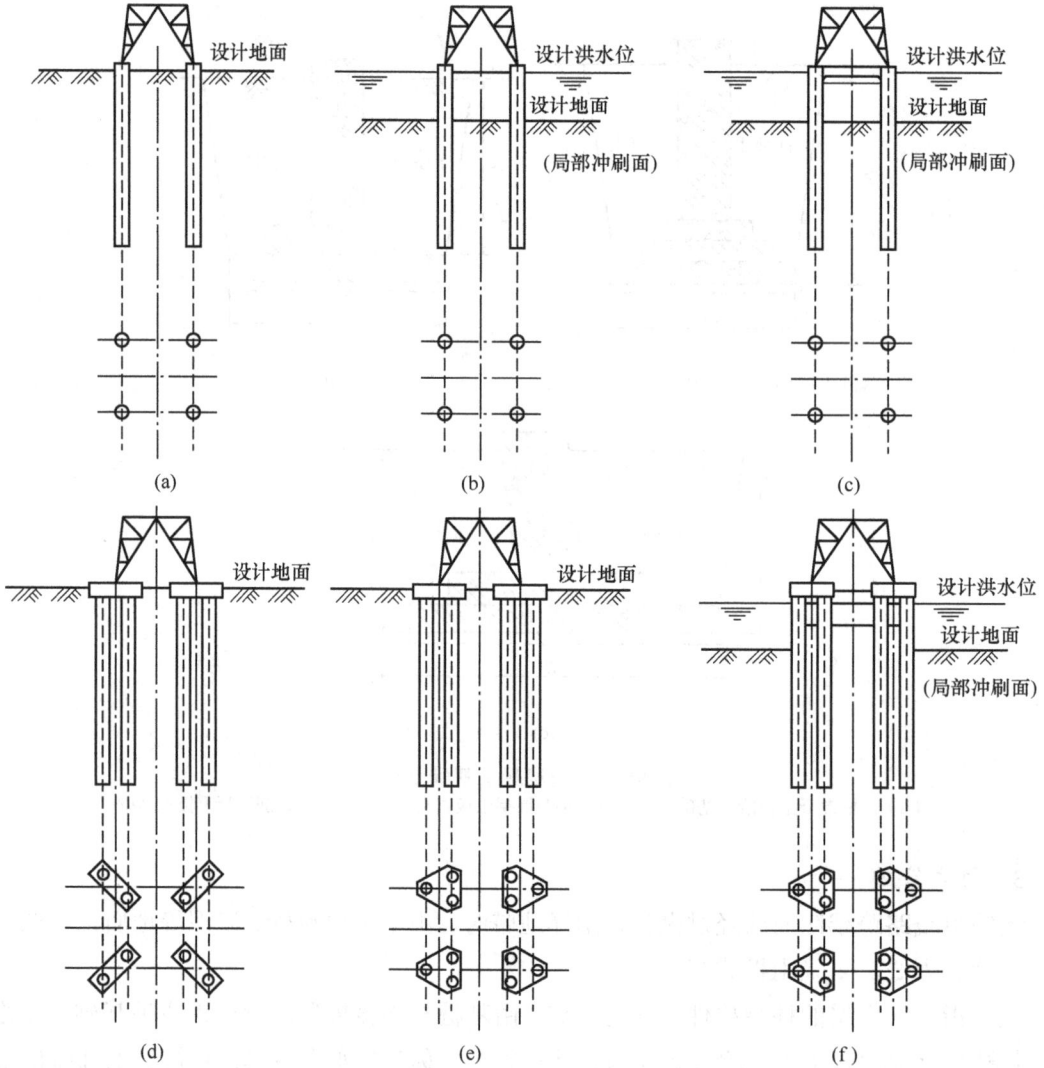

图 2-10　灌注桩基础示意图
（a）低单桩；（b）高单桩；（c）高桩框架；（d）低桩框架；（e）低桩承台；（f）高桩承台

5. 联合基础

联合基础就是把铁塔四个基础主柱用一个底板连成整体的筏板基础，可分为平板式和连梁式两种类型，架空输电电路基础设计中常采用梁板式筏板基础，其柱网接近方形，沿柱网轴线方向设置连梁，如图 2-12 所示。其特点是地板面积大，减轻了对地基的附加压力。因此，此基础适用于荷重较大而地基承载力较差的塔位。另一特点是它可以浅埋，当地下水位较高时，施工排水较容易解决。

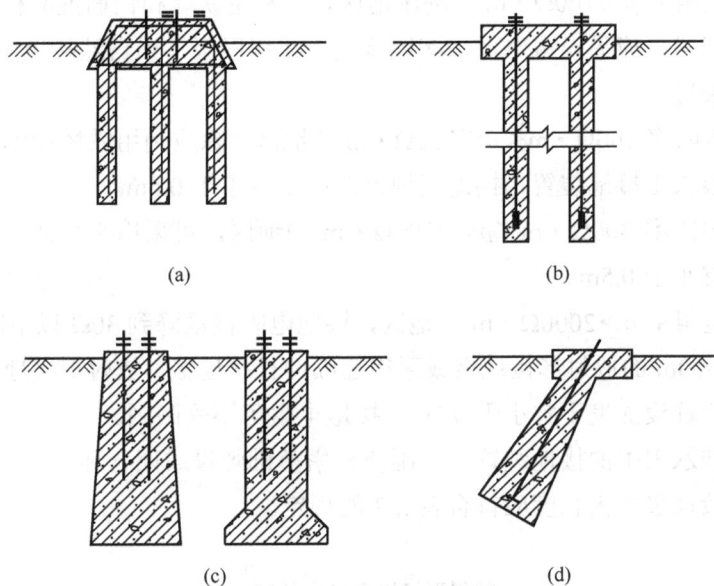

图 2-11　岩石基础示意图
（a）直锚式锚桩；（b）承台式锚桩；（c）嵌固式锚桩；（d）斜锚式

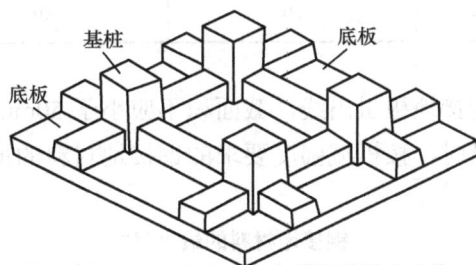

图 2-12　联合基础示意图

六、杆塔接地装置

线路所架设地线的保护作用，主要是将雷电压转化为电流，经电阻很低的塔脚排出，从而达到大幅度降压目的。输电线路的杆塔接地装置主要是为了导雷电流入地，以保持线路有一定的耐雷水平。接地装置的可靠安装直接关系着线路的安全运行。

接地装置可以分为人工接地体和自然接地体。人工接地体是采用圆钢或者角钢等金属埋入地下一定深度作为接地极。自然接地体是指兼作接地极用的直接与大地接触的各种金属构件、金属井管、钢筋混凝土建（构）筑物的基础、金属管道和设备等。注意：输油管道、燃气管道等不能作为接地极。

《交流电气装置的接地设计规范》（GB/T 50065—2011）规定，输电线路杆塔接地装置可采用下列形式。

（1）在土壤电阻率 $\rho \leqslant 100\Omega \cdot m$ 的潮湿地区，可利用铁塔和钢筋混凝杆自然接地。发电厂和变电站的进线段，应另设雷电保护接地装置。在居民区，当自然接地电阻符合要求时，可不设人工接地装置。

（2）在土壤电阻率 $100\Omega \cdot m < \rho \leqslant 300\Omega \cdot m$ 的地区，除应利用铁塔和钢筋混凝杆的自然接地外，并应增设人工接地装置，接地极埋设深度不宜小于 0.6m。

（3）在土壤电阻率 $300\Omega \cdot m < \rho \leqslant 2000\Omega \cdot m$ 的地区，可采用水平敷设的接地装置，接地极埋设深度不宜小于 0.5m。

（4）在土壤电阻率 $\rho > 2000\Omega \cdot m$ 的地区，接地电阻很难降到 30Ω 以下时，可采用 6～8 根总长度不超过 500m 的放射形接地极或采用连续伸长接地极。放射形接地极可采用长短结合的方式。接地极埋设深度不宜小于 0.3m。接地电阻可不受限制。

（5）居民区和水田中的接地装置，宜围绕杆塔基础敷设成闭合环形。

（6）放射形接地极最大长度应符合表 2-2 的规定。

表 2-2　　　　　　　　　　　　放射形接地极最大长度

土壤电阻率（Ω·m）	$\rho \leqslant 500$	$500 \leqslant \rho \leqslant 100$	$1000 < \rho \leqslant 2000$	$2000 < \rho \leqslant 5000$
最大长度（m）	40	60	80	100

（7）架空线路杆塔的接地极引出线，截面积不应小于 $50mm^2$，并应热镀锌。

（8）接地网采用钢材时，按机械强度要求的钢接地材料的最小尺寸见表 2-3。

表 2-3　　　　　　　　　　　　钢接地材料的最小尺寸

种类	规格及单位	地上	地下
圆钢	直径（mm）	8	8
扁钢	截面积（mm²）	48	48
	厚度（mm）	4	4
角钢	厚度（mm）	2.5	4
钢管	管壁厚（mm）	2.5	3.5

任务 2 架空输电线路工程认知

1. 简述架空输电线路施工流程。

答：

2. 架空输电线路主要由哪些部分构成？并简述其主要作用。

答：

架空输电线路工程图纸识读

储备知识一　架空输电线路施工图简介

一、架空输电线路施工图设计文件内容

架空输电线路工程的结构虽然不复杂，但所占空间位置较大，与其他电气工程相比，是属于比较特殊的一类电气工程。它并非像一般电气工程一样集中在一个点上，而是各个构件沿线分布，形成一条长距离的电力传输通道。一份完整的架空输电线路工程图纸，既要详细描绘线路的某些细部结构，又要反映线路的全貌，如线路经过地域的地理、地质情况，杆位的布置情况，导线（电缆）的松紧程度等。

架空输电线路施工图虽然比较庞杂，随着各地区、各工程具体情况的不同有较大的伸缩性，但一般架空输电线路施工图设计文件均包括以下内容。

1. 施工图总说明及设备材料汇总表

内容包括下述各项：

1）施工图总目录。

2）设计依据及范围。

3）线路概况及路径简要说明。

4）初步设计审核意见执行情况及需要说明的特殊问题。

5）强制性条文执行情况。

6）施工运行维护中注意事项。

7）主要技术经济指标。

8）附件（包括上级和其他单位的重要文件、初步设计评审意见、重要的会议纪要、路径协议文件等）。

9）附图（包括线路路径图、变电站进出线平面图、杆塔形式一览图、基础形式一览图等）。

2. 线路平断面图及杆（塔）位明细表

内容包括下述各项：

1）平断面定位图。

2）杆塔位明细表。

3）交叉跨越分图。

3. 机电施工图

内容包括下述各项：

1）导、地线特性曲线（表），导、地线架线曲线（表）。

2）孤立档架线表。

3）连续倾斜档线夹安装位置调整表。

4）换位（换相）图。

5）跳线安装图。

6）接地装置图。

7）导地线防振、间隔棒安装、防舞装置安装。

8）绝缘子串及金具组装图。

4. 杆塔施工图

内容包括下述各项：

1）杆塔设计图纸。

2）钢筋混凝土电杆图。

3）铁塔图纸。

4）杆塔设计和加工说明。

5）杆塔施工说明。

5. 基础施工图

内容包括下述各项：

1）基础配置表（明细表）。

2）基础施工说明。

3）基础根开表。

4）基础施工图。

5）基础计算书。

6. 通信保护施工图

内容包括下述各项：

1）输电线路与电信线路、无线电设施相对位置及放电器配置图。

2）单相接地短路电流曲线。

3）放电器安装图。

4）接地装置图。

5）其他保护装置安装图（根据工程实际需要）。

7. OPGW（ADSS）施工图

内容包括下述各项：

1）光缆力学特性曲线。

2）光缆架线曲线、孤立档架线表。

3）分流地线及光缆换位示意图。

4）悬垂/耐张金具串安装示意图。

5）防振装置安装示意图。

6）ADSS 杆塔上挂点示意图。

7）接头盒安装示意图、余缆架安装示意图。

8）接头盒、余缆架、引下线夹、护线条、OPGW（ADSS）光缆结构示意图及物理特性参数表。

9）耐张塔引下线及跳线安装示意图，以及站内光缆引下示意图。

8. 设备材料表

9. 通道清理施工图

内容包括下述各项：

1）房屋拆迁明细表。

2）其他障碍设施的拆迁。

3）树木砍伐。

10. 工程地质报告

11. 水文气象报告

12. 预算书

内容包括下述各项：

1）工程概况。

2）编制原则和依据。

3）预算表，包括总预算表、输电线路安装工程费用汇总预算表、输电线路单位工程预算表、输电线路辅助设施工程预算表、其他费用预算表、建设场地征用及清理费预算表。

4）附表，包括编制年价差计算表、综合地形增加系数计算表、输电线路工程装置性材料统计表、输电线路工程土石方量计算表、输电线路工程工地运输质量计算表、输电线路工程工地运输工程量计算表、输电线路工程杆塔分类一览表；此外，还应包括为清晰完整表达施工图中的各种工程量所补充的工程量统计、计算表格等。

5）工程量计算原则。

二、案例图纸目录介绍

施工图纸识读是工程计量计价的基础工作，本节以××110kV 架空输电线路工程部分施工图（以下简称本案例工程）为例来说明输电线路工程施工图识读方法。各详图见附录 F 施工图纸。本案例工程设计施工图主要包括杆塔平断面图、塔型一览图、杆（塔）位明细表、杆塔基础明细表、电气施工图、基础施工图及接地施工图等。

三、施工图纸分类介绍

1. 基础施工图

本案例工程基础施工图包括基础配置表、基础施工说明、基础施工图、地脚螺栓施工图等图纸。

（1）基础配置表包含杆塔编号、桩号、杆塔型号、呼高、转角度数、基面相对中心桩顶部高程高差、基础型号、埋深、降基等内容。

（2）基础配置表说明包含基础施工时应遵守的有关规定及要求、基础代号、线路前进方向、塔腿编号等内容。

（3）基础施工说明包含基础形式种类、采用新技术的基础形式特点、要求，以及基础的特殊要求及注意事项。对基坑开挖、边坡及植被保护、边坡及植被恢复、弃土弃渣处理、基坑降水、基坑回填及夯实等做出要求。对基础材料，桩基础的质量检测方法及静载试验方案做出规定。

（4）基础施工图包含基础平、立、剖面图，外形尺寸，基础钢筋和混凝土的强度等级，埋置深度，基础垫层形式，锚固件加工图，材料表，以及必要的施工说明。

（5）护坡、排水沟等防护设施施工图可包括平、立、剖面图，配筋图，外形尺寸，埋置深度，材料表和必要的施工说明等。

2. 杆塔、架线施工图

本案例工程杆塔施工图包括平断面图、杆塔明细表、杆塔一览图、铁塔施工图等图纸。

（1）杆塔平断面图：表现线路全线的概貌，通常采用平面图与断面图。该图是测量专业的测量成果。

1）线路平面图：线路平面图就是线路在地平面上的走向与布置图，即线路的俯视图。线路平面图能较清楚地表现线路的走向、杆位布置、档距、耐张段等情况，是线路工程图必不可少的图纸之一。平面图只画出线路沿线十几米宽的狭窄地域的地形、地物及交叉跨越简单情况，这些地形地物一般都用图例表示。在平面图上导线一般全部画出，并标出塔位。

2）线路断面图：架空线路的纵断面图是沿线路中心线的剖面图。通过纵断面图可以看出线路经过地段的地形断面情况，各杆位之间地坪面相对高差、导线对地的距离、驰度及交叉跨越的立面情况。纵断面图对指导施工具有重要的意义。

为了使图面紧凑、实用，通常将平面图与纵断面图合为一体。因而也称为平断面图。该图的上面部分为断面图，中间部分为平面图，下面部分是线路的有关数据。形成包括沿线断面地形，杆塔位置及各项地面物的标高、里程、杆塔编号和杆塔形式、弧垂线等的断面定位图和包括各种杆塔档距、里程、标高、耐张段长度、代表档距等的平面图，构成平断面定位图。

（2）杆（塔）位明细表：杆塔平断面图虽然能够较清楚地表现架空线路的一般情况，但对杆（塔）位情况却表现得不够充分。杆（塔）的规格类型、基础的规格类型埋置深度、杆（塔）的附件规格类型等情况，显然应具体表明。因此，除了杆塔平断面图以外，还应有一张说明杆（塔）位具体情况的图纸，这张图纸通常以表格的形式给出，故称为杆（塔）位明细表。

杆塔位明细表包括序号、塔号、塔位点、塔型、塔的呼称高（简称呼高），档距、水平档距、垂直档距、耐张段长、代表档距、转角度数及中心桩位移，接地装置代号、导线绝缘子串（代号、联数及片数、串数）、地线绝缘子串（代号、串数）、绝缘子串倒挂、导地线防振锤、间隔棒、重锤、防舞装置、交叉跨越及处理情况等。将上述与杆（塔）位有关的部分简练地集中在一张表格中表示出来，能让读图者对杆位有一个完整概念，是指导施工和维修的重要图纸，也是线路计价中的一份最为重要的图纸。

（3）杆塔一览图：该图提供了整个输电线路工程所用的各种类型杆塔，包括各杆塔型示意图及型号，塔型使用条件及塔型重量等内容。

（4）铁塔施工图：主要包括铁塔组装总图，横担及地线支架结构图，上、下曲臂结构图，塔身部分结构图，腿部、脚部结构图等。该图图幅量较大，本案例工程铁塔施工图略。

3. 绝缘子金具串组装图

绝缘子金具串组装图提供了绝缘子与金具的组合情况，并根据组合确定绝缘子、金具的数量，如绝缘子、线夹、挂板、挂环等。

4. 导地线防护附件图

（1）防振锤施工图：标出防振锤型号及安装说明，用图示意直线杆塔和耐张杆塔上各防振锤的安装距离（从线夹出口算起）。采用特殊形式的防振锤时，应说明防振锤的优越性及安装方法。阻尼线安装图标出阻尼线型号、阻尼线花边的布置、阻尼线花边弧垂，以及防振锤安装位置和安装说明。采用其他防振方案时，有相应的安装图及说明并提供设备材料表。

（2）间隔棒安装图：说明相关安装要求，含不对称安装、最大平均次档距限值、端次档距限值、特殊地段的最大平均次档距限值、安装误差标准、间隔棒形式等；根据不同的档距范围给出间隔棒安装距离表及一档中每相安装导线间隔棒的数量。

（3）防舞装置安装图：说明安装（或预留）防舞装置的原则、型号及方法，提供防舞装置安装图（表）及设备材料表。

5. 接地装置图

接地装置图标明每种接地装置的各部尺寸、埋深要求、材料规格、数量及土方量，并注明适用的土壤电阻率范围和验收时的工频电阻要求值，以及每种接地装置宜用的塔型与地区。并说明施工时对接地体敷设、焊接、防锈及接地电阻测量的方法（含季节系数）和允许施工变动的内容与范围，施工工艺上的注意事项和具体要求等。

储备知识二　架空输电线路工程图纸识读

根据架空输电线路工程特点，同时便于工程计量计价，施工图纸识读宜按工序流程顺序进行。图纸识读流程如图 3-1 所示。

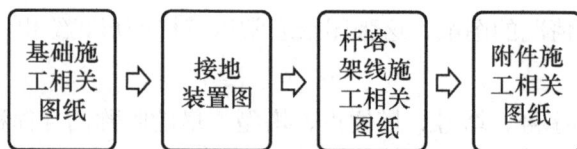

图 3-1　施工图识读顺序

同时，也应结合通用图纸的识读顺序，如图 3-2 所示。

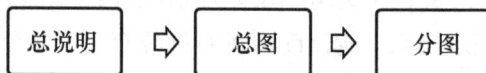

图 3-2　通用图纸识读顺序

工程图纸识图注意事项如下：

（1）图纸中以文字表达的说明小字部分，应逐一通读，并应将其中重要信息记录备用。

（2）附设备材料表的分图识读，建议以设备材料表序号为准，逐条对照分图中的局部详图找到所属工程部位，并在图中找全设备材料所列数量，不要漏项。

（3）分图必须结合总图进行对比识图，理清分图与总图的系统逻辑关系。总图与分图不符时，一般以分图为准，且应由设计人员进行书面确认。

现在以案例图纸中的#4 杆塔、#5 杆塔为例，进行图纸识读详解。

一、总图识读

通过识图获取#4～#5 杆塔定位位置、基础概况、杆塔概况等相关信息。具体步骤如下（此步骤没有严格的先后顺序）。

1. 识读"平面路径图"

平面路径图为平面俯视图，能够从图中找到标注有"#4、#5"字样，分别代表#4、#5 杆塔，从此图可以知道两杆塔处于线路路径的大致位置。

2. 识读"平断面图"

平断面图为沿路径中心的断面侧视图，图中上部分两端的数字标尺为高程，下部分列表的"里程""桩间距离"两行可以得知杆塔的具体位置和相对位置。可以从图中找到#4、#5 杆塔的具体位置，看出#4、#5 杆塔之间的地形起伏，被跨越物的线路标高及高程，平断面图的图例符号见附录 B。"平面图"可以看出#5 杆塔为转角杆塔，也可以看出#4、#5 杆塔之间的被跨越物情况。

3. 识读"杆塔明细表"

识读杆塔明细表，可知#4 杆塔的中心桩号为 Z5，#5 杆塔的中心桩号为 J6。中心桩是各杆塔开展施工测量的基准点，各杆塔桩号在"杆塔明细表"上可以方便查询。杆塔明细表除了呼称高、档距等主要参数的表达，图中显示的桩顶高程、定位高差、杆塔代号、绝缘子串、金具串、防振锤、接地装置、交叉跨越情况等数据、文字，都为下一步的各杆塔的基础、杆塔架线、附件施工详图识读给出了重要的线索信息。

"平面路径图""平断面图""杆塔明细表"三类总图需要互相结合起来对比识读，在后面的各部分详图识读时，总图分图也需要多次结合使用。

二、基础施工图识读

1. 识读"基础配置表说明"

其中序号 1～11 内容必须通读。可获知重要信息如下：需要将"基础配置表""杆塔明细表"及杆塔结构图（即"杆塔一览图"）等结合起来确定杆塔施工各参数；基坑回填后应保持一定高度的防沉层土，并防止塔基及塔基四周积水；基础代号含义，例如 TW××××为掏挖基础，TW2228 其中 22 表示基础底板直径 2.2m，28 表示基础全高为 2.8m；序号 11 内容明确了直线塔、转角塔线路前进方向和各塔腿编号。

2. 识读"铁塔基础配置表"

可以得知#4 杆塔、#5 杆塔的各塔腿的基础代号和埋深，如#4 杆塔 A 腿是"WK1085"，其基础埋入地下深度为"埋深 6m"；基础施工基准面相对于中心桩桩顶标高高差为"0m"；由备注可知#4 杆塔"CD 腿降基 9m³"即 C、D 两腿基础施工基准面分别相对于中心桩进行了降低施工基面的处理，因此发生的土石方工程量为 9m³；且备注也提醒了#4 杆塔"B 腿侧需迁坟"。同时，由"铁塔基础配置表"可知#4 杆塔 A 腿基础代号为"WK1085"，通过图纸目录查阅其详细图纸为"WK1085 基础结构图"。从"铁塔基础配置表""备注"栏亦可知，#4 杆塔没有要求修筑截水沟、护坡。

图表底部的小字"备注：需要作降基处理但设计未采用护坡的边坡应按 1:1 放坡。坡角离塔腿中心距离应满足 2 倍立柱直径。"类似重要信息需要运用到施工中去。

3. 识读"基础结构图"

基础结构图识图顺序可按照工序流程，获取相关工序对应数据及信息，如分为土石方工程和基础工程两部分；识图也可以先完成主体部位识图，再与其他局部图纸对比结合完成整体识图；识图同样可以根据自己经验思路去进行。识图方式较为灵活，不管哪种方式识图，都需要结合图中所列材料表看懂规格、型号、数量等。同时，也需要注意主视图、剖视图、俯视图等不同视角详图的对比结合，通透全面地看懂图纸所要表达的完整信息。

对于初次接触工程图纸的学生和工作人员，采用哪种方式看图，建议按需选择。即目前工作先需要解决什么问题，就优先看懂哪部分详图，再根据工作流程将图纸切块，逐步完成整张图纸识读。工程造价针对基础部分，需要识图计算土石方工程量和基础工程量。因此，现就以工序流程来完成"WK1085 基础结构图"识读。

（1）土石方工程。以#4 杆塔 A 腿为例，需要自"WK1085 基础结构图"上获取与土石方工程相关的 A 腿基础的外形开挖尺寸数据。从图中可知：局部侧视详图"1-1"结合其右侧俯视图可以看出 A 腿基础由上部的圆柱体和下部的半球体组成；其中圆柱体外形截面直径为 1000mm，高为 8500mm；半球体直径为 1000mm。通过这些数据套用圆柱体、球体体积公式可以计算出基础体积，再结合"铁塔基础配置表"可知此腿埋深为 6m，由此可以计算出基础土方开挖体积。

（2）基础工程。基础本体主要由钢筋和混凝土组成，从"WK1085 基础结构图"材料表可知：钢筋由三部分构成，即"编号 1 桩主筋、编号 2 桩外钢箍、编号 3 桩内钢箍"；基础内部辅助部件包含"编号 4 护板、编号 5 声测管"；混凝土等级为 C25。

1）编号 1 桩主筋从图纸截图（见图 3-3（a））可知：其位于编号 2 桩外钢箍与编号 3 桩内钢箍之间，图显示为圆周均布黑点状，黑点即为编号 1 桩主筋钢筋横断面；编号 1 旁备注"24ϕ18"，意思为圆周均布数量 24 根直径为 ϕ18 钢筋。结合材料表可知，编号 1 内箍筋每根长度为 8440mm、单重为 16.88kg，HRB335 代表热轧带肋钢筋屈服强度为 335MPa。

结合视图 1-1，通过三维视角结合对比可知，编号 1 与编号 2、3 钢筋几乎垂直设置，即视图 1-1 中编号 2、3 共有的两端头实线即为编号 1 钢筋，贯穿整个圆柱体基础，圆柱体基础长度为 8500，又自图纸右下角小字"说明"第 7 条可知"桩顶主筋混凝土保护层厚度为 40mm"，则编号 1 钢筋净长计算小于 8500mm。

2）编号 2 桩外箍筋由分图一可以看出位于编号 1 桩主筋外侧。从视图 1-1 并结合材料表可以看出，编号 2 桩外箍筋为螺旋式外绕编号 1 桩主筋，且为 1 根通长钢筋，由图 3-3（b）可知每圈螺旋钢筋俯视角内径为 ϕ880mm。图中标注"ϕ8@100"表示其钢筋直径为 8mm，每圈螺旋钢筋之间的间隔距离为 100mm。视图 1-1 中也出现"ϕ8@200"标注的原因需要完整参看右下角"说明"。其中第 3 条说明"离桩顶 5000mm 范围箍筋要加密，间距为=100mm。离桩顶 5000mm 范围箍筋要加密，间距为 a=100mm。"即图纸要求：基础上部 5m 高范围每圈螺旋钢筋之间的间隔距离设置为 100mm，下面 3.5m 高范围每圈螺旋钢筋之间的间隔距离设置为 200mm，螺旋钢筋总长 192526mm，HPB235 代表热轧光圆钢筋屈服强度为 235MPa（目前国家标准委已禁止生产使用，由 HPB300 代替）。

3）编号 3 内箍筋根据视图 1-1"ϕ14@1800"可知，为 ϕ14 钢筋以圆周形式垂直于主筋内侧水平布置，且在主筋通长范围内每圈箍筋间隔 1800mm 均布。由分图二可知每圈箍筋内径为 ϕ816mm。

4）编号 4 护板如图 3-4 所示，其为钢筋笼定位稳固作用。由左侧俯视图可知护板沿钢筋笼截面四点均布，材料表所列数量总共 12 个，总共涉及 3 个截面，参看右下角说明文字第 4 条"4、护板自桩底 1500mm 开始，向上每隔 3000mm 设置一层。"可知护板具体安装要求。其与编号 1 主筋、编号 2 外箍筋关系可通过中间的侧视图及其 A-A 剖面俯视图理解。图中"-40×6"中"-"为扁钢代号，意思为宽 40mm 厚 6mm 的扁钢。扁钢长度方向的截面设置见中间侧视图类似梯形设置，相关尺寸图中已详尽给出。A-A 剖面俯视图数字"6"及标注表达编号 1 与编号 4 之间的焊缝焊接要求。

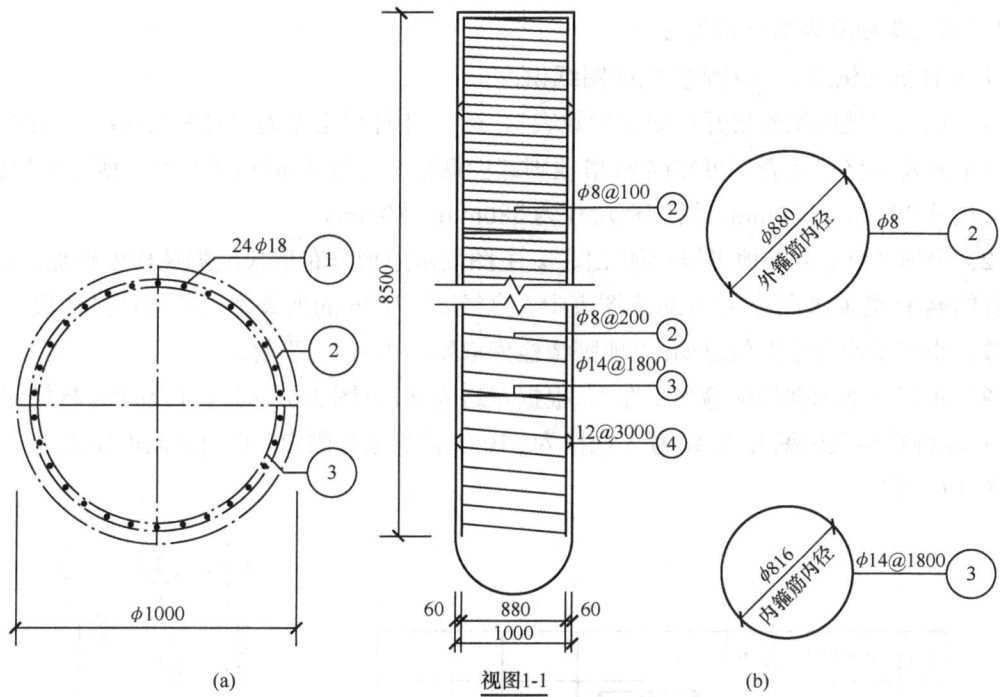

图 3-3　"WK1085 基础结构图"截图 1

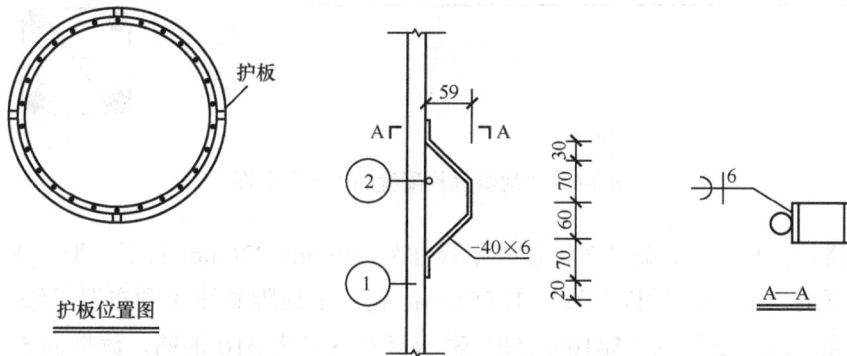

图 3-4　"WK1085 基础结构图"截图 2

5）编号 5 声测管由材料表可知为材质 20#钢管道共 3 根，每根长度为 8650mm。"$\phi60\times3$"意思管道外径为 60mm 管壁厚度为 3mm。其安装位置如图 3-5 所示，在编号 3 内箍筋圆周内三点均布，根据单根管道长度可分析其贯通基础内部。

（3）应通读"WK1085 基础结构图"右下角说明及前面识图未涉及的图形，数字、文字信息通览，保证识图完整性。

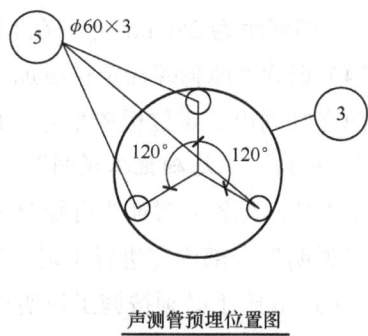

声测管预埋位置图

图 3-5　"WK1085 基础结构图"截图 3

4. 识读基础地脚螺栓相关图

以#4 杆塔为例进行相关地脚螺栓图纸识读。

（1）识读"地脚螺栓根开及规格参数表"。可知#4 杆塔塔型为"1I-SZ2-33"，查阅"地脚螺栓根开及规格参数表"可知#4 杆塔地脚螺栓规格型号为 4×M36（35#），地脚螺栓根开为矩形尺寸 240mm×240mm，塔脚板尺寸为 380mm×380mm。

（2）识读"矩形分布地脚螺栓加工图"。主图显示矩形分布形式地脚螺栓外形加工尺寸，并可查阅#4 杆塔地脚螺栓 M36 对应图表中"直径 d"为 36 的地脚螺栓各部件具体尺寸及重量参数。小字说明中重要信息如："地脚螺栓为双帽，单垫片。"等。

（3）识读"地脚螺栓配箍加工图"。根据左边表格［见图 3-6（a）］可查阅#4 杆塔编号 1 为 M36 地脚螺栓采用编号 2、编号 3 规格为 $\phi10$ 的箍筋进行固定，它们之间的组合关系需要对应图 3-6（b）。

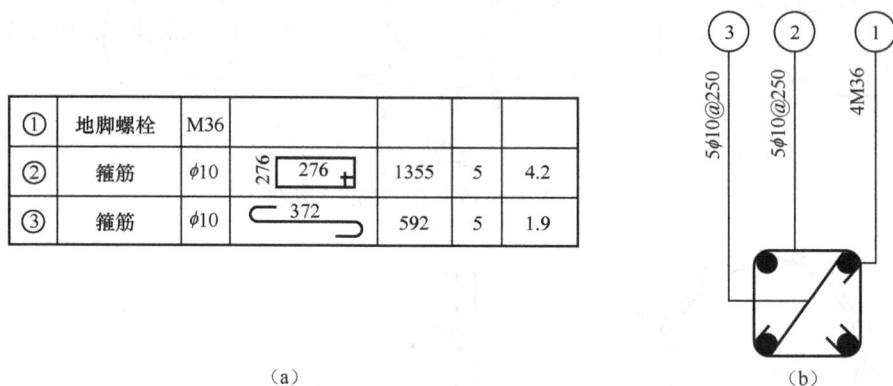

①	地脚螺栓	M36				
②	箍筋	$\phi10$	276 \ 276	1355	5	4.2
③	箍筋	$\phi10$	372	592	5	1.9

（a）

（b）

图 3-6 "地脚螺栓配箍加工图"截图

结合表格数据可分析：编号 2 箍筋外形尺寸为 276mm×276mm 的正方形，钢筋两端头在一角进行交叉叠合收口，材料全长为 1355mm；编号 1 地脚螺栓 4 颗布置于编号 2 正方形箍筋内四个角；编号 2 箍筋"5$\phi10$@250"表示材料规格为 $\phi10$ 钢筋，数量为 5 个，箍筋间距为 250mm 布列在 M36 地脚螺栓长度方向；编号 3 箍筋形状为 S 型，其直线部分长度为 372mm，材料全长为 592mm；编号 3 箍筋"5$\phi10$@250"表示材料规格为 $\phi10$ 钢筋，数量为 5 个，箍筋间距为 250mm 布列在 M36 地脚螺栓长度方向。

（4）识读"地脚螺栓定位板加工图"。如涉及钢管杆，则需要按图配置地脚螺栓定位板，加工图详细列出了定位板的型号、尺寸、重量、数量等相关参数。

5. 识读"桩基础施工说明"

由"基础配置表说明"可知 WK1085 为普通人工挖孔桩基础，需要对应图册里的"桩基础施工说明"全部内容进行学习。因为里面的内容比如"护壁"是"WK1085 基础结构图"中没有的，其施工必须按施工说明里的文字和示意图执行。"桩基础施工说明"截图如图 3-7、图 3-8 所示。

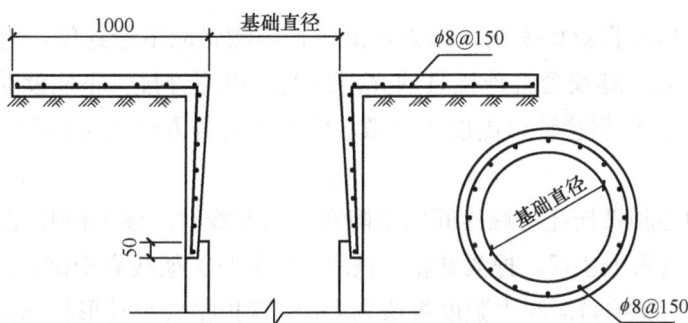

基坑护壁示意图（图一）

图 3-7　"桩基础施工说明"截图 1

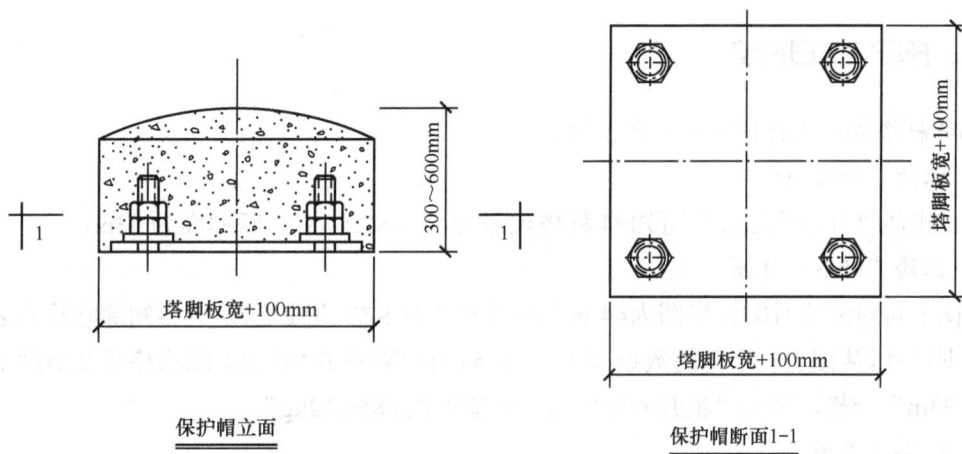

保护帽立面　　　　　　　　　　保护帽断面1-1

图 3-8　"桩基础施工说明"截图 2

其中涉及施工的重要内容举例如下：

（1）本工程设计的桩基础均采用人工开挖成型或机械钻孔成型，施工中严禁放炮。

（2）桩基础用混凝土强度等级 C25，基础混凝土强度等级必须作配合比试验，经检查合格后方可使用。

（3）基坑分坑前必须逐基复测塔基断面，以核实"基础结构图"中桩基础埋深、露出地面高度是否与设计相符，如不符，须及时通知设计对基础进行调整。

（4）人工挖孔桩基础在基坑开挖时须根据塔位各基坑的具体地质条件采取一定的护壁措施，以确保施工人员安全。本工程使用的人工挖孔桩基础的基坑护壁方式采用混凝土护壁，护壁混凝土强度等级采用 C25。采用了护壁方式的基础基坑开挖时，开挖深度每 0.5～0.8m 时就须进行护壁，待护壁混凝土达到一定的强度后方能进行下一段的基坑开挖。护壁混凝土的厚度一般按 100～150mm 取用，当素混凝土护壁有困难时，需在混凝土中加入钢筋网进行护壁。当遇到有大直径块石的堆填区，可根据现场实际情况采用双层配筋。采用护壁方式的基础基坑开挖时，开挖直径=基础直径＋护壁厚度×2。

（5）每根桩预埋三根ϕ60×3钢管作为声测管，声测管应下端封闭，上端加盖，管内无异物。声测管连接处用螺纹套管连接且应光滑过渡；声测管接头不应漏浆；声测管露出基础顶面150mm，且各声测管管口高度须一致。应采用适合方法固定声测管，使之成桩后相互平行。

（6）塔脚板的地脚螺栓孔与螺栓间的空隙在开始架线前，逐个松开螺帽，用M15水泥砂浆将缝隙填实，再盖上垫板，拧紧螺帽。铁塔（钢管杆）架线完毕确认地脚螺栓无松动后浇制混凝土保护帽；保护帽混凝土强度等级为C10，保护帽大小及形状如图3-8所示（注意：不得将接地孔覆盖）。

6. 识读"掏挖基础施工说明"

如涉及掏挖基础，识读"掏挖基础施工说明"方法类同"桩基础施工说明"。

三、杆塔施工图识读

以#4杆塔为例进行杆塔施工图识读。

1. 识读"杆塔明细表"

通过查阅"杆塔明细表"可知#4杆塔代号为"1I-SZ2-33"、呼称高为33m。

2. 识读"杆塔一览图"

在图上可对应序号②杆塔图为#4杆塔对应的"1I-SZ2直线塔"，可得知除呼称高之外的杆塔数据尺寸。从图上右上角的数据列表查看，#4杆塔对应其"双回直线塔序号2塔型1I-SZ2呼称高33m"一栏，可知"根开6009mm、单基重量8859.12kg"。

3. 铁塔施工图

铁塔组装一般以铁塔生产厂家制造图为准进行识图施工，这里不作详细介绍。

四、架线施工图识读

以#4～#5杆塔跨距为例进行架线施工图识读。

1. 识读"杆塔明细表"

左下角小字"本页说明"可知110kV八万线采用同塔双回架设，导线采用LGJ-300/25钢芯铝绞线，地线采用2根12芯OPGW光缆；由"交叉跨越情况及处理意见"栏可知#4～#5杆塔架线跨低压线2次、跨通信线2次。

2. 识读"平断面图""平面路径图"

由"平断面图""平面路径图"可以清楚#4～#5杆塔架线具体情况。

3. 识读"进出线及接线示意图""线路相序及OPGW光缆安装位置示意图"

识读"进出线及接线示意图"可以了解整个工程的架线情况。两回路三根导线相序应识读"线路相序及OPGW光缆安装位置示意图"，可知其中一回自上而下为"CAB"，另一回自上而下为"ACB"。

4. 识读"施工图说明书"

可以从"2 线路路径及变电站进出线""3 机电部分""施工注意事项"等相关章节获取架线施工相关说明。

五、附件施工图识读

以#4 杆塔为例进行附件施工图识读。

1. 识读"杆塔明细表"

可知#4 杆塔导线绝缘子串形式为"XZ1"数量为"6";导线防振锤形式为"FDZ-5F",靠#3 杆塔侧其数量为"6×1",靠#5 杆塔侧其数量为"6×1",安装距离均为 1.9。

2. 识读"LGJ-300/25导线单联悬垂绝缘子串组装图XZ1"

根据#4 杆塔导线绝缘子串"XZ1"型号,对应识读"LGJ-300/25 导线单联悬垂绝缘子串组装图 XZ1":可知导线与杆塔之间绝缘子串各组成部件包括"U 型挂环""QP 型挂环""复合绝缘子""W 型碗型挂板""预绞式悬垂线夹";各部件名称、规格型号、数量、重量等都以列表形式进行表达。

3. 识读"防振锤安装图"

"防振锤安装图"分别表示了"直线塔""耐张塔"各自防振锤的安装位置。#4 杆塔根据前面的识图可知为直线塔,于是将图中意思结合"杆塔明细表"防振锤相关参数,可得:#4 杆塔两侧两回三相共 12 个导线的防振锤,即每根导线一个防振锤中心距离悬垂线夹端头50mm 距离进行安装。

六、接地装置施工图识读

以#4 杆塔为例进行接地装置施工图识读。

1. 识读"杆塔明细表"

可查阅#4 杆塔接地装置形式为"B",接地装置图号为"X1301"。

2. 识读"接地装置施工图"

图中左侧的表格列出了不同型号的接地装置,及其所对应的示意图和材料表、相关数据。#4 杆塔接地装置形式为"B",即接地装置示意图如图 3-9 所示,此图需要结合局部详图"接地体与铁塔连接示意图"来理解。相当于接地装置以方形及其各延伸边形式对称布置在#4 杆塔各塔腿四周,方形边长为 10m,延伸边长为 10m,且方形边分别与塔腿连接。

从 B 型接地装置材料表可知,有材料为"ϕ10 圆钢"共 81m 其重量为 49.98kg。根据"81m"这个数据吻合示意图单边长 20m 即四边全长合计 80m,差异的 1m 应理解为圆钢与圆钢焊接搭接增加的长度,这个可以从局部图"圆钢焊接示意图"知晓(见图 3-10)。所以可以确定ϕ10 圆钢为#4 杆塔接地装置的主要材料。

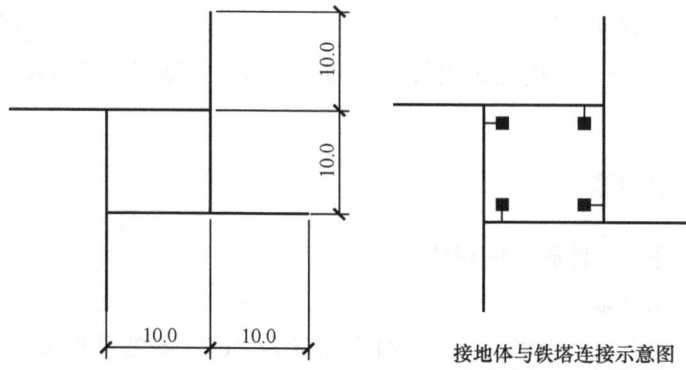

接地体与铁塔连接示意图

图 3-9　"接地装置施工图"截图 1

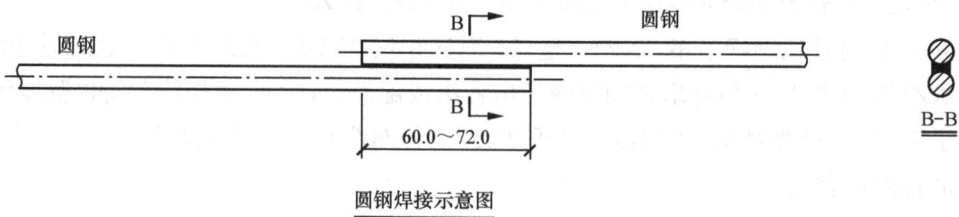

B-B

圆钢焊接示意图

图 3-10　"接地装置施工图"截图 2

从 B 型接地装置材料表可知，设计人员列出了"ϕ12 镀锌圆钢"共计 16m/14.22kg。虽然图中所有局部图没有标注材料型号，但根据"接地体与铁塔连接示意图"可以推断应属于接地体与铁塔连接材料，每个塔腿分配了 4m。

从 B 型接地装置材料表可知，列出了"45×4 镀锌扁钢 0.64m/0.91kg"，结合局部图"接地引下线焊接示意图"（见图 3-11）可知此扁钢用于引下线，一端与接地 ϕ12 镀锌圆钢焊接，一端以 ϕ17.5 圆孔通过螺栓（M16×35 单腿 1 套共 4 套）等部件与塔腿连接。示意图中扁钢长度为 160mm，4 个塔腿即需要 4 块长 160mm 扁钢，共计 0.64m 与材料数量吻合。

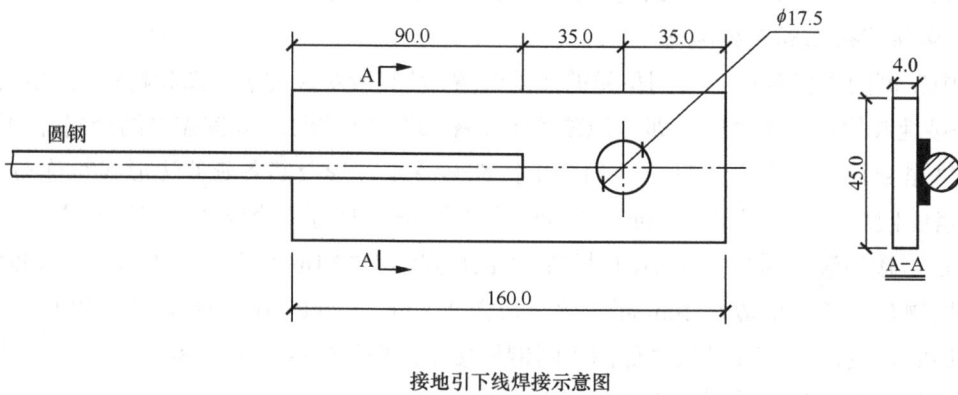

接地引下线焊接示意图

图 3-11　"接地装置施工图"截图 3

列表中还给出了"接地体埋深大于0.6m"的重要信息，也给出了接地装置敷设时的土石方开挖量为"19m³"。与之前的图纸识读要求一致，图中右侧部分"说明"文字应通读并应用到施工中。

七、辅助工程施工图识读

1. 识读"铁塔基础配置表"

从"注意事项"栏可知杆塔的是否修筑截水沟和护坡，可查阅到#75杆塔"B腿侧修筑护坡（高3m，长12m）及截水沟（长17m）"，现以#75杆塔为例进行截水沟、护坡施工图的识读。

2. 识读"截水沟施工图"

此图没有特别指定适用哪个杆塔即为通用图。从局部图"塔位排水沟示意图"（见图3-12）可知两塔腿侧的排水沟俯视布置情况，如图排水沟边与塔腿边垂直距离为"5000～8000mm"，另一边排水沟边距离塔腿边中心平行塔位中心方向上距离为"5000～8000mm"。排水沟里的箭头表示排水方向、沟底坡度方向。

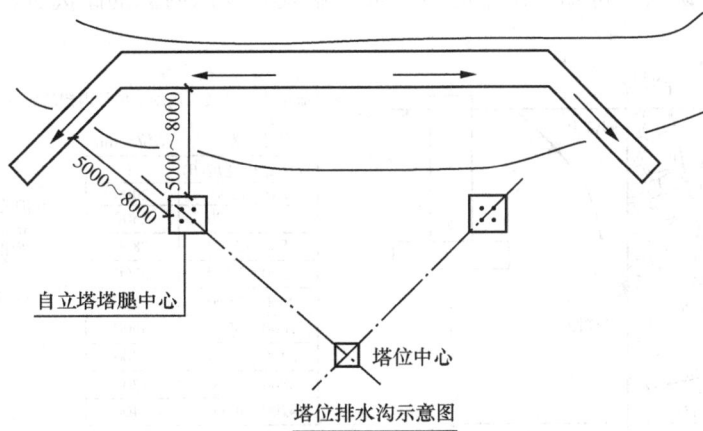

图3-12　"截水沟施工图"截图1

#75杆塔截水沟长17m，即只按图纸进行一个塔腿的排水沟修筑，塔腿两侧的排水沟边长需要根据现场实际情况进行分配。而排-水沟截面采用"土地基排水沟断面图"还是"岩石地基排水沟断面图"，也需要根据现场实际情况进行选择，现假定#75杆塔现场排水沟处为土地基进行识图，局部图"土地基排水沟断面图"如图3-13所示。排水沟断面形状为上开口梯形状，沟底尺寸为300mm，上部开口尺寸为500mm，高度为400mm。

"截水沟施工图"中右侧说明文字重要信息如下：土质排水沟沟底及沟侧均夯实后用C10细石混凝土抹面，厚度不小于100mm，沟底纵向坡度应大于2%；排水沟距基础中心的距离应根据施工基础面开挖的具体情况而定，本图中尺寸供参考；排水沟的长度根据具体情况而定。

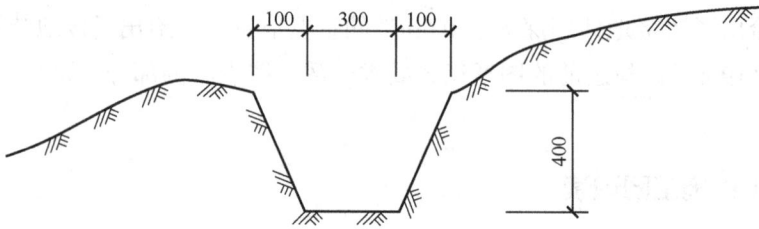

土地基排水沟断面图

图 3-13 "截水沟施工图"截图 2

3. 识读"基础堡坎施工图"

由"铁塔基础配置表"可知#75 杆塔 B 腿侧修筑护坡（高 3m，长 12m），按照"基础堡坎施工图"图示可知堡坎高度总共有Ⅰ、Ⅱ、Ⅲ、Ⅳ型共四种堡坎，#75 杆塔 B 腿侧护坡高 3m，则对应Ⅱ型堡坎施工图如图 3-14 所示。图中可以看出：堡坎断面相关尺寸；图中设计有贯通（坡度为 5%）堡坎的渗水孔（方形截面尺寸为 100mm×50mm）；堡坎与塔腿之间的距离为 A，查看"说明"可知基础中心至护坡（堡坎）顶部内侧的距离 A。

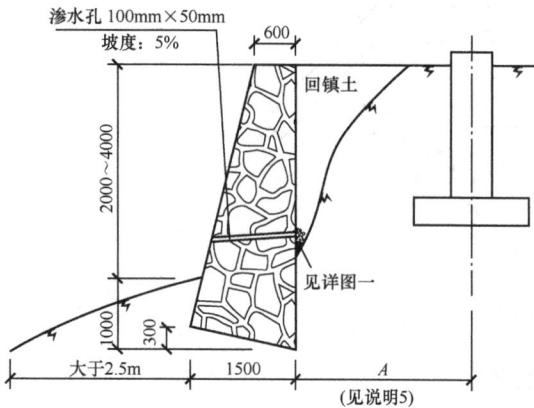

5. 基础中心至护坡（堡坎）顶部内侧的距离 A 参见下表。

尺寸一览表 （单位：mm）

基础底板宽度(B)	A
800～1200	2000
1400～1600	2500
1800～2000	2800
2200～2400	3000
2600～2800	3200
3000～3200	3600
3400～3600	3800
3800～4000	4200
4200～4400	4400

6. 护坡（堡坎）的长度根据具体情况而定，"铁塔基础配置表"中列出的长度可供参考。

7. 本图中尺寸单位为mm。

Ⅱ型堡坎(护坡)

图 3-14 "基础堡坎施工图"截图

任务3 架空输电线路工程图纸识读

参考教材附录 F 施工图纸，完成#26～#27 杆塔工程图纸识读，基础、杆塔、附件、接地、辅助工程图纸识读仅识读#27 杆塔。

架空输电线路工程预算定额计量计价

任务答案

储备知识一 定额的使用

架空输电线路工程施工图预算以《电力建设工程预算定额（2018版）第四册 架空输电线路工程》（以下简称"线路定额"）为依据，进行人工、消耗性材料、机械费用的计价。线路定额主要由总说明、章节说明、分项工程价格项目表及附录等组成。定额的使用也主要由：阅读总说明、查阅目录、查看章节说明、查看定额使用指南、查询项目价格表五个程序构成（见图4-1）。

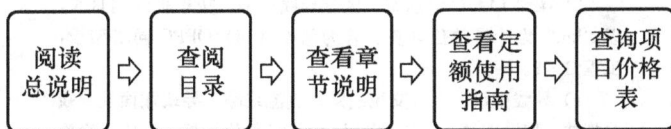

阅读总说明 ⇨ 查阅目录 ⇨ 查看章节说明 ⇨ 查看定额使用指南 ⇨ 查询项目价格表

图4-1 定额使用程序

一、总说明

总说明概述线路定额编制的目的、指导思想、编制原则、适用范围、编制时已考虑和没考虑的因素，以及有关问题的说明与使用方法等。总说明具体内容见附录C。

二、目录

定额目录可以概览定额内容架构，并帮助读者快速定位章节位置，提高查阅效率。定额目录内容详见附录C。

三、章节说明

分部（章）说明主要说明该分部（章）包括哪些主要项目和使用定额的一些规则，如定额调整或换算的方法及工程量的计算规则。这些都是计价当中的非常重要依据。作为造价人员应正确理解这些文字说明。该部分的具体内容见附录C。

四、定额使用指南

《电力建设工程概预算定额使用指南》是定额的配套用书，指南主要介绍概预算定额的修编思路，对定额的编制过程、编制原则、数据的取定和执行中需注意的事项等内容做了详细的说明。线路工程对应《电力建设工程概预算定额使用指南 第五册 输电线路工程》，在使用定额的同时，需要参看使用指南，执行指南中数据取定要求和注意事项。重要内容截图如图 4-2 所示。

> **3. 张力放、紧线**
>
> （1）工作内容
>
> 放、紧线准备，牵张设备装、拆，放、紧线，弧垂观测，信号联络，护线及锚线，杆塔监护，直线接头连接，清理现场，工器具移运等。
>
> （2）工程量计算规则
>
> 1）OPGW 架设：区分截面，按单根 OPGW 的线路亘长，以"km"为计量单位计算。不包括接续杆塔上的预留量。若两根 OPGW 同时架设，工程量×2。
>
> 2）单根避雷线架设：区分钢绞线、良导体和截面，按单根避雷线的线路亘长，以"km"为计量单位计算。若两根避雷线同塔架设，工程量×2。
>
> 3）架设 OPPC 增加费：区分导线截面，按单根线路亘长，以"km"为计量单位计算。若为两根（相）OPPC 同塔架设，工程量×2。
>
> 4）导线架设，区分交流线路、直流线路、导线截面及导线分裂数，按线路亘长，以"km"为计量单位计算，其中：交流线路为 km/三相，直流线路为 km/两极。

图 4-2　定额使用指南截图

五、定额项目价格表

预算定额的项目排列是根据工程结构及施工程序等，按章、节、项目、子目的顺序依次排列的。

1. 定额的章

定额章是以分部工程、施工对象或施工程序等为单位划分的，即将单位工程中某些性质相近、材料大致相同的施工对象归纳在一起组成一章。如线路定额划分为工地运输、土石方工程、基础工程、杆塔工程、架线工程、附件安装、电缆工程及辅助工程八章，就是按线路组成或施工对象归纳在一起组成的。

2. 定额的节

定额的项是按工程性质、安装对象及安装工艺等划分成的小单元即定额节。如线路定额工地运输这一章就按运输方式划分为人力运输、拖拉机运输、汽车运输、船舶运输、索道运输五个定额节。

　　3. 定额的子目

　　定额的子目是按每一个具体的细小工作内容或材料（设备）的型号规格编制而成的，是定额中最小单元。如工地运输中人力运输是按不同材料及材料重量（每件重）划分为若干子目的。

　　现行线路定额的表现形式是量价合一的形式，既有价目本，又有人、材、机的消耗量，见表 4-1。

表 4-1　　　　　　　　　　　　钢筋加工及制作

工作内容：准备，截割，焊接，制弯，整理，捆扎，清理现场。

定　额　编　号			YX3-43	YX3-44
项　　目			钢筋	钢筋笼
单　　位			t	t
基　价（元）			531.26	622.56
其中	人　工　费（元）		379.79	455.88
	材　料　费（元）		8.83	9.72
	机　械　费（元）		142.64	156.96
	名　　称	单位	数　　量	
人工	输电普通工	工日	1.1463	1.3759
	输电技术工	工日	2.6745	3.2104
计价材料	电焊条 J422 综合	kg	1.7460	1.9210
	其他材料费	元	0.1700	0.1900
机械	数控钢筋调直切断机 直径 φ1.8~3	台班	0.0741	0.0834
	钢筋弯曲机 直径 φ40	台班	0.4144	0.4548
	汽油电焊机 电流 160A 以内	台班	0.3924	0.4307
	内切割机	台班	0.4608	0.5058

注　未计价材料钢筋。

　　定额项目表中前七行为价目表，表示定额项目的基价及其中人工费、材料费、机械台班使用费，该基价是计价基础；价目表下方的为人工、材料及施工机械消耗量指标，即数量标准，该标准可供计价时分析使用；定额编号上方所列的工作内容是指该分项工程定额内已包括的需实施的工作事项；定额项目表中第四行所列的单位是指使用该定额时必须使用的计量单位，如果计算出来的工程量单位与定额中的单位不符时，必须换算成相同单位才能套用定额；定额中的附注主要是指出定额中的未计价材料及设计内容与定额不一致的或定额内未包括的应怎样计算，以及其他应说明的问题等。

储备知识二　架空输电线路工程预算定额计量计价案例

工程案例一：土石方工程计量计价（掏挖基础）

一、任务布置

计算附录 F 图纸#28 杆塔基础土石方工程量，并计算定额直接费。土质情况为：0～0.2m 为黄土，0.2～1.9m 为碎石土，1.9m 以下为中等风化岩石（人工凿岩）。护壁按 0.15m 厚考虑，不考虑余土外运，基础扩孔部分按照施工方案不护壁。线路复测顺序为小号杆塔朝大号杆塔方向。

二、定额分析

1. 查阅定额目录

可分析本任务必然涉及定额中"第 2 章土石方工程，2.1 线路复测及分坑"内容，可能涉及 2.2、2.3、2.4、2.5 章节，需要结合设计图纸选定章节。阅读定额第 2 章章节说明可知：挖孔基础是指掏挖基础、岩石嵌固基础、挖孔桩基础；挖孔基础，同一孔中不同土质，按地质资料分层计算工程量。

2. 识读设计图纸

（1）查阅"铁塔基础配置表"可知#28 杆塔 A、B、C、D 腿基础型号均为"TW2228"，由"基础配置表说明"可知"TW"属于掏挖基础。"TW2228 基础结构图"如图 4-3 所示，可知开挖工程量包含上部的圆柱体（注意只有埋入地下的部分）、中部的平截圆锥体、底部的圆柱体三部分。

（2）查阅"掏挖基础施工说明"可知#28 杆塔基础采用人工开挖成型，且需要考虑护壁。相关原文内容如下。

1）本工程涉及的掏挖基础均采用人工开挖成型，施工中严禁放炮。

2）掏挖基础在基坑开挖时须根据塔位各基坑的具体地质条件采取一定的护壁措施，以确保施工人员安全。

3）本工程使用的原状土基础的基坑护壁方式采用混凝土护壁，护壁混凝土强度等级采用 C25。

4）采用了护壁方式的基础基坑开挖时，开挖深度每 0.5～0.8m 时就须进行护壁，待护壁混凝土达到一定的强度后方能进行下一段的基坑开挖。

5）护壁混凝土的厚度一般按 100～150mm 取用，当素混凝土护壁有困难时，需在混凝土中加入钢筋网进行护壁。

6）采用了护壁方式的基础基坑开挖时，开挖直径=基础直径+护壁厚度×2。

3．确认定额相关章节

根据任务内容、设计图纸，结合定额土石方工程章节说明中"定额土质分类"内容，可以确定#28 杆塔土石方工程涉及预算定额章节为：2.1 线路复测及分坑，2.4 挖孔基础人工挖方（或爆破），2.4.1 普通土，2.4.3 松砂石，2.4.5 岩石（人工开凿）。

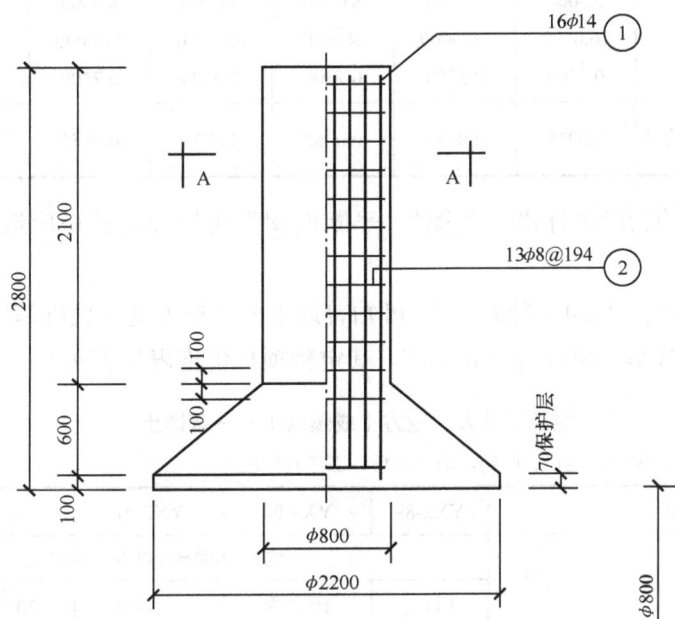

图 4-3　"TW2228 基础结构图"截图

（1）查阅预算定额"2.1 线路复测及分坑"，基价单位均为"基"（结合章节说明：按设计杆塔数量，以"基"为计量单位计算）。其定额项目价格表见表 4-2。

表 4-2　　　　　　　　　　　　　　　　　线路复测及分坑

工作内容：复测桩位及档距，测定坑位、坑界及施工基面，主桩或辅助桩遗失或变动后的恢复，平、断面的校核，工器具移运等。

定额编号		YX2-1	YX2-2	YX2-3	YX2-4	YX2-5	YX2-6	YX2-7
项目		直线单杆	耐张（转角）单杆	直线双杆及拉线塔	耐张（转角）双杆	三联杆	直线自立塔	耐张（转角）自立塔
单位		基	基	基	基	基	基	基
基价（元）		42.24	50.86	63.46	85.96	74.97	76.56	103.96
其中	人工费（元）	16.93	22.57	24.26	36.13	35.77	41.76	62.62
	材料费（元）	24.18	26.84	37.47	47.53	37.47	32.22	37.60
	机械费（元）	1.13	1.45	1.73	2.30	1.73	2.58	3.74
名称	单位				数量			
人工	输电普通工　工日	0.0712	0.0949	0.1021	0.1515	0.1528	0.1752	0.2634
	输电技术工　工日	0.1067	0.1422	0.1528	0.2279	0.2239	0.2634	0.3945

续表

	名　称	单位	数　量						
计价材料	圆钉	kg	0.0100	0.0100	0.0100	0.0100	0.0100	0.0100	0.0100
	普通磁漆	kg	0.0200	0.0200	0.0200	0.0300	0.0200	0.0250	0.0300
	木桩	个	5.0000	6.0000	8.0000	9.0000	8.0000	8.0000	10.0000
	竹桩	个	16.0000	16.0000	24.0000	35.0000	24.0000	16.0000	16.0000
	其他材料费	元	0.4700	0.5300	0.7300	0.9300	0.7300	0.6300	0.7400
机械	输电专用载重汽车 4t	台班	0.0036	0.0046	0.0055	0.0073	0.0055	0.0082	0.0119

根据"杆塔明细表""杆塔一览图""平断面图"可知#28 杆塔应选择"YX2-6 直线自立塔"。

（2）查阅预算定额"2.4.1 普通土"，可知普通土人工挖方基价根据基坑坑径大小、坑深尺寸不同而不同，且基价单位为"元/m³"。其定额项目价格表见表 4-3。

表 4-3　　　　　　　　挖孔基础人工挖方（或爆破）——普通土

工作内容：基坑挖方，修整，送风、照明，清理现场，工器具移运等。

定　额　编　号			YX2-89	YX2-90	YX2-91	YX2-92	YX2-93
项　目			坑径 1000mm 以内　坑深（m）				
			5 以内	10 以内	15 以内	20 以内	20 以上
单　位			m³	m³	m³	m³	m³
基　价（元）			34.45	54.01	78.08	94.44	107.49
其中	人工费（元）		27.56	43.53	64.10	79.49	91.83
	材料费（元）		4.44	5.23	6.56	6.56	6.56
	机械费（元）		2.45	5.25	7.42	8.39	9.10
名　称		单位	数　量				
人工	输电普通工	工日	0.3633	0.5744	0.8447	1.0474	1.2104
	输电技术工	工日	0.0190	0.0297	0.0444	0.0551	0.0634
计价材料	加工铁件　综合	kg	0.7553	0.8885	1.1160	1.1160	1.1160
	其他材料费	元	0.0900	0.1000	0.1300	0.1300	0.1300
机械	电动单筒快速卷扬机 10kN	台班		0.0142	0.0186	0.0202	0.0218
	输电专用载重汽车 4t	台班	0.0078	0.0044	0.0073	0.0091	0.0101
	吹风机 能力 4m³/min	台班		0.0259	0.0348	0.0372	0.0395

定额"2.4.1 普通土"因坑径坑深不同而导致基价不同，分别包括坑径 1000mm 以内、1500mm 以内、2000mm 以内、2000mm 以上四项分类，四项分类又根据坑深 5m 以内、10m以内、15m 以内、20m 以内、20m 以上进行了价格区分。识读#28 杆塔"TW2228 基础结构图"如下，可知#28 杆塔坑径为 φ800，坑深根据"基础配置表"可知 A、B、C、D 腿埋深均为 2.6m，即基础顶面高出基面 0.2m。

因此，根据上述分析。上部圆柱体含护壁应套用"YX2-94 坑径 1500mm 以内坑深 5m 以内"定额子目，其计价单位为"m³"。工程量应根据任务所述土质情况"0～0.2m 为黄土"进行对应深度的体积计算。

（3）查阅预算定额"2.4.3 松砂石"，类同普通土分析，应套用"YX2-134 坑径 1500mm 以内坑深 5m 以内"定额子目，工程量应根据任务所述土质情况"0.2～1.9m 为碎石土"进行对应深度的体积计算。其定额项目价格表见表 4-4。

表 4-4 挖孔基础人工挖方（或爆破）——松砂石

定 额 编 号		YX2-134	YX2-135	YX2-136	YX2-137	YX2-138
项 目		坑径 1500mm 以内 坑深（m）				
		5 以内	10 以内	15 以内	20 以内	20 以上
单 位		m³	m³	m³	m³	m³
基 价（元）		53.47	92.44	137.20	168.36	194.58
其中	人 工 费（元）	44.09	77.47	116.96	147.25	172.69
	材 料 费（元）	4.44	5.23	6.56	6.56	6.56
	机 械 费（元）	4.94	9.74	13.68	14.55	15.33
名 称	单位	数 量				
人工 输电普通工	工日	0.5814	1.0213	1.5410	1.9402	2.2755
输电技术工	工日	0.0303	0.0534	0.0812	0.1021	0.1197
计价材料 加工铁件 综合	kg	0.7553	0.8885	1.1160	1.1160	1.1160
其他材料费	元	0.0900	0.1000	0.1300	0.1300	0.1300
机械 电动单筒快速卷扬机 10kN	台班		0.0259	0.0364	0.0387	0.0408
输电专用载重汽车 4t	台班	0.0157	0.0090	0.0127	0.0135	0.0142
吹风机 能力 4m³/min	台班		0.0446	0.0624	0.0664	0.0700

（4）查阅预算定额"2.4.5 岩石（人工开凿）"，类同普通土分析，应套用"YX2-174 坑径 1500mm 以内坑深 5m 以内"定额子目，工程量应根据任务所述土质情况"1.9m 以下为中等风化岩石（人工凿岩）"进行对应深度的体积计算。其定额项目价格表见表 4-5。

表 4-5 挖孔基础人工挖方（或爆破）——岩石（人工开凿）

定 额 编 号	YX2-174	YX2-175	YX2-176	YX2-177	YX2-178
项 目	坑径 1500mm 以内 坑深（m）				
	5 以内	10 以内	15 以内	20 以内	20 以上
单 位	m³	m³	m³	m³	m³
基 价（元）	310.24	352.11	393.89	432.30	467.21

续表

其中						
	人 工 费（元）		235.34	267.04	299.11	328.56	355.39
	材 料 费（元）		5.07	5.07	5.07	5.07	5.07
	机 械 费（元）		69.83	80.00	89.71	98.67	106.75

	名　　称	单位	数　　量				
人工	输电普通工	工日	1.9081	2.1653	2.4252	2.6640	2.8815
	输电技术工	工日	0.9087	1.0310	1.1549	1.2686	1.3722
计价材料	合金钻头	支	0.2234	0.2234	0.2234	0.2234	0.2234
	其他材料费	元	0.1000	0.1000	0.1000	0.1000	0.1000
机械	气腿式风动凿岩机	台班	0.3099	0.3328	0.3700	0.4038	0.4344
	电动空气压缩机　排气量　10m³/min	台班	0.1252	0.1346	0.1496	0.1633	0.1756
	输电专用载重汽车　4t	台班	0.0428	0.0511	0.0589	0.0661	0.0727
	吹风机　能力　4m³/min	台班		0.0578	0.0666	0.0758	0.0837

三、图纸工程量统计

1. "2.1 线路复测及分坑"工程量统计

根据定额，可以确定#28 杆塔"2.1 线路复测及分坑"工程量为：1 基。

2. "2.4 挖孔基础人工挖方（或爆破）"工程量统计

根据定额"2.4 挖孔基础人工挖方（或爆破）"选定价格子目，计价单位为"m³"，需要对#28 杆塔埋入地下部分也即基础挖土部分进行土质分层体积计算，以此确定#28 杆塔基础挖方工程量。

对"TW2228 基础结构图"进行图纸分析可知：基础开挖包括圆柱体（含护壁）、底部的平截圆锥体、圆柱体三部分。

#28 杆塔基础挖方工程量计算如下。

（1）普通土（黄土）层体积：深度为 0.2m 圆柱体基础部分，基础直径 0.8m，护壁 0.15m 厚。

$$V_{普通土} = \pi r^2 h = \pi \times (0.8 / 2 + 0.15)^2 \times 0.2 \times 4 基坑 = 0.76（m^3）$$

（2）松砂石（碎石土）层体积：位于 0.2～1.9m 层即深度为 1.7m 圆柱体基础部分，基础直径 0.8m，护壁 0.15m 厚。

$$V_{松砂石} = \pi r^2 h = \pi \times (0.8 / 2 + 0.15)^2 \times 1.7 \times 4 基坑 = 6.459（m^3）$$

（3）岩石（中等风化岩石）层体积：位于 1.9m 层以下的基础扩孔部分，包括基础底部 0.6m 高的平截圆锥体（岩石 1）、底部 0.1m 高的圆柱体（岩石 2），不需护壁。

查阅定额章节说明可知平截圆锥体体积公式。

$$V_{岩石1} = \frac{\pi h\left(r_1^2 + r_2^2 + r_1 r_2\right)}{3} = \frac{\pi \times 0.6 \times \left[(0.8/2)^2 + (2.2/2)^2 + 0.4 \times 1.1\right]}{3} \times 4 = 4.547 \text{（m}^3\text{）}$$

$$V_{岩石2} = \pi r^2 h = \pi \times (2.2/2)^2 \times 0.1 \times 4 = 1.52 \text{（m}^3\text{）}$$

$$V_{岩石} = V_{岩石1} + V_{岩石2} = 4.547 + 1.52 = 6.067 \text{（m}^3\text{）}$$

四、定额计价

（1）通过#28 杆塔土石方工程定额基价和工程量计算，可以确定#28 杆塔土石方工程定额直接费用如下。

1）线路复测及分坑：

YX2-6 76.56 元/基×1 基=76.56（元）

2）挖孔基础人工挖方：

普通土 YX2-94 0.76m³×33.62 元/m³=25.55（元）

松砂石 YX2-134 6.459m³×53.47 元/m³=345.36（元）

岩石　YX2-174 6.067m³×310.24 元/m³=1882.23（元）

（2）#28 杆塔土石方工程定额直接费统计，见表 4-6。

表 4-6　　　　　　　　　　　　#28 杆塔土石方工程定额直接费

项目	定额编号	定额项目名称	单位	数量	单价（元）				合价（元）			
					人工费	材料费	机械费	基价	人工费	材料费	机械费	安装费
#28杆塔土石方工程	YX2-6	线路复测及分坑	基	1	41.76	32.22	2.58	76.56	41.76	32.22	2.58	76.56
	YX2-94	普通土—坑径1500mm 以内坑深 5m 以内	m³	0.760	26.76	4.44	2.42	33.62	20.33	3.37	1.84	25.55
	YX2-134	松砂石—坑径1500mm 以内坑深 5m 以内	m³	6.459	44.09	4.44	4.94	53.47	284.78	28.68	31.91	345.36
	YX2-174	岩石—坑径1500mm 以内坑深 5m 以内	m³	6.067	235.34	5.07	69.83	310.24	1427.81	30.76	423.66	1882.23

任务 4　土石方工程计量计价（掏挖、桩基础）

　　计算附图 F 施工图中#27、#40 杆塔基础土石方工程量（护壁按 0.15m 厚），并计算定额直接费。土质情况为：0～0.3m 为黄土，0.3～2.3m 为碎石土，2.3m 以下为中等风化岩石（人工凿岩）。护壁按 0.15m 厚考虑，掏挖基础扩孔部分按照施工方案不护壁。不考虑余土外运。线路复测顺序为小号杆塔朝大号杆塔方向。

　　1. 工程量计算

　　（1）#27 杆塔。

（2）#40 杆塔。

2. 预算定额计价（见表4-7）

表 4-7 　　　　　　　定额计价表（#27、#40 杆塔基础土石方工程）

项目	定额编号	定额项目名称	单位	数量	单价（元）				合价（元）			
					人工费	材料费	机械费	基价	人工费	材料费	机械费	安装费

工程案例二：土石方工程计量计价（台阶式基础）

一、任务布置

某工程#17 塔为直线自立式铁塔共四个腿，土质情况：0～3m 为黄土，3～7m 为碎石土。基础尺寸如图 4-4 所示，基础埋深为 3.8m，垫层厚为 0.1m，塔坑采用机械坑上开挖。计算铁塔基础土石方工程量，并计算定额直接费。（要护坡，需要回填，垫层为素混凝土。基础埋入体积均按 14m³）

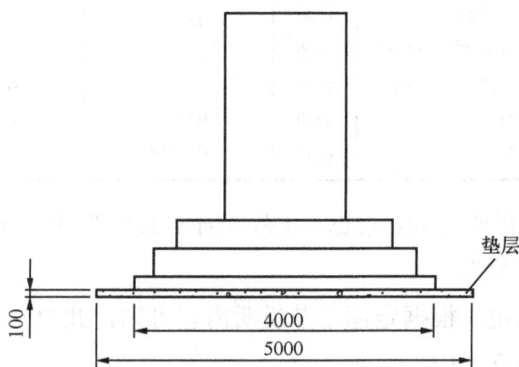

图 4-4　台阶式基础结构尺寸图（单位：mm）

二、定额分析

（1）查阅定额目录，可分析本任务涉及"第 2 章土石方工程，2.1 线路复测及分坑"YX2-6 子目内容，可能涉及 2.2 或 2.3 章节。

阅读第 2 章章节说明可知，各类土质按设计提供的地质资料确定，除挖孔基础和灌注桩基础外，不作分层计算。同一坑、槽、沟内出现两种或两种以上不同土质时，一般选用含量较大的一种土质确定其类型。#17 塔基础埋深为 3.8m，结合任务内容确定其开挖土质类型为黄土，即普通土。

根据任务内容施工采用机械坑上开挖，可以选定定额章节为"2.3.1 电杆坑、塔坑及拉线坑机械挖方及回填（普通土）"。本任务涉及预算定额"第 2 章土石方工程"中以下章节："2.1 线路复测及分坑，2.3 电杆坑、塔坑及拉线坑机械挖方及回填、2.3.1 普通土、坚土。"

查阅定额子目见表 4-8，基价根据"坑深"尺寸进行区分，根据埋深、垫层厚共计 3.9m，选择坑深 4m 以内 YX2-80 子目，其基价对应工程量单位为"m³"。

表 4-8　　　　　电杆坑、塔坑、拉线坑机械挖方及回填——普通土、坚土

定　额　编　号	YX2-80	YX2-81	YX2-82
项　　　　目	坑深（m）		
	4 以内	6 以内	6 以上
单　　位	m³	m³	m³

续表

			12.54	14.01	17.02
	基　　价（元）		12.54	14.01	17.02
其中	人　工　费（元）		2.89	3.19	3.65
	材　料　费（元）				
	机　械　费（元）		9.65	10.82	13.37
	名　　称	单位		数　　量	
人工	输电普通工	工日	0.0413	0.0455	0.0522
机械	履带式推土机　功率　75kW	台班	0.0005	0.0005	0.0005
	履带式单斗液压挖掘机　斗容量　0.6m³	台班	0.0125		
	履带式单斗液压挖掘机　斗容量　1m³	台班		0.0081	0.0101
	平板拖车组　10t	台班	0.0003	0.0004	0.0005
	输电专用载重汽车　4t	台班	0.0034	0.0041	0.0050

（2）阅读定额第二章说明可知：根据"工程量计算规则"，挖方计算需要考虑其中的"施工操作裕度"和"边坡系数"。

（3）施工操作裕度确定。根据定额章节说明内容可知，此#17 塔基础应按垫层宽（长）每边增加施工操作裕度为 0.2m。

（4）边坡系数确定。根据上面章节说明内容可知，边坡系数应取"1:0.75"。又查阅定额使用指南相关章节内容截图 4-5。由此可知"1:0.75"中的 1 对应坑宽度，0.75 对应坑深度。

> 3.边坡系数 k：又叫坡度系数，沟槽及基坑如果土层深度较深、土质较差，为防止坍塌和保证安全，需要将沟槽或基坑边壁修成一定的倾斜坡度，称为边坡。沟槽边坡坡度以挖沟槽或基坑的深度"H"与边坡宽"B"之比表示，即：土方边坡坡度＝H/B＝1/（B/H）＝1：k
>
> 式中：k＝B/H 称为坡度系数
>
> 边坡用 1：k 表示，含义是向下降 1 个单位、水平向延出个 k 单位，如 1：0.25 即向下降 1m，水平向延出 0.25m。边坡示意图见架空图 2-1。
>
> （a）

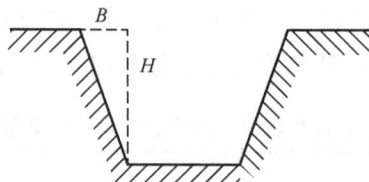

（b）

图 4-5　定额使用指南相关内容截图

（a）定额使用指南内容截图；（b）定额使用指南边坡系数截图（定额使用指南中架空图 2-1）

三、图纸工程量统计

（1）根据定额，可以确定#17 杆塔"2.1 线路复测及分坑"YX2-6 工程量为：1 基。

（2）根据定额"2.2 电杆坑、塔坑、拉线坑机械挖方及回填 2.3.1 普通土、坚土 YX2-80"，计价单位为"m³"，需要对#17 杆塔基础挖土部分进行体积计算，而开挖体积还要考虑施工操作裕度和开挖坡度，则开挖体积图如图 4-6 所示。

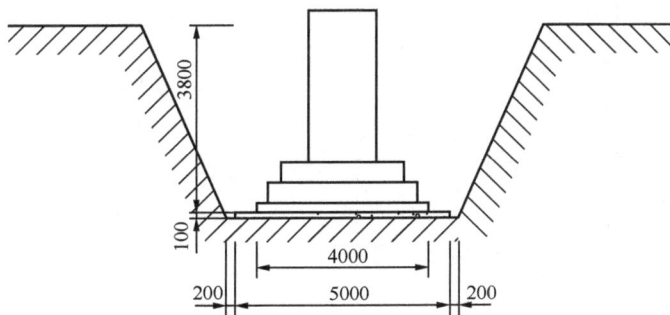

图 4-6　台阶式基础开挖坡度图

#17 杆塔基础挖方工程量计算如下：

1）坑底部宽度

$$a = (5000 + 200 \times 2)/1000 = 5.4 （m）$$

2）坑上口宽度查阅定额章节说明可知 $a_1 = 5.4 + 3.9 \times 0.75 \times 2 = 11.25 （m）$

3）开挖体积查阅定额章节说明可知体积公式为

$$V = \frac{h\left(a^2 + aa_1 + a_1^2\right)}{3} = \frac{3.9 \times \left(5.4^2 + 5.4 \times 11.25 + 11.25^2\right)}{3} \times 4 = 1125.66 （m^3）$$

四、定额计价

通过#17 杆塔土石方工程定额基价和工程量计算，可以确定#17 杆塔土石方工程施工预算定额费用如下。

（1）线路复测及分坑 76.56 元/基（YX2-6）×1 基=76.56（元）。

（2）台阶式基础人工挖方 12.54 元/m³（YX2-80）×1125.66m³=14115.74（元）。

任务5　土石方工程计量计价（台阶式基础）

某工程#18 塔为直线自立式铁塔共四个腿，土质情况：0～3m 为黄土，3～7m 为碎石土。基础尺寸如图 4-7 所示，基础埋深为 4.8m，垫层厚为 0.1m，塔坑采用机械坑上开挖。计算铁塔基础土石方工程量，并计算定额直接费。（要护坡，需要回填，垫层为素混凝土。基础埋入体积均按 19m³）

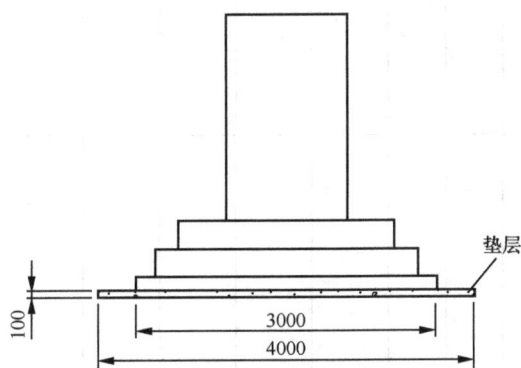

图 4-7　某工程#18 塔基础尺寸

1. 工程量计算

2. 预算定额计价（见表4-9）

表 4-9　　　　　　　　预算定额计价表#18 塔基础土石方工程）

项目	定额编号	定额项目名称	单位	数量	单价（元）				合价（元）			
					人工费	材料费	机械费	基价	人工费	材料费	机械费	安装费

工程案例三：基础工程计量计价

一、任务布置

计算附录 F 图纸#28 杆塔基础混凝土工程量，并计算定额直接费。其中：护壁上部井圈混凝土 0.16m³，钢筋 30.7kg；护壁每米混凝土 0.44m³，护壁每米钢筋 41.1kg。基础扩孔部分不护壁。保护帽 300mm 高。混凝土均为现场拌制，普通硅酸盐水泥、中砂、碎石粒径 40mm以内。地脚螺栓含箍筋为成品供货。

二、计量计价

结合#28 杆塔基础工程相关图纸如"杆塔明细表""基础配置表""掏挖基础施工说明""TW2228 基础结构图"以及定额章节说明中挖孔基础混凝土浇制：孔深 5m 以内，执行"现浇基础"相应定额，可分析本任务涉及预算定额"第 3 章基础工程"中以下章节：3.2 钢筋加工及制作，3.3 现浇基础，3.3.2 混凝土搅拌及浇制，3.9 基础护壁。

（一）预算定额"钢筋加工及制作"计量计价

查阅预算定额"3.2 钢筋加工及制作"项目价格表内容见表 4-10。

表 4-10　　　　　　　　　　钢筋加工及制作

工作内容：准备，截割，焊接，制弯，整理，捆扎，清理现场。

	定　额　编　号		YX3-43	YX3-44
	项　　　　　目		钢筋	钢筋笼
	单　　　　　位		t	t
	基　价（元）		531.26	622.56
其中	人　工　费（元）		379.79	455.88
	材　料　费（元）		8.83	9.72
	机　械　费（元）		142.64	156.96
	名　　　　称	单位	数　　量	
人工	输电普通工	工日	1.1463	1.3750
	输电技术工	工日	2.6745	3.2104
计价材料	电焊条 J422 综合	kg	1.7460	1.9210
	其他材料费	元	0.1700	0.1900
机械	数控钢筋调直切断机　直径 φ1.8～3	台班	0.0741	0.0834
	钢筋弯曲机　直径 φ40	台班	0.4144	0.4548
	汽油电焊机　电流 160A 以内	台班	0.3924	0.4307
	内切割机	台班	0.4608	0.5058

注　未计价材料钢筋。

结合"TW2228 基础结构图""掏挖基础施工说明"中内容如图 4-8 所示，可知钢筋均由圆钢纵横交织而成。结合施工常规方法可知：基础钢筋在基础坑外预制作的钢筋笼，然后吊放入基础坑内安装；护壁钢筋在坑口、坑内现场制作分段施工。由价格表可知，基础钢筋应选取 YX3-44 钢筋笼加工及制作子目，护壁钢筋应选取 YX3-43 钢筋加工及制作子目，基价单位为重量"t"。接下来，需要通过识图去统计基础和护壁两部分的钢筋工程量。

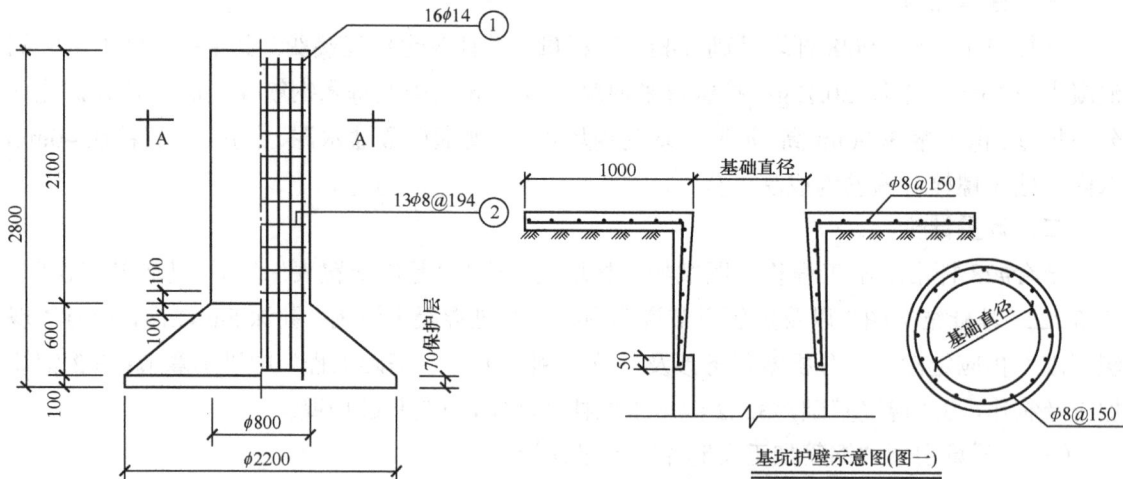

图 4-8 "TW2228 基础结构图"截图

1. 钢筋加工及制作工程量统计

（1）基础钢筋重量：由"TW2228 基础结构图"中右上角"材料表"（见表 4-11）可知每个塔腿基础钢筋重量为 69.5kg。

表 4-11   材料表

编号	名称	规格	简图及尺寸	长度 (mm)	数量	单位	质量（kg）	
							一件	小计
1	主筋	$\phi14$	2685	2685	16	根	3.24	51.8
2	外箍筋	$\phi8$	710	2406	13	根	0.95	12.4
3	内箍筋	$\phi6$	682	2261	6	根	089	5.3
混凝土		C25	$1\times2.57=2.57m^3$		钢材		69.5kg	

则基础钢筋重量=69.5kg/1000×4 基坑=0.278（t）

（2）护壁钢筋重量：由"掏挖基础施工说明"中基坑护壁示意图及相关文字可知，每个塔腿基坑护壁钢筋可分为坑内部分的护壁钢筋和坑口地面上的井圈钢筋两部分。

1）坑口地面上的井圈钢筋：30.7kg/1000=0.031（t）。

2）坑内护壁钢筋。

坑内护壁高度=圆柱体高度 2.1m–（基础全高 2.8m–基础埋深 2.6m）=1.9（m）

坑内护壁钢筋重量=护壁高度 1.9m×护壁每米钢筋量 41.1kg=0.078（t）

3）护壁钢筋重量=（井圈钢筋 0.031t+圆柱体护壁钢筋 0.078t）×4 基坑=0.436（t）

2. 基础钢筋加工及制作预算定额计价

#28 杆塔定额编号为 YX3-44 基价基础钢筋笼加工及制作预算定额计价为

$$622.56 \text{ 元/t} \times 0.278t = 173.07 \text{（元）}$$

#28 杆塔定额编号为 YX3-43 基价护壁钢筋加工及制作预算定额计价为

$$531.26 \text{ 元/t} \times 0.436t = 231.63 \text{（元）}$$

（二）预算定额"3.3.2 混凝土搅拌及浇制"计量计价

查阅预算定额"3.3.2 混凝土搅拌及浇制"项目价格表内容见表 4-12。

表 4-12　　　　　　　　　　　混凝土搅拌及浇制

工作内容：模板制作安装及拆除，钢筋组扎及安装，地脚螺栓（插入式角钢）安装，砂、石筛洗，混凝土搅拌及浇制，捣固，养护，基面抹平，清理现场，工器具移运等。

定　额　编　号		单位	YX3-63	YX3-64	YX3-65	YX3-66	YX3-67	YX3-68
项　　目			每个基础混凝土量（m³）					
			5 以内	10 以内	20 以内	40 以内	80 以内	80 以上
单　　位			m³	m³	m³	m³	m³	m³
基　　价（元）			249.71	213.81	192.64	181.86	172.06	169.87
其中	人　工　费（元）		178.38	148.19	132.62	128.80	120.04	118.91
	材　料　费（元）		56.59	52.13	46.92	40.62	39.90	39.17
	机　械　费（元）		14.74	13.49	13.10	12.44	12.12	11.79
名　　称		单位	数　　量					
人工	输电普通工	工日	1.2329	1.0242	0.9167	0.8904	0.8298	0.8221
	输电技术工	工日	0.8221	0.6830	0.6112	0.5935	0.5532	0.5479
计价材料	圆钉	kg	0.3503	0.3503	0.3503	0.3503	0.3503	0.3503
	扒钉	kg	0.3093	0.2200	0.1891	0.1233	0.1037	0.0841
	镀锌铁丝	kg	0.4582	0.4294	0.4044	0.3764	0.3691	0.3618
	枕木　160×220×2500	根	0.0088	0.0064	0.0056	0.0035	0.0029	0.0022
	通用钢模板	kg	5.9030	5.4925	4.9257	4.2611	4.2025	4.1438
	复合木模板	m²	0.4983	0.4637	0.4158	0.3597	0.3548	0.3498
	草袋	个	0.5200	0.4800	0.4000	0.4000	0.4000	0.4000

定　额　编　号		YX3-69	YX3-70	YX3-71	YX3-72	YX3-73
项　　目		每基基础联系梁混凝土量（m³）			保护帽	大体积混凝土基础
		20 以内	40 以内	40 以上		
单　　位		m³	m³	m³	m³	m³
基　　价（元）		212.10	199.90	189.19	849.83	282.48
其中	人　工　费（元）	145.95	141.66	132.06	712.27	208.93
	材　料　费（元）	51.75	44.55	43.81	90.52	50.17
	机　械　费（元）	14.40	13.69	13.32	42.04	23.38

续表

	名　称	单位	数　量				
人工	输电普通工	工日	1.0090	1.0090	0.9128	2.9927	1.4443
	输电技术工	工日	0.6725	0.6725	0.6086	4.4891	0.9628
计价材料	焊接钢管　DN25	kg					1.6200
	圆钉	kg	0.3854	0.3854	0.3854	2.1000	0.3943
	扒钉	kg	0.2080	0.1356	0.1141		0.0943
	镀锌铁丝	kg	0.4449	0.4141	0.4060		0.4072
	枕木　160×220×2500	根	0.0062	0.0038	0.0032		0.0026
	通用钢模板	kg	5.4339	4.6716	4.6129		4.5738
	复合木模板	m2	0.4587	0.3944	0.3894	1.9513	0.3861
	草袋	个	0.4400	0.4400	0.4400		0.4500
	其他材料费	元	1.0100	0.8700	0.8600	1.7700	0.9800
机械	轮胎式装载机　斗容量 2m³	台班					0.0120

#28 杆塔涉及基础混凝土量和保护帽子目。由价格表可知，混凝土拌制及浇制基价单位为混凝土量"m³"。接下来，需要结合基础图和基础施工说明统计基础和保护帽混凝土工程量。

1. 基础混凝土工程量统计

（1）基础混凝土 C25 工程量统计。

1）由基础图材料表可知每个塔腿基础混凝土量为 2.57m³，则

$$#28 \text{ 杆塔基础混凝土工程量} = 2.57m^3 \times 4 \text{ 基坑} = 10.28（m^3）$$

2）查阅预算定额相关说明及使用指南，工程量调整。

查阅预算定额"基础工程章节说明"中可知

$$\text{混凝土工程量} = \text{设计量} + \text{充盈量} + \text{加灌量}$$

针对挖孔基础充盈量：现浇护壁为设计量的 17%；挖孔基础为设计量的 7%；挖孔基础若采用基础护壁时不计算充盈量；无加灌量。

则#28 杆塔挖孔基础圆柱体部分采用基础护壁，扩孔部分混凝土工程量不护壁需进行调整，在计算圆柱体部分基础护壁时需考虑混凝土充盈量。

根据本章"案例一"中数据，可知

$$#28 \text{ 杆塔挖孔基础扩孔部分混凝土工程量} = 4.547m^3 + 1.52m^3 = 6.067（m^3）$$

$$#28 \text{ 杆塔基础混凝土工程量调整} = 10.28m^3 + 6.067m^3 \times 7\% = 10.7（m^3）$$

（2）地脚螺栓保护帽混凝土 C10 工程量统计。查阅"掏挖基础施工说明"，可知铁塔保护帽图如图 4-9 所示。

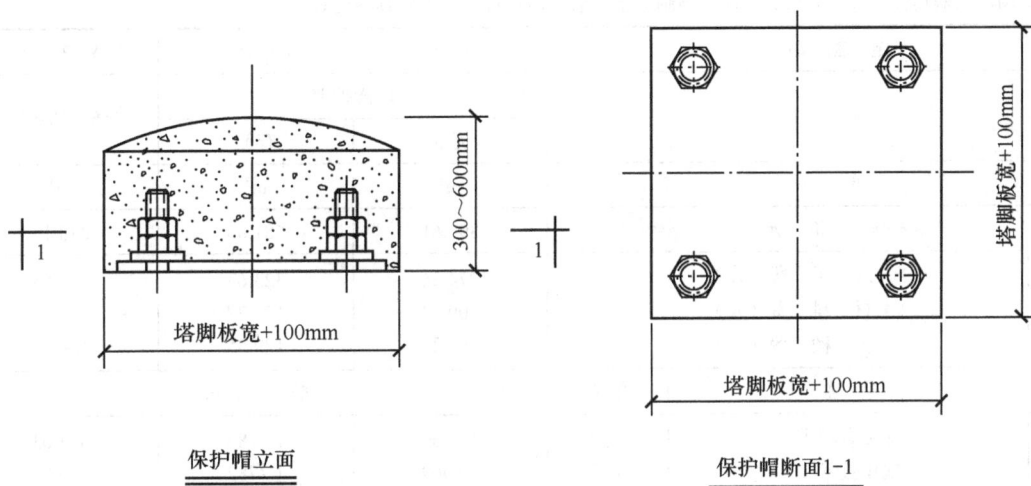

图 4-9 "掏挖基础施工说明"保护帽内容截图

根据任务已知保护帽高为 300mm，塔脚板宽查阅"地脚螺栓根开及规格参数表"可知为 320mm×320mm，各塔腿保护帽近似长方体体积计算如下

（320mm+100mm）/1000×（320mm+100mm）/1000×300mm/1000×4 塔腿=0.212（m³）

2. 基础混凝土施工预算定额计价

（1）基础混凝土 C25 定额计价。查阅使用指南"基础工程"章节可知定额子目中"每个基础混凝土量"的解释为：混凝土搅拌及浇制定额中的"每个基础"是指一个完全独立的，基础之间无相互联系的单个基础。又：#28 杆塔每个塔腿基础混凝土为 2.57m³。所以应该选择"每个基础混凝土量 5m³ 以内"定额编号为 YX3-63 基价为 249.71 元/m³ 的价格子目。

通过"基础工程"章节说明可知：无模板（含 5m 以内挖孔）基础按现浇基础定额乘以 0.9 系数。可分析#28 杆塔基础坑内混凝土部分按现浇基础定额乘以 0.9 系数，地面上基础部分不乘系数。则

#28 杆塔基础混凝土地面上部分体积=3.14×(半径 0.4mm)²×(基础全高 2.8m-基础埋深 2.6m-护壁地面高度 0.2m)= 0（m³）

#28 杆塔基础混凝土预算定额计价=249.71 元/m³×10.7m³×系数 0.9=2404.71（元）

（2）#28 杆塔地脚螺栓保护帽混凝土 C10 定额计价。混凝土搅拌及浇制保护帽预算定额子目为 YX3-72，基价为 849.83 元/m³。则

#28 杆塔地脚螺栓保护帽预算定额计价=849.83 元/m³×0.212m³=180.16（元）

（三）预算定额"3.9基础护壁"计量计价

查阅预算定额"3.9 基础护壁"项目价格表内容见表 4-13。

表 4-13　　　　　　　　　　　　　　**基础护壁**

工作内容：①现浇混凝土护壁：模板安装及拆除，钢筋组扎及安装，砂石筛洗，混凝土搅拌、浇制，捣固，养护，清理现场，工器具移运等；②预制护壁：预制护壁安装，清理现场，工器具移运等。

定 额 编 号			YX3-192	YX3-193	YX3-194
项　目			现浇护壁		预制护壁
			无筋	有筋	
单 位			m³	m³	m³
基 价（元）			392.61	581.85	278.17
其中	人 工 费（元）		274.26	323.63	143.83
	材 料 费（元）		109.13	128.77	
	机 械 费（元）		9.22	129.45	134.34
名　称		单位	数　量		
人工	输电普道工	工日	1.5069	1.7782	0.7903
	输电技术工	工日	1.5069	1.7782	0.7903
计价材料	方材红白松　二等	m³	0.0500	0.0590	
	镀锌铁丝	kg	0.1000	0.1180	
	专用钢模板	kg	4.1300	4.8734	
	钢模板附件	kg	0.0300	0.0354	
	内模定型加固圈	kg	0.0100	0.0118	

由价格表可知，基础护壁施工基价单位为混凝土量"m³"。根据任务及识图，#28 杆塔基础护壁应选择"现浇护壁 有筋"YX3-193。查阅"掏挖基础施工说明"中基坑护壁示意图如图 4-10 所示。

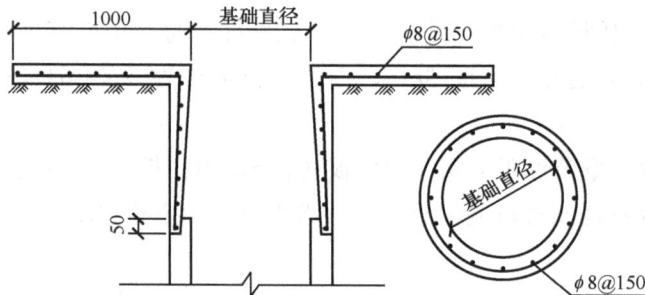

基坑护壁示意图(图一)

图 4-10　"掏挖基础施工说明"护壁内容截图

1. 护壁基础混凝土C25工程量统计

（1）每塔腿坑口地面上井圈混凝土体积：0.16m³

（2）每塔腿坑内护壁混凝土体积

坑内护壁混凝土体积=护壁高度 1.9m×护壁混凝土 0.44m³/m=0.836（m³）

（3）#28 杆塔护壁基础混凝土工程量

（坑口地面上井圈体积 0.16m³+坑内体积 0.836m³）×4 塔腿=3.984（m³）

（4）查阅预算定额相关说明及使用指南，工程量调整

查阅预算定额基础工程章节说明可知：现浇护壁充盈量为设计量的 17%。则

#28 杆塔护壁基础混凝土工程量调整后=3.984m³×（1+17%）=4.661（m³）

2．护壁基础混凝土施工预算定额计价

查阅预算定额，基础护壁"现浇护壁 有筋"YX3-193 基价为 581.85 元/m³。则

#28 杆塔护壁基础混凝土=581.85 元/m³×4.661m³=2712（元）

（四）#28杆塔基础工程定额直接费统计（见表4-14）

表 4-14　　　　　　　　　　　　#28 杆塔基础工程定额直接费

项目	定额编号	定额项目名称	单位	数量	单价（元）				合价（元）			
					人工费	材料费	机械费	基价	人工费	材料费	机械费	安装费
#28杆塔基础工程	YX3-43	钢筋加工及制作—钢筋	t	0.436	379.79	8.83	142.64	531.26	165.59	3.85	62.19	231.63
	YX3-44	钢筋加工及制作—钢筋笼	t	0.278	455.88	9.72	156.96	622.56	126.73	2.70	43.63	173.07
	YX3-63*0.9	混凝土搅拌及浇制—每个基础混凝土量5m³以内	m³	10.7	178.38	56.59	14.74	249.71	1717.80	544.96	141.95	2404.71
	YX3-72	混凝土搅拌及浇制—保护帽	m³	0.212	712.27	90.52	47.04	849.83	151.00	19.19	9.97	180.16
	YX3-193	基础护壁—有筋	m³	4.661	323.63	128.77	129.45	581.85	1508.44	600.20	603.37	2712.00

任务6　基础工程计量计价

　　计算附录 F 图纸#27、#40 杆塔基础混凝土工程量并计算定额直接费。#27 杆塔已知：护壁上部井圈混凝土 0.16m³，钢筋 30.7kg；护壁每米混凝土 0.44m³，护壁每米钢筋 41.1kg。基础扩孔部分不护壁。保护帽高 300mm。混凝土均为现场拌制，普通硅酸盐水泥、中砂、碎石粒径 40mm 以内。地脚螺栓含箍筋为成品供货。

一、#27 杆塔

1. 工程量计算

（1）钢筋工程量计算。

1）基础钢筋。

2）护壁钢筋。

（2）混凝土工程量计算。

1）基础混凝土。

2）护壁混凝土。

3）保护帽混凝土。

2. 预算定额计价（见表4-15）

表4-15　　　　　　　　预算定额计价表（#27杆塔基础混凝土工程）

项目	定额编号	定额项目名称	单位	数量	单价（元）				合价（元）			
					人工费	材料费	机械费	基价	人工费	材料费	机械费	安装费

二、#40 杆塔

1. 工程量计算

（1）钢筋工程量计算。

1）基础钢筋。

2）护壁钢筋。

（2）混凝土工程量计算。

1）基础混凝土。

2）护壁混凝土。

3）保护帽混凝土。

2. 预算定额计价（见表4-16）

表 4-16　　　　　　　预算定额计价表（#40 杆塔基础混凝土工程）

项目	定额编号	定额项目名称	单位	数量	单价（元）				合价（元）			
					人工费	材料费	机械费	基价	人工费	材料费	机械费	安装费

工程案例四：接地工程计量计价

一、任务布置

计算附录 F 图纸#28 杆塔接地工程量（采用接地装置接地，普通土，未使用降阻剂），并计算定额直接费。

二、计量计价

结合#28 杆塔接地工程相关图纸如"杆塔明细表""接地装置施工图"，可分析本任务涉及预算定额中以下章节："第 2 章　土石方工程：2.6 接地槽挖方（或爆破）及回填。第 3 章基础工程：3.12 接地安装及测量，3.12.1 接地体加工及制作，3.12.2 一般接地体安装，3.12.5 接地测量及其他"。

（一）预算定额"2.6 接地槽挖方（或爆破）及回填"计量计价

查阅预算定额"2.6 接地槽挖方（或爆破）及回填"项目价格表内容见表 4-17。

表 4-17　　　　　　　　　　　接地槽挖方（或爆破）及回填

工作内容：挖方或爆破，修整，排水，换土，填土，夯实，清理现场，工器具移运等。

定 额 编 号		YX2-213	YX2-214	YX2-215	YX2-216	YX2-217	YX2-218	YX2-219
项 目		普通工	坚土	干砂	松砂石	泥水	岩石	
							爆破	人工开凿
单 位		m³	m³	m³	m³	m³	m³	m³
基 价（元）		12.07	14.61	20.09	28.56	21.13	92.89	125.69
其中	人 工 费（元）	11.03	13.57	19.21	27.27	20.09	75.00	116.94
	材 料 费（元）						16.10	3.59
	机 械 费（元）	1.04	1.04	0.88	1.29	1.04	1.79	5.16
名　称	单位	数　量						
人工　输电普通工	工日	0.1449	0.1791	0.2532	0.3590	0.2647	0.5184	1.4187
输电技术工	工日	0.0079	0.0092	0.0133	0.0191	0.0139	0.3456	0.1574
计价材料　铜芯橡皮绝缘线 500VBX-2.5mm²	m						2.1000	
硝铵炸药　2 号	kg						1.1890	
雷管　电雷管	个						2.7300	
焦炭	kg						1.5120	2.1000
其他材料费	元						0.3200	0.0700
机械　输电专用载重汽车　4t	台班	0.0033	0.0033	0.0028	0.0041	0.0033	0.0057	0.0164

根据任务及识图，#28 杆塔接地槽挖方及回填项目价格表应选择"普通土"YX2-213，基价单位为"m³"。查阅"杆塔明细表"可知，#28 杆塔接地装置应查阅接地装置施工图纸 X1301，且接地装置型号为图纸中的 A 型。

（1）接地槽挖方及回填工程量统计。查阅预算定额第二章章节说明可知，接地槽土石方量的计算公式如下

$$V=0.4\times 长度 \times 槽深$$

识读"接地装置施工图 X1301"（见表 4-18），#28 杆塔接地装置应选择表中型号 A1，埋深取 0.6m。

表 4-18   "接地装置施工图"分类型号表

型号	A0	A1	B	C	D	E
适用土壤电阻率（Ω·m）		100 以下	100～300	300～600	600～1000	1000～2000
接地装置示意图（m）	自然接地					
最大允许工频电阻（Ω）	10	10	10	15	15	20
材料装 ϕ10 圆钢（m/kg）		41.0/25.30	81.0/49.98	133.0/8206	201.0/124.02	281.0/173.38
ϕ12 镀锌圆钢（m/kg）		16.04/14.22	16.0/14.22	16.0/14.22	16.0/14.22	16.0/14.22
45×4 镀锌扁钢（m/kg）		0.64/0.91	0.64/0.91	0.64/0.91	0.64/0.91	0.64/0.91
螺栓、螺母及垫圈（镀锌，M16×35）		4 副/0.52kg	4 副/0.52kg	4 副/0.52kg	4 副/0.52kg	4 副/0.52kg
总重量（kg）		40.95	65.63	97.71	139.67	189.03
土壤类别		较湿的陶黏土、泥炭、泥炭岩、沼泽地、黑土、耕土、黏土、亚黏土、金属矿石等	较干的泥岩、泥灰岩、陶土、砂纸黏土、黄土、潮湿砂土等	较干的砂土、黏土、河津砂煤、多石土壤、上层红色页岩、上层土夹石下层砾石等	表层土夹石下层砾石、砂砾、表层黏土、下层多岩石等	较干的或干的沙砾、风化岩石、黏土岩、沙页岩、砂岩、碳质页岩等
接地体埋深（m）		大于 0.6	大于 0.6	不小于 0.5	不小于 0.5	不小于 0.5
土石方 m³		10	19	26	35	50

则#28 接地槽土石方量的计算公式如下：

接地体正方形接地槽

$$V_1 接地槽长度=10m\times 4 = 40（m）$$
$$V_1=0.4m\times 40m\times 0.6m = 9.6（m^3）$$

接地体与塔腿之间接地槽

$$V_2 接地槽长度=（10-根开 3.86-基础直径 0.8）m\times 2 =10.68（m）$$
$$V_2=0.4m\times 10.68m\times 0.6m=2.56（m^3）$$

#28 接地槽土石方量

$$V=V_1+V_2=9.6m^3+2.56m^3=12.16（m^3）$$

（2）接地槽挖方及回填预算定额计价。查阅定额，#28 杆塔接地槽挖方及回填项目价格表定额编号 YX2-213 基价为 12.07 元/m³。则

#28 杆塔接地槽挖方及回填=12.07 元/m³×12.16m³=146.77（元）

（二）预算定额"3.12.1 接地体加工及制作"计量计价

查阅预算定额"3.12.1 接地体加工及制作"项目价格表内容见表 4-19。

表 4-19　　　　　　　　　　　　　　　接地体加工及制作

工作内容：接地体裁割，焊接，加工制作，整理、捆扎。

定 额 编 号			YX3-203
项　　　　目			接地体加工及制作
单　　　位			t
基　　价（元）			271.75
其中	人　工　费（元）		166.28
	材　料　费（元）		5.77
	机　械　费（元）		99.70
名　　　称		单位	数　　量
人工	输电普通工	工日	0.5018
	输电技术工	工日	1.1710
计价材料	碳钢气焊　综合	kg	0.0650
	氧气	m³	0.6400
	乙炔气	m³	0.2100
	其他材料费	元	0.1100
机械	型钢剪断机 剪断宽度 500mm	台班	0.3545
	管子切断机 管径 φ60	台班	0.6455

注　未计价材料接地钢材。

由价格表可知，#28 杆塔接地体加工及制作基价单位为"t"，需要对接地体重量进行统计。

（1）接地体加工及制作工程量统计。"接地装置施工图 X1301"中 A1 型号接地装置材料表即为接地体组成部分，其合计重量为 40.95kg，其中包括圆钢、扁钢、螺栓螺母垫圈。

（2）接地体加工及制作预算定额计价。由价格表可知接地体加工及制作 YX3-203 基价为 271.75 元/t。则

#28 杆塔接地体加工及制作=271.75 元/t×40.95kg/1000=11.13（元）

（三）预算定额"3.12.2 一般接地体安装"计量计价

查阅预算定额"3.12.2 一般接地体安装"项目价格表内容见表 4-20 和表 4-21。

表 4-20 一般接地体安装（垂直）

工作内容：垂直接地体（钢管、角钢）人工及安装，清理现场，工器具移运等。

定 额 编 号			YX3-204	YX3-205
项 目			垂直接地体安装	
			土	砂石土
单 位			根	根
基 价（元）			11.60	16.76
其中	人 工 费（元）		10.75	15.63
	材 料 费（元）			
	机 械 费（元）		0.85	1.13
名 称		单位	数 量	
人工	输电普通工	工日	0.1304	0.1897
	输电技术工	工日	0.0145	0.0210
机械	输电专用载重汽车 4t	台班	0.0027	0.0036

表 4-21 一般接地体安装（水平）

工作内容：水平接地体敷设，降阻剂拌合，缠包后敷设，清理现场，工器具移运等。

定 额 编 号			YX3-206	YX3-207
项 目			水平接地体敷设	加降阻剂水平接地体敷设
单 位			m	m
基 价（元）			0.43	1.58
其中	人 工 费（元）		0.37	1.43
	材 料 费（元）		0.03	0.02
	机 械 费（元）		0.03	0.13
名 称		单位	数 量	
人工	输电普通工	工日	0.0045	0.0174
	输电技术工	工日	0.0005	0.0019
计价材料	碳钢气焊丝 综合	kg	0.0003	0.0003
	氧气	m³	0.0028	0.0026
	乙炔气	m³	0.0010	0.0009
机械	输电专用载重汽车 4t	台班	0.0001	0.0004

注 未计价材料接地钢材、降阻剂、拌合材料、石墨接地体。

由图纸可知，#28 杆塔接地体安装涉及定额 YX3-204 垂直接地体（基价单位：根）、YX3-206 水平接地体（基价单位：m）两个子目，需要分别进行统计。

1. 接地体安装工程量统计

（1）垂直接地体：由接地装置图中"接地体与铁塔连接示意图"可知，分别有铁塔各腿引入地下的垂直接地体，即共 4 根垂直接地体，如图 4-11 所示。

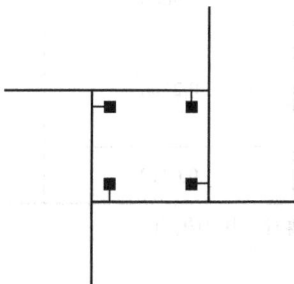

接地体与铁塔连接示意图

图 4-11　"接地装置施工图"铁塔连接内容截图

（2）水平接地体：由接地装置图中 A1 型号"接地装置示意图"及材料表可知，水平接地体数量为 41m。

2. 接地体安装预算定额计价

查阅定额价格子目，垂直接地体安装 YX3-204 基价为 11.6 元/根。则

#28 杆塔垂直接地体安装=11.6 元/根×4 根=46.4（元）

查阅定额价格子目，水平接地体安装 YX3-206 基价为 0.43 元/m。则

#28 杆塔水平接地体安装=0.43 元/m×（40+10.68）m=21.79（元）

（四）预算定额"3.12.5 接地测量及其他"计量计价

查阅预算定额"3.12.5 接地测量及其他"项目价格表内容见表 4-22。

表 4-22　　　　　　　　　　接地测量及其他

工作内容：接地体连接高空引下线的安装、接地模块安装、接地电阻测定，记录，清理现场，工器具移运等。

定　额　编　号		YX3-212	YX3-213	YX3-214
项　　　目		混凝土杆高空接地引下线安装	接地模块安装	接地电阻测量
单　　　位		根	块	基
基　　价（元）		41.80	16.49	37.33
其中	人　工　费（元）	17.61	14.47	24.43
	材　料　费（元）	11.29	0.67	
	机　械　费（元）	12.90	1.35	12.90
名　称	单位	数　　量		
人工　输电普通工	工日	0.0165	0.1755	0.0223
输电技术工	工日	0.1469	0.0195	0.2042

续表

	名　称	单位		数　　量	
计价材料	碳钢气焊丝　综合 镀锌铁丝 氧气 乙炔气 其他材料费	kg kg m³ m³ 元	2.5000 0.2200	0.0075 0.0750 0.0242 0.0100	
机械	输电专用载重汽车 4t	台班	0.0410	0.0043	0.0410

注　未计价材料接地引下线，固定抱箍、螺栓，接地模块。

根据接地装置图可知，#28 杆塔涉及定额子目 YX3-214 接地电阻测量（单位：基）。则接地测量预算定额价格

$$\#28 \text{ 杆塔接地测量}=37.33 \text{ 元/基}\times1 \text{ 基}=37.33 \text{ 元}$$

（五）#28杆塔接地工程定额直接费统计（见表4-23）

表 4-23　　　　　　　　　　#28 杆塔接地工程定额直接费

项目	定额编号	定额项目名称		单位	数量	单价（元）				合价（元）			
						人工费	材料费	机械费	基价	人工费	材料费	机械费	安装费
#28杆塔接地工程	YX2-213	接地槽挖方（或爆破）及回填—普通土		m³	12.16	11.03	0.00	1.04	12.07	134.12	0.00	12.65	146.77
	YX3-203	接地体加工及制作	接地安装及测量	t	0.041	166.28	5.77	99.70	271.75	6.81	0.24	4.08	11.13
	YX3-204	一般接地体安装—垂直接地体安装—土		根	4	10.75	0.00	0.85	11.60	43.00	0.00	3.40	46.40
	YX3-206	一般接地体安装—水平接地体安装		m	50.68	0.37	0.03	0.03	0.43	18.75	1.52	1.52	21.79
	YX3-214	接地测量及其他		基	1	24.43	0.00	12.90	37.33	24.43	0.00	12.90	37.33

任务 7　接地工程计量计价

计算附录 F 图纸#27 杆塔接地工程量（采用接地装置接地，普通土，未使用降阻剂），并计算定额直接费。

1. 工程量计算

（1）土石方工程量。

（2）接地体工程量。

----

2. 预算定额计价（见表4-24）

表 4-24　　　　　　预算定额计价表（#27 杆塔接地工程）

项目	定额编号	定额项目名称	单位	数量	单价（元）				合价（元）			
					人工费	材料费	机械费	基价	人工费	材料费	机械费	安装费

工程案例五：杆塔工程计量计价

一、任务布置

计算附录 F 图纸#28 铁塔杆塔工程量（不考虑杆塔刷漆），并计算定额直接费。

二、计量计价

结合#28 铁塔杆塔工程相关图纸如"杆塔明细表""杆塔一览图"，可知#28 铁塔代号为"1I-SZ1-24"即伞型自立式角钢塔。本任务涉及预算定额"第 4 章　杆塔工程"中以下章节："4.3 铁塔组立，4.3.1 角钢塔组立。"

（一）预算定额"4.3铁塔组立"计量计价

查阅预算定额"4.3 铁塔组立"项目价格表，可知基价要依据塔全高进行选择。查阅"杆塔一览图"可知#28 铁塔尺寸如图 4-12 所示，呼高为 24m。可计算#28 铁塔全高为

$$24+4+4.2+3=35.2（m）$$

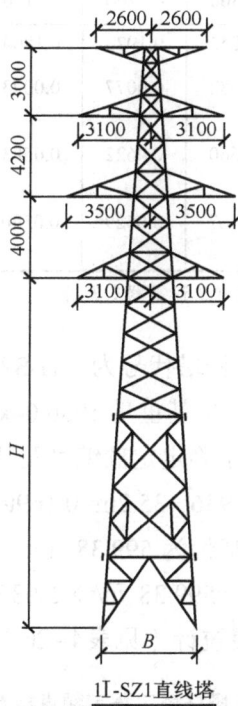

图 4-12　"杆塔一览图"截图

#28 铁塔预算定额"4.3 铁塔组立"选择项目价格表见表 4-25。可知：基价以"t"为计量单位，需要对杆塔重量进行统计，且以"每米塔重"指标进行基价选择。

表 4-25　　　　　　　　　　　　　　　项目价格表

定 额 编 号		YX4-43	YX4-44	YX4-45	YX4-46	YX4-47	YX4-48	YX4-49	YX4-50
项　目		角钢塔　塔全高 50m 以内　每米塔重（kg）							
		100 以内	200 以内	300 以内	400 以内	800 以内	1200 以内	1600 以内	1600 以上
单　位		t	t	t	t	t	t	t	t
基　价（元）		763.96	599.38	564.59	529.67	513.64	500.21	484.95	468.30
其中	人 工 费（元）	668.16	511.90	482.05	452.29	438.57	427.01	413.93	399.49
	材 料 费（元）	10.53	6.47	6.21	5.78	5.57	5.53	5.49	5.45
	机 械 费（元）	85.27	81.01	76.33	71.60	69.50	67.67	65.53	63.36
名　称	单位	数　量							
人工	输电普通工　工日	2.0167	1.5457	1.4556	1.3656	1.3237	1.2893	1.2497	1.2056
	输电技术工　工日	4.7053	3.6045	3.3943	3.1848	3.0885	3.0068	2.9147	2.8134
计价材料	方材红白松 二等　m³	0.0045	0.0029	0.0028	0.0026	0.0025	0.0025	0.0025	0.0025
	镀锌铁丝　kg	0.1763	0.0834	0.0785	0.0737	0.0714	0.0696	0.0674	0.0647
	普通磁漆　kg	0.2136	0.1191	0.1122	0.1053	0.1020	0.0994	0.0963	0.0928
	其他材料费　元	0.2100	0.1300	0.1200	0.1100	0.1100	0.1100	0.1100	0.1100
机械	机动绞磨 5t 以内　台班	0.1440	0.2042	0.1923	0.1804	0.1750	0.1704	0.1651	0.1596
	手扶机动绞磨 5t 以内　台班	0.0222	0.0082	0.0077	0.0073	0.0071	0.0069	0.0066	0.0066
	输电专用载重汽车 4t　台班	0.1415	0.0660	0.0622	0.0583	0.0566	0.0552	0.0534	0.0516
	输电专用载重汽车 5t　台班	0.0303	0.0667	0.0629	0.0590	0.0573	0.0557	0.0540	0.0521

注　未计价材料塔材、螺栓、垫片、脚钉、爬梯、避雷器支架等。

（1）铁塔组立工程量统计。#28 杆塔代号为 "1I-SZ1-24"，可在 "杆塔一览图" 中查阅到 "双回直线塔 1I-SZ1 呼称高 24m，单基重量 5936.04kg"，即 #28 铁塔重量为 5.936t。

（2）铁塔组立预算定额计价。为了确定定额编号及基价选择，需要计算杆塔 "每米塔重"

每米塔重 = 5.936t ÷ 35.2m = 0.169t = 169（kg）

即：应选择定额子目 YX4-44，基价为 599.38 元/t

#28 杆塔铁塔组立 = 599.38 元/t × 5.936t = 3557.92（元）

（二）#28 塔杆塔工程定额直接费统计（见表 4-26）

表 4-26　　　　　　　　　　　#28 塔杆塔工程定额直接费

项目	定额编号	定额项目名称	单位	数量	单价（元）				合价（元）			
					人工费	材料费	机械费	基价	人工费	材料费	机械费	安装费
#28 塔杆塔工程	YX4-44	铁塔组立—角钢塔 塔全高 50m 以内 每米塔重 200kg 以内	t	5.936	511.90	6.47	81.01	599.38	3038.64	38.41	480.88	3557.92

任务8 杆塔工程计量计价

计算附录 F 图纸#25、#27、#30 杆塔工程量（不考虑杆塔刷漆），并计算定额直接费。

1. 工程量计算

（1）#25 杆塔。

（2）#27 杆塔。

（3）#30 杆塔。

----

2. 预算定额计价（见表4-27）

表 4-27　　　　　　预算定额计价表（#25、#27、#30 杆塔工程）

项目	定额编号	定额项目名称	单位	数量	单价（元）				合价（元）			
					人工费	材料费	机械费	基价	人工费	材料费	机械费	安装费
#25 杆塔												
#27 杆塔												
#30 杆塔												

工程案例六：架线工程计量计价

一、任务布置

计算附录 F 图纸#28～#29 杆塔架线工程量，并计算定额直接费。

场地非钢板铺设，两回路同时架设，张力架线，飞行器展放，不带电跨越，机耕路需搭设跨越架，2 回路 OPGW 各有接头 1 个，双窗口检测，导线放线系数 1.05、OPGW 放线系数 1.06。

二、计量计价

结合#28～#29 杆塔架线工程相关图纸如"杆塔明细表""平断面图"，可分析本任务：涉及预算定额"第 5 章架线工程"中以下章节："5.2 导线（含 OPPC）、避雷线（含 OPGW）张力架设，5.2.1 牵、张场场地建设，5.2.2 导引绳展放，5.2.3 张力放、紧线，5.3 跨越架设，5.7 OPGW 接续与测量，5.7.1 单盘测量，5.7.2 接续，5.7.3 全程测量"。

（一）预算定额"导线（含OPPC）、避雷线（含OPGW）张力架设"计量计价

1. 预算定额"5.2.1牵、张场场地建设"计量计价

查阅预算定额"5.2.1 牵、张场场地建设"项目价格表内容见表 4-28。

表 4-28　　　　　　　　　　　　牵、张场场地建设

工作内容：牵、张场场地平整，场内钢板、道木铺设，材料移运，清理现场，工器具移运等。

定　额　编　号		YX5-18	YX5-19	YX5-20	YX5-21	YX3-22
项　　　目		场地平整				
		单导线 / OPGW	二分裂导线	四分裂导线	六分裂导线	八分裂导线
单　　位		处	处	处	处	处
基　价（元）		871.84	1034.41	1277.84	1523.92	1763.31
其中	人　工　费（元）	823.58	973.78	1202.27	1430.28	1657.58
	材　料　费（元）					
	机　械　费（元）	48.26	60.63	75.57	93.64	105.73
名　　称	单位	数　　量				
人工　输电普通工	工日	6.9813	8.2524	10.1887	12.1184	14.0482
输电技术工	工日	2.9901	3.5367	4.3666	5.1964	6.0197
机械　输电专用载重汽车　5t	台班	0.1421	0.1785	0.2225	0.2757	0.3113

查阅"杆塔明细表"左下方"本页说明"中可知导线型号为 LGJ300/25 钢芯铝绞线，所以应选择定额编号 YX5-18 单导线/OPGW 场地平整基价为 871.84 元/处。考虑到架线两端的牵、张设备，所以数量应为 2 处。即

牵、张场场地建设预算定额计价=871.84 元/处×2 处=1743.68（元）

2. 预算定额"5.2.2导引绳展放"计量计价

查阅预算定额"5.2.2 导引绳展放"项目价格表内容见表 4-29。

表 4-29 　　　　　　　　　　　　　　　　　　　　导引绳展放

工作内容：导引绳展放准备，人工展放、飞行器展放导引绳，材料移运，清理现场，工器具移运等。

定 额 编 号		YX5-28	YX5-29
项 目		人工展放	飞行器展放
单 位		km	km
基 价（元）		1721.34	2468.63
其中	人 工 费（元）	1278.90	1574.99
	材 料 费（元）		569.24
	机 械 费（元）	442.44	324.40
名 称	单位	数 量	
人工　输电普通工	工日	9.7723	1.6117
输电技术工	工日	5.3111	13.0551
计价材料　迪尼玛绳 $\phi2$	m		640.0000
其他材料费	元		11.1600
机械　汽车式起重机　起重量 8t	台班	0.1880	0.0753
输电专用载重汽车　5t	台班	0.6820	0.7066
输电专用载重汽车　8t	台班	0.1839	0.0736

根据任务内容应选择定额编号 YX5-29 飞行器展放基价为 2468.63 元/km。查阅预算定额"第 5 章架线工程"章节说明中的工程量计算规则可知：区分导引绳的展放形式（人工、飞行器），按线路亘长，以"km"为计量单位计算。同塔多回路同时架设时，工程量=线路亘长×回路数。

需要执行预算定额使用指南"使用说明"内容："导线、避雷线同时架设时，导引绳展放不区分导线、避雷线，按单回线路亘长计算，多回线路工程量乘回路数。"

查阅"平断面图"可知#28～#29 杆塔线路路径中心线长度为 297.83m。

导引绳展放预算定额计价=2468.63 元/km×297.83m/1000×2 回=1470.46（元）

3. 预算定额"5.2.3 张力放、紧线"计量计价

查阅预算定额"5.2.3 张力放、紧线"项目价格表内容见表 4-30 和表 4-31。

表 4-30 　　　　　　　　　　　　　　　　　　张力放、紧线（一）

工作内容：放、紧线准备，牵张设备装、拆，放、紧线，弧垂观测，信号联络，护线及锚线，杆塔监护，直线接头连接，清理现场，工器具移运等。其中避雷线（含 OPGW）包括耐张终端头制作、耐张串组合连接和挂线、附件安装（不含防振锤）。

定 额 编 号	YX5-30	YX5-31	YX5-32	YX5-33	YX5-34	YX5-35	YX5-36	YX5-37
项 目	OPGW（mm²）		单根避雷线（mm²）				架设 OPPC 增加费（mm²）	
	100 以内	100 以上	钢绞线		良导体		300 以内	300 以上
			100 以内	100 以上	100 以内	100 以上		

续表

单　位	km	km	km	km	km	km	km	km
基　价（元）	2674.70	3184.36	2172.05	2596.40	2294.78	2781.87	726.95	799.52

其中	人　工　费（元）	691.87	823.68	579.24	799.05	651.61	877.52	98.85	108.72
	材　料　费（元）	28.91	34.41	30.16	31.57	38.84	51.63		
	机　械　费（元）	1953.92	2326.27	1562.65	1765.78	1604.33	1852.72	628.10	690.80

名　称	单位	数　　量							
人工	输电普通工	工日	1.3332	1.5873	1.1196	1.5411	1.2579	1.6926	0.1905	0.2095
	输电技术工	工日	5.3442	6.3622	4.4720	6.1712	5.0318	6.7771	0.7635	0.8398
计价材料	镀锌铁丝	kg	2.7569	3.2820	2.8100	2.9450	1.0510	1.7290		
	镀锌钢绞线 GJ-35	kg	0.9425	1.1220	1.1220	1.1220	1.1220	1.1220		
	导线补修管 JX-95	个					0.3900			

表 4-31　　　　　　　　　　张力放、紧线（二）

定　额　编　号		YX5-38	YX5-39	YX5-40	YX5-41	YX5-42
项　　目		交流线路　导线（mm²）				
		300 以内	400 以内	500 以内	630 以内	720 以内
单　位		km	km	km	km	km
基　价（元）		9111.82	9365.92	9634.39	10118.48	10602.45

其中	人　工　费（元）	3602.10	3643.19	3771.94	4056.60	4246.21
	材　料　费（元）	211.76	236.19	267.73	298.35	316.62
	机　械　费（元）	5297.96	5486.54	5594.72	5763.53	6039.62

名　称	单位	数　　量				
人工	输电普通工	工日	6.9538	7.0332	7.2818	7.8313	8.1973
	输电技术工	工日	27.8155	28.1327	29.1269	31.3251	32.7893
计价材料	镀锌铁丝	kg	7.5950	8.3740	8.8960	9.4120	9.8300
	镀锌钢绞线　GJ-100	kg	13.0000	14.1000	15.8000	17.8000	18.5900
	导线补修管　JX-300	个	0.6000				
	导线补修管　JX-400	个		0.6000			
	导线补修管　JX-500	个			0.6000		
	导线补修管　JX-630	个				0.6000	
	导线补修管　JX-720	个					0.6000
	橡胶板　10mm 以下	kg	0.5510	0.6030	0.6290	0.6940	0.7250
	普通橡胶管　DN50	m	1.6934	1.8547	1.9354	2.1008	2.1940
	导电脂	kg	0.3820	0.4570	0.4940	0.5250	0.5480
	清洗剂	kg	0.5300	0.6000	0.6300	0.7000	0.7310

查看"杆塔明细表"中"本页说明"可知：本工程采用同塔双回架设，导线采用 LGJ-300/25 钢芯铝绞线，地线采用 2 根 12 芯 OPGW 光缆；又查阅"线路相序及 OPGW 光缆安装位置示意图"可知 OPGW 型号为 OPGW-12B1-85。则张力放、紧线将涉及 OPGW100mm² 以内

YX5-30 基价 2674.70 元/km、导线 400mm² 以内 YX5-39 基价 9365.92 元/km 价格子目。

需要执行预算定额中的工程量计算规则和使用说明的内容如下。

（1）单根避雷线（含 OPGW）架设：区分一般架线、张力架线、单根避雷线（含 OPGW）截面，按单根避雷线的亘长，以"km"为计量单位计算。

（2）导线（OPPC）架设：区分一般架设（交流）、张力架设（交流、直流）、导线截面和导线分裂数，按线路亘长，以"km"为计量单位计算，其中：交流线路为 km/三相，直流线路为 km/二极。

（3）同塔架设双回。多回线路工程和临近带电线路架线施工时，按表 4-32 所示系数调整。

表 4-32　　　同塔架设双回、多回线路工程和临近有带电线路架线系数调整表

序号	同塔回路数	同时架设			临近带电线路			序号	同塔二次架设回路数	非同时架设			临近带电线路		
		人工	材料	机械	人工	材料	机械			人工	材料	机械	人工	材料	机械
1	一回路	1.00	1.00	1.00	1.10	1.00	1.10	6	一回路	1.10	1.00	1.10	1.21	1.00	1.21
2	二回路	1.75	2.00	1.75	1.98	2.00	1.98	7	二回路	1.98	2.00	1.98	2.18	2.00	2.18
3	三回路	2.50	3.00	2.50	2.75	3.00	2.75	8	三回路	2.75	3.00	2.75	3.03	3.00	3.03
4	四回路	3.10	4.00	3.10	3.41	4.00	3.41	9	四回路	.3.41	4.00	3.41	3.75	4.00	3.75
5	六回路	4.00	6.00	4.00	4.40	6.00	4.40	10	五回路	3.96	5.00	3.96	4.36	5.00	4.36

需要执行预算定额使用指南"工程量使用规则"内容如下。OPGW 架设：区分截面，按单根 OPGW 的线路亘长，以"km"为计量单位计算。不包括接续杆塔上的预留量。若两根 OPGW 同时架设，工程量×2。

则#28～#29 杆塔 OPGW 工程量为 297.83m，导线工程量为 297.83m。

张力放、紧线预算定额计价如下

OPGW=2674.7 元/km×297.83m/1000×2=1594.12（元）

导线=（人 3643.19×1.75+材 236.19×2+机 5486.54×1.75）元/km×297.83m/1000=4901.92（元）

（二）预算定额"5.3 跨越架设"计量计价

查阅预算定额"5.3 跨越架设"项目价格表可知根据跨越"处"为单位进行统计，查阅"杆塔明细表"中"交叉跨越情况及处理意见"可知#28～#29 杆塔跨越情况：跨低压线 5 次、跨机耕路 2 次、跨通信线 2 次、跨房屋 2 次、跨公路 1 次。

查阅预算定额章节说明中的"使用说明"以下内容需要执行。

（1）"单根避雷线（含 OPGW）"跨越定额，适用单独架设单根避雷线（含 OPGW）时的跨越，如避雷线、OPGW 随同导线同时架设时，已包括在相应导线跨越中，不能再次执行定额。

（2）施工中遇到有人车通行的土路、不拆迁的房屋及不砍伐的果园、经济作物、穿越电力线等，架线时需采取防护措施，可按下面方法计算：

1）跨越土路，以"处"为计量单位，按"跨越低压、弱电线路"相应定额乘 0.8 系数。

2）果园、经济作物按 60m 为一处，按"跨越低压、弱电线路"相应定额乘 0.8 系数。

3）跨越房屋，以独立房屋为一处，按"跨越低压、弱电线路"相应定额，房屋高度 10m 以下定额乘 0.8 系数，房屋高度 10m 以上定额乘 1.5 系数。

4）穿越电力线，根据被穿越线路电压等级，按"跨越电力线"定额乘 0.75 系数。

（3）跨越架设定额按单回路线路建设考虑，当同塔同时架设多回路时，定额按表 4-33 所示系数调整，穿越电力线不适用此表。

表 4-33　　　　　　　　　同塔同时架设多回线路工程跨越系数调整表

序号	每侧导线横担水平排列最大相数	人工	材料	机械
I	1 相	1.50	1.10	1.50
2	2 相	1.75	1.30	1.75
3	3 相	2.00	1.50	2.00

根据预算定额以上内容，选择预算定额项目价格表见表 4-34、表 4-35。

表 4-34　　　　　　　　　　　　　跨越一般公路价格表

定 额 编 号		YX5-98	YX5-99	YX5-100	YX5-101	YX5-102
项 目		\multicolumn{5}{c}{跨越一般公路}				
项 目		单根避雷线（含 OPGW）	35kV	110kV	220kV	330kV
单 位		处	处	处	处	处
基 价（元）		775.62	1600.50	2743.39	4920.63	6306.21
其中	人 工 费（元）	586.05	1186.09	2005.09	3508.95	4603.21
其中	材 料 费（元）	121.78	270.61	493.59	921.21	964.19
其中	机 械 费（元）	67.79	143.80	244.71	490.47	738.81
名 称	单位	\multicolumn{5}{c}{数 量}				
人工 输电普通工	工日	1.7689	3.5797	6.0516	10.5906	13.8929
人工 输电技术工	工日	4.1270	8.3528	14.1203	24.7108	32.4170
计价材料 钢丝绳 φ15 以下	kg	0.0829	0.1748	0.4122	0.7719	2.5247
计价材料 镀锌铁丝	kg	1.3316	2.7506	7.3016	13.6974	3.2512
计价材料 钢管脚手架　包括扣件	kg	19.5289	45.5683	71.3850	133.9144	195.4765
计价材料 木脚手杆杉原木 φ80×6000	根	0.2804	0.4904	1.5370	2.8834	1.6506
计价材料 毛竹	根	0.8310	1.9390	4.5567	8.5481	
计价材料 安全网	m²	0.8265	1.7528	4.1174	7.7240	5.3492
计价材料 防护钢柱	kg					3.2308
计价材料 木桩	个	1.6688	1.6688	2.1114	2.1796	1.1579
计价材料 其他材料费	元	2.3900	5.3100	9.6800	18.0600	18.9100
机械 机动绞磨　3t 以内	台班	0.1996	0.4234	0.7205	1.4441	1.4086
机械 输电专用载重汽车　5t	台班					1.4993

表 4-35　　　　　　　　　跨越低压、弱电线价格表

定 额 编 号			YX5-168	YX5-169	YX5-170	YX5-171	YX5-172
项　目			跨越低压、弱电线				
			单根避雷线（含 OPGW）	35kV	110kV	220kV	330kV
单　位			处	处	处	处	处
基　价（元）			557.20	713.31	1297.99	2140.20	2729.45
其中	人 工 费（元）		407.78	525.21	939.80	1610.19	2024.82
	材 料 费（元）		62.98	81.59	151.11	266.18	337.82
	机 械 费（元）		86.44	106.51	207.08	263.83	366.81
名　称		单位	数　量				
人工	输电普通工	工日	1.2309	1.5852	2.8365	4.8599	6.1113
	输电技术工	工日	2.8716	3.6986	6.6183	11.3393	14.2592
计价材料	钢丝绳 φ15 以下	kg	0.1234	0.1589	0.2978	0.5289	0.6378
	镀锌铁丝	kg	2.2589	2.9089	5.4656	9.7024	0.9544
	钢管脚手架 包括扣件	kg					69.4314
	木脚手杆杉原木 φ80×6000	根	0.5334	0.6878	1.2923	2.2935	0.4867
	毛竹	根	1.4789	1.9045	3.5778	6.3502	
	安全网	m²	1.8478	2.3801	4.4724	7.9379	2.4478
	防护钢柱	kg					0.9790
	木桩	个	0.6000	0.9445	0.9556	0.9334	0.2667
	其他材料费	元	1.2300	1.6000	2.9600	5.2200	6.6200
机械	机动绞磨 3t 以内	台班					0.3278
	输电专用载重汽车 5t	台班	0.2545	0.3136	0.6097	0.7768	0.8267

查阅"线路相序及 OPGW 光缆安装位置示意图"可知每侧导线横担水平排列最大相数为 1 相，跨越架设预算定额计量计价见表 4-36。

表 4-36　　　　　　　　　#28 杆塔跨越架设定额直接费

项目名称	定额编号	双回系数调整	基价调整后价格（元）	预算定额计价（元）	备注
跨低压线 5 次	YX5-170	R*1.5+C*1.1+J*1.5	939.8×1.5+151.11×1.1+207.08×1.5=1886.54	1886.54×5=9432.7	
跨机耕路 2 次	YX5-170*0.8	R*1.5+C*1.1+J*1.5	939.8×［0.8+（1.5−1）］+151.11×［0.8+（1.1−1）］+207.08×［0.8+（1.5−1）］=1626.94	1626.94×2=3253.89	按土路类型考虑；定额多系数调整按累加系数计算
跨通信线 2 次	YX5-170	R*1.5+C*1.1+J*1.5	1886.54	1886.54×2=3773.08	
跨房屋 1 次（房屋高度 10m 以下）	YX5-170*0.8	R*1.5+C*1.1+J*1.5	939.8×［0.8+（1.5−1）］+151.11×［0.8+（1.1−1）］+207.08×［0.8+（1.5−1）］=1626.94	1626.94	房屋高度参看《平断面图》；定额多系数调整按累加系数计算

续表

项目名称	定额编号	双回系数调整	基价调整后价格（元）	预算定额计价（元）	备注
跨房屋1次（房屋高度10m以上）	YX5-170*1.5	R*1.5+C*1.1+J*1.5	939.8×［1.5+（1.5-1）］+151.11×［1.5+（1.1-1）］+207.08×［1.5+（1.5-1）］=2535.54	2535.54	房屋高度参看《平断面图》；定额多系数调整按累加系数计算
跨公路1次	YX5-100	R*1.5+C*1.1+J*1.5	2005.09×1.5+493.59×1.1+244.71×1.5=3917.65	3917.65	

（三）预算定额"5.7 OPGW接续与测量"计量计价

1. 预算定额"5.7.1单盘测量"计量计价

查阅预算定额"5.7.1单盘测量"项目价格表内容见表4-37。

表4-37 单盘测量

工作内容：测量准备，开缆盘，剥缆，清洗光纤，切缆，测量，记录数据，封缆头，封缆盘，清理现场，工器具移运等。

定 额 编 号			YX5-205	YX5-206	YX5-207	YX5-208	YX5-209
项　　　目			OPGW 单盘测量　芯数				
			12 以内	24 以内	36 以内	48 以内	60 以内
单 　 位			盘	盘	盘	盘	盘
基 　 价（元）			582.76	847.19	1111.93	1376.66	1641.13
其中	人 工 费（元）		84.09	126.13	168.18	210.22	252.27
	材 料 费（元）		99.42	180.22	261.02	341.82	422.62
	机 械 费（元）		399.25	540.84	682.73	824.62	966.24
名　　称		单位			数　量		
人工	输电技术工	工日	0.7508	1.1262	1.5016	1.8770	2.2524
计价材料	光纤测量用匹配油	瓶	0.1900	0.3800	0.5700	0.7600	0.9500
	光纤用除油剂	瓶	0.1900	0.2185	0.2470	0.2755	0.3040
	光纤用切管刀片	片	0.1900	0.3800	0.5700	0.7600	0.9500
	自黏性橡胶带　25mm×20m	卷	0.9500	1.1875	1.4250	1.6625	1.9000
	乙醇	kg	0.0950	0.1900	0.2850	0.3800	0.4750
	无纺布	m²	1.4250	1.7860	2.1470	2.5080	2.8690

根据图纸 OPGW 规格型号可知为 12 芯，因此选择价格子目 YX5-205 基价 582.76 元/盘。

查阅预算定额章节说明，其中"使用说明"以下内容需要执行：单盘测量中的盘长按设计规定，如设计未规定，按 OPGW 盘长 4km，OPPC 盘长 3km 计算。

为了便于案例精简演示，教材仅选择了#28～#29 杆塔架线工程，导致 OPGW 数量偏少，两回路数量不足 1 盘长度，这里假定按 1 盘来进行计算。实际工程请参考预算定额盘长或实际盘长进行盘数计算。

#28～#29 杆塔 OPGW 单盘测量预算定额计量计价如下

$$582.76 \text{ 元/盘} \times 1 \text{ 盘} = 582.76 \text{（元）}$$

2. 预算定额"5.7.2接续"计量计价

查阅预算定额"5.7.2 接续"项目价格表内容见表 4-38。

表 4-38   接续

工作内容：接续准备，上杆塔放线，临时固定，剥缆，清洗，熔接，测试纤盘盒，复测，封盒，盘缆，上杆塔收线及固定，清理现场，工器具移运等。

定 额 编 号			YX5-214	YX5-215	YX5-216	YX5-217	YX5-218
项 目			OPGW 接续　芯数				
			12 以内	24 以内	36 以内	48 以内	60 以内
单 位			头	头	头	头	头
基 价（元）			1798.18	2283.97	2768.06	3253.80	3739.32
其中	人 工 费（元）		630.68	735.81	840.92	946.03	1051.15
	材 料 费（元）		177.13	260.56	342.30	425.73	509.16
	机 械 费（元）		990.37	1287.60	1584.84	1882.04	2179.01
名 称		单位	数　量				
人工	输电技术工	工日	5.6311	6.5697	7.5082	8.4467	9.3853
计价材料	热缩管	m	14.2500	27.5500	39.9000	53.2000	66.5000
	光纤用除油剂	瓶	0.5700	0.9500	1.3300	1.7100	2.0900
	光纤用切管刀片	片	1.4250	1.9000	2.3750	2.8500	3.3250
	自黏性橡胶带　25mm×20m	卷	1.9000	2.3750	2.8500	3.3250	3.8000
	塑料标识牌	个	0.9500	0.9500	0.9500	0.9500	0.9500
	乙醇	kg	0.1900	0.3610	0.5320	0.7030	0.8740
	无纺布	m²	1.9000	2.4700	3.0400	3.6100	4.1800
	压缩空气标准瓶装	瓶	0.4750	0.7125	0.9500	1.1875	1.4250

查阅预算定额章节说明中"使用说明"如下内容需要执行：光缆定额按双窗口测试条件考虑，设计要求单窗口时，"接续"的有关定额乘 0.85 系数。

根据 OPGW 为 12 芯选择 YX5-214 基价为 1798.18 元/头，案例任务#28～#29 杆塔 2 回路各有 1 个接头，则接续预算定额计量计价如下

$$1798.18 \text{ 元/头} \times 2 \text{ 头} = 3596.36 \text{（元）}$$

3. 预算定额"5.7.3全程测量"计量计价

查阅预算定额"5.7.3 全程测量"项目价格表内容见表 4-39。

表 4-39　　　　　　　　　　　　　　全程测量

工作内容：测量准备，测量，记录，封盒，清理现场，工器具移运等。

定　额　编　号			YX5-223	YX5-224	YX5-225	YX5-226	YX5-227
项　　　目			OPGW 全程测量　芯数				
			12 以内	24 以内	36 以内	48 以内	60 以内
单　　　位			段	段	段	段	段
基　　价（元）			1424.44	1858.49	2292.58	2727.73	3162.88
其中	人　工　费（元）		840.92	981.06	1121.22	1261.37	1401.52
	材　料　费（元）		5.41	10.27	15.14	21.09	27.04
	机　械　费（元）		578.11	867.16	1156.22	1445.27	1734.32
名　　　称		单位	数　　　量				
人工	输电技术工	工日	7.5082	8.7595	10.0109	11.2622	12.5136
计价材料	乙醇	kg	0.0950	0.1805	0.2660	0.3705	0.4750
	无纺布	m²	0.9500	1.8050	2.6600	3.7050	4.7500
	其他材料费	元	0.1100	0.2000	0.3000	0.4100	0.5300
机械	光频谱分析仪	台班	0.2850	0.4275	0.5700	0.7125	0.8550
	光纤色散测试仪	台班	0.2850	0.4275	0.5700	0.7125	0.8550
	光时域反射仪	台班	0.2850	0.4275	0.5700	0.7125	0.8550

根据 12 芯选择 YX5-223 基价为 1424.44 元/段，两回路数量应为 2 段。

OPGW 全程测量预算定额计量计价如下

1424.44 元/段×2 段=2848.88（元）

（四）#28～#29杆塔架线工程定额直接费统计（见表4-40）

表 4-40　　　　　　　　　　#28 杆塔架线工程定额直接费

项目	定额编号	定额项目名称	单位	数量	单价（元）				合价（元）			
					人工费	材料费	机械费	基价	人工费	材料费	机械费	安装费
#28～#29杆塔架线工程	YX5-18	牵、张场场地建设—场地平整—单导线	处	2	823.58	0.00	48.26	871.84	1647.16	0.00	96.52	1743.68
	YX5-29	导线（含OPPC）、避雷线（含OPGW）张力架设	导引绳展放—飞行器展放	km	0.5957	1574.99	569.24	324.40	2468.63	938.16	339.07	193.23	1470.46
	YX5-30		张力放、紧线—OPGW100mm²以内	km	0.596	691.87	28.91	1953.92	2674.70	412.35	17.23	1164.54	1594.12
	YX5-39 R*1.75 C*2 J*1.75		张力放、紧线—交流线路导线 400mm²以内 双回	km	0.298	3643.19	236.19	5486.54	9365.92	1899.92	140.77	2861.23	4901.92
	YX5-170 R*1.5 C*1.1 J*1.5	跨越架设	跨低压、弱电线—110kV（含通信线 2 处）双回	处	7	1409.70	166.22	310.62	1886.54	9867.90	1163.55	2174.34	13205.79

项目	定额编号	定额项目名称	单位	数量	单价（元）				合价（元）			
					人工费	材料费	机械费	基价	人工费	材料费	机械费	人工费
#28～#29杆塔架线工程	YX5-170（R*1.5 C*1.1 J*1.5）*0.8	跨越架设 跨低压、弱电线—110kV（机耕路2处/房屋高度10m以下1处）双回	处	3	1221.74	136.00	269.20	1626.94	3665.22	408.00	807.61	4880.83
	YX5-170（R*1.5 C*1.1 J*1.5）*1.5	跨低压、弱电线—110kV（房屋高度10m以上）双回	处	1	1879.60	241.78	414.16	2535.54	1879.60	241.78	414.16	2535.54
	YX5-100	跨越一般公路—110kV双回	处	1	3007.64	542.95	367.07	3917.65	3007.64	542.95	367.07	3917.65
	YX5-205	OPGW接续与测量 单盘测量	盘	1	84.09	99.42	399.25	582.76	84.09	99.42	399.25	582.76
	YX5-214	接续	头	2	630.68	177.13	990.37	1798.18	1261.36	354.26	1980.74	3596.36
	YX5-223	全程测量	段	2	840.92	5.41	578.11	1424.44	1681.84	10.82	1156.22	2848.88

任务 9　架线工程计量计价

计算附录 F 图纸#26～#27 杆塔架线工程量，并计算定额直接费。

场地非钢板铺设，两回路同时架设，张力架线，飞行器展放，不带电跨越，机耕路需搭设跨越架，2 回路 OPGW 各有接头 1 个，双窗口检测，导线放线系数 1.05、OPGW 放线系数 1.06。

1. 工程量计算
----

2. 预算定额计价（见表4-41）

表 4-41　　　　　预算定额计价表（#26～#27 杆塔架线工程）

项目	定额编号	定额项目名称	单位	数量	单价（元）				合价（元）			
					人工费	材料费	机械费	基价	人工费	材料费	机械费	安装费
#26～#27杆塔架线工程		导线（含OPPC）、避雷线（含OPGW）张力架设										
		跨越架设										
		OPGW接续与测量										

工程案例七：附件工程计量计价

一、任务布置

计算附录 F 图纸#28 杆塔基附件工程量，并计算定额直接费。

二、识读工程图纸

查阅"杆塔明细表"可知：#28 杆塔导线绝缘子串形式为"XZ1"，数量为 12；左下角"本页说明"表述#28 绝缘子串采用独立双串。由此可分析 1 回路三相，每相两串，1 回路共 6 串，两回路总共 12 串。查阅"LGJ-300/25 导线单联悬垂绝缘子串组装图 XZ1"可知单串绝缘子及附件详图如图 4-13 所示。

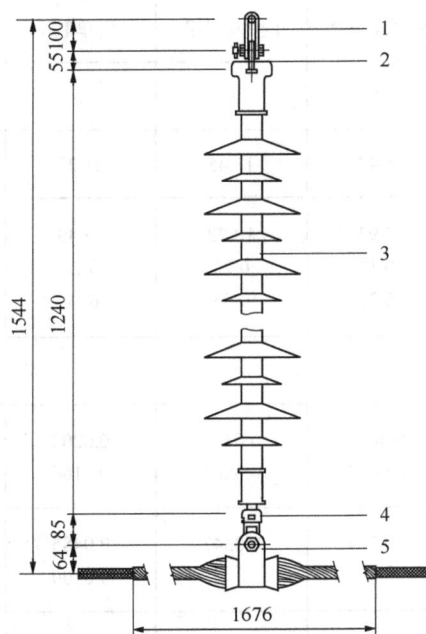

编号	名称	规格	标准/图号	单位	件数	单件重(kg)	合计重(kg)	总重(kg)	备注
1	U型挂环	UB-12T	97修订版	只	1	2.50	2.50		
2	QP型挂环	QP-12	南京线路器材厂	只	1	0.40	0.40		
3	复合绝缘子	100kN		支	1	7.10	7.10	15.10	泄漏距离3150mm
4	W型碗型挂板	W1-10	南京线路器材厂	只	1	1.00	1.00		
5	预绞式悬垂线夹	CL-300/25	DL/T 763-2001	付	1	4.10	4.10		含碗头挂板以下所有金具

图 4-13　"LGJ-300/25 导线单联悬垂绝缘子串组装图 XZ1"截图

三、定额分析

结合识图，可分析本任务涉及预算定额以下章节："6.2 直线（直线换位、直线转角）杆塔绝缘子串悬挂安装，6.3 导线悬垂线夹安装，6.3.2 导线缠绕预绞丝线夹安装。"

四、计量计价

（一）预算定额"6.2直线（直线换位、直线转角）杆塔绝缘子串悬挂安装"计量计价

查阅预算定额"6.2 直线（直线换位、直线转角）杆塔绝缘子串悬挂安装"项目价格表内容见表4-42。

表 4-42　　　　　直线（直线换位、直线转角）杆塔绝缘子串悬挂安装

工作内容：绝缘子开箱检查与清洗，绝缘测定，金具、绝缘子串组合与悬挂（包括放线滑车），针式绝缘子（或瓷横担）固定，清理现场，工器具移运等。

定　额　编　号		YX6-21	YX6-22	YX6-23	YX6-24	YX6-25
项　　　　目		35kV		110kV		
		针式单联串	Ⅰ型双联串	Ⅰ型单联串	Ⅰ型双联串	Ｖ型单联串
单　　　位		串	串	串	串	串
基　　价（元）		6.40	11.45	21.27	36.86	41.26
其中	人　工　费（元）	5.92	10.72	14.49	24.16	27.05
	材　料　费（元）	0.13	0.20	0.28	0.48	0.54
	机　械　费（元）	0.35	0.53	6.50	12.22	13.67
名　　　称	单位	数　　量				
人工	输电普通工	工日	0.0087	0.0151	0.0204	0.0342	0.0383
	输电技术工	工日	0.0474	0.0863	0.1166	0.1943	0.2176
计价材料	棉纱头	kg	0.0223	0.0347	0.0485	0.0832	0.0932
	其他材料费	元	0.0100	0.0100	0.0100	0.0100	0.0100
机械	机动绞磨　3t 以内	台班			0.0358	0.0663	0.0742
	输电专用载重汽车　4t	台班	0.0011	0.0017	0.0021	0.0045	0.0050

查阅预算定额使用指南可知Ⅰ型单联单挂点和Ⅰ型双联双挂点示意图如图 4-14 所示。#28 绝缘子串属于独立双串，应属于Ⅰ型双联双挂点类型。使用指南还说明：Ⅰ型双联双挂点绝缘子串，见图4-14（b），工程量为2串"Ⅰ型单联串"。

#28 绝缘子串安装应选择 YX6-23 基价为 21.27 元/串。直线杆塔绝缘子悬挂安装预算定额计价如下

$$21.27 \text{ 元/串} \times 12 \text{ 串} = 255.24 \text{（元）}$$

（二）预算定额"6.3.2导线缠绕预绞丝线夹安装"计量计价

查阅预算定额"6.3.2 导线缠绕预绞丝线夹安装"项目价格表内容见表4-43。

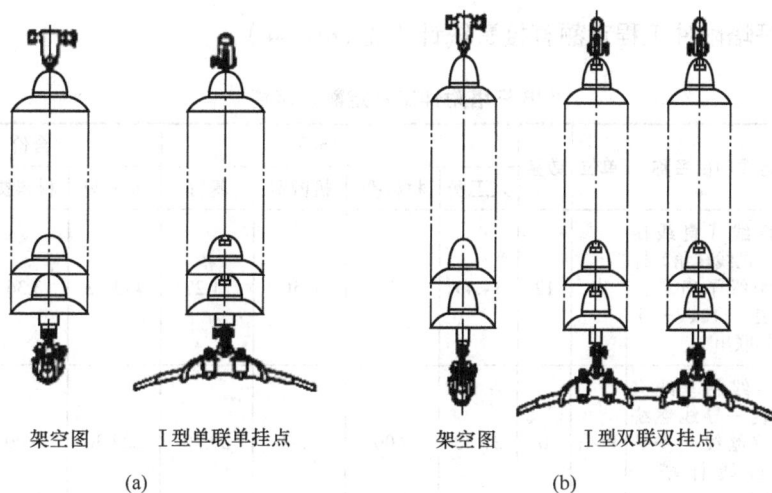

架空图　　Ⅰ型单联单挂点　　　　架空图　　Ⅰ型双联双挂点

(a)　　　　　　　　　　　　　　　(b)

图 4-14　定额使用指南绝缘子串示意图

表 4-43　　　　　　　　　　　　　导线缠绕预绞丝线夹安装

工作内容：划印提线，拆除放线滑车，缠绕预绞丝，安装线夹及螺栓紧固（或绑扎固定），清理现场，工器具移运等。

定　额　编　号		YX6-74	YX6-75	YX6-76	YX6-77	YX6-78
项　　　目		直线（直线换位、直线转角）杆塔				
		110kV		220kV		
		单导线	双分裂	单导线	双分裂	四分裂
单　　位		单相	单相	单相	单相	单相
基　价（元）		32.67	45.69	52.56	66.23	143.85
其中	人　工　费（元）	31.57	44.18	51.05	64.53	113.25
	材　料　费（元）					
	机　械　费（元）	1.10	1.51	1.51	1.70	30.60
名　　称	单位	数　　量				
人工 输电普通工	工日	0.0452	0.0632	0.0728	0.0913	0.1604
输电技术工	工日	0.2536	0.3550	0.4103	0.5191	0.9109
机械 机动绞磨　5t 以内	台班					0.1410
输电专用载重汽车　4t	台班	0.0035	0.0048	0.0048		
输电专用载重汽车　5t	台班				0.0050	0.0177

查阅"LGJ-300/25 导线单联悬垂绝缘子串组装图 XZ1"，可知每串绝缘子配套 1 副"预绞式悬垂线夹"，#28 杆塔总共 6 相。

预算定额章节说明中"使用说明"如下内容需要执行：预绞丝悬垂线夹安装，按"导线缠绕预绞丝线夹安装"相应定额乘 1.2 系数。

#28 杆塔预绞式悬垂线夹选择 YX6-74 基价为 32.67 元/单相，预算定额计价如下

32.67 元/单相×6 相×1.2=235.22（元）

（三）#28杆塔附件工程定额直接费统计（见表4-44）

表 4-44 #28 杆塔附件工程定额直接费

项目	定额编号	定额项目名称	单位	数量	单价（元）				合价（元）			
					人工费	材料费	机械费	基价	人工费	材料费	机械费	安装费
#28杆塔附件工程	YX6-23	直线（直线换位、直线转角）杆塔绝缘子串悬挂安装—110kV—Ⅰ型单联串	串	12	14.49	0.28	6.50	21.27	173.88	3.36	78.00	255.24
	YX6-74*1.2	导线悬垂线夹安装—导线缠绕预绞丝线夹安装—直线杆塔—110kV	单相	6	37.88	0.00	1.32	39.20	227.30	0.00	7.92	235.22

任务 10　附件工程计量计价

计算教材附图中#27、#30 杆塔附件工程量，并计算定额直接费。

1.　工程量计算

（1）#27 杆塔。

（2）#30 杆塔。

2. 预算定额计价（见表4-45）

表 4-45　　　　　　　　预算定额计价表（#27、#30 杆塔附件工程）

项目	定额编号	定额项目名称	单位	数量	单价（元）				合价（元）			
					人工费	材料费	机械费	基价	人工费	材料费	机械费	安装费
#27 杆塔附件工程												
#30 杆塔附件工程												

工程案例八：辅助工程计量计价

一、任务布置

计算附录 F 图纸#28 杆塔辅助工程量（线路试运按#28～#29 杆塔），并计算定额直接费。每杆塔标志牌共计 12 块，材质为铝板，具体数据如下：

杆号标志牌尺寸 400×320mm，单重 0.276kg，2 块。

色标标志牌尺寸 200×200mm，单重 0.086kg，6 块。

相序标志牌尺寸 320×107mm，单重 0.074kg，2 块。

禁止标志牌尺寸 500×400mm，单重 0.432kg，2 块。

二、计量计价

结合#28 杆塔辅助工程相关图纸如"杆塔明细表""基础配置表"，可分析本任务涉及预算定额"第 7 章辅助工程"中以下章节："7.6 杆塔标志牌安装、7.13 输电线路试运"。

（一）预算定额"7.6杆塔标志牌安装"计量计价

查阅预算定额"7.6 杆塔标志牌安装"项目价格表内容见表 4-46。

表 4-46　　　　　　　　　　　　　杆塔标志牌安装

工作内容：标志牌核对，就位、固定，清理现场，工器具移运等。

定　额　编　号		YX7-27
项　　　目		标志牌安装
单　　　位		块
基　价（元）		50.91
其中	人　工　费（元）	19.97
	材　料　费（元）	0.83
	机　械　费（元）	30.11
名　　　称	单位	数　　　量
人工　输电普通工	工日	0.1383
输电技术工	工日	0.0919
计价材料　平垫铁　综合	kg	0.0140
弹簧垫圈	kg	0.0140
镀锌铁丝	kg	0.0910
铝绑扎线　3.2mm 以下	m	0.3500
其他材料费	元	0.0200
机械　输电专用载重汽车　4t	台班	0.0957

注　未计价材料标志牌。

根据任务内容，#28 杆塔标志牌安装预算定额子目 YX7-27 计价如下

50.91 元/块×12 块=610.92（元）

（二）预算定额"7.13输电线路试运"计量计价

查阅预算定额"7.13 输电线路试运"项目价格表内容见表4-47。

表 4-47　　　　　　　　　　　　　　输电线路试运

工作内容：受电前检查，线路参数测量，受电时回路定相、核相、电流、电压、测量、保护合环同期回路检查，冲击合闸试验，试运行，清理现场，工器具移运等。

定　额　编　号		YX7-127	YX7-128	YX7-129	YX7-130	YX7-131	YX7-132	YX7-133
项　　　目		110kV	220kV	330kV	±500kV、500kV	±660kV、750kV	±800kV、1000kV	±1100kV
单　　　位		回	回	回	回	回	回	回
基　　价（元）		10225.18	19088.70	24171.83	30298.07	35957.71	55564.73	77974.19
其中	人　工　费（元）	4925.83	8415.88	10045.19	11297.19	12952.47	17298.79	22488.43
	材　料　费（元）	1920.75	4291.01	5721.35	8582.02	10502.77	17302.96	25089.29
	机　械　费（元）	3378.60	6381.81	8405.29	10418.86	12502.47	20962.98	30396.47
名　　　称	单位				数　　　量			
人工 调试技术工	工日	32.4068	55.3676	66.0868	74.3236	85.2136	113.8078	147.9502
计价材料 铜芯聚氯乙烯绝缘电线 25mm²	m	20.0000	45.0000	60.0000	90.0000	110.0000	182.0000	263.9000
铜芯聚氯乙烯绝缘电线 120mm²	m	20.0000	45.0000	60.0000	90.0000	110.0000	182.0000	263.9000
铜接线端子　25mm²	个	6.0000	12.0000	16.0000	24.0000	30.0000	46.0000	66.7000
铜接线端子　120mm²	个	6.0000	12.0000	16.0000	24.0000	30.0000	46.0000	66.7000
其他材料费	元	37.6600	84.1400	112.1800	168.2700	205.9400	339.2700	491.9500
机械 汽车式起重机　起重量 16t	台班	0.6275						

预算定额章节说明中"使用说明—输电线路试运"内容要求：同塔同时架设多回线路时，增加的回路按定额乘 0.7 系数。

#28～#29 杆所属输电线路试运预算定额子目 YX7-127 计价如下

　　　　第一回路 10225.18 元/回×1 回=10225.18（元）

　　　　第二回路 10225.18 元/回×0.7 回=7157.63（元）

（三）#28杆塔辅助工程定额直接费数据统计（见表4–48）

表 4-48　　　　　　　　　　　#28 杆塔辅助工程定额直接费

项目	定额编号	定额项目名称	单位	数量	单价（元）				合价（元）			
					人工费	材料费	机械费	基价	人工费	材料费	机械费	安装费
#28杆塔辅助工程	YX7-27	杆塔标志牌安装	块	12	19.97	0.83	30.11	50.91	239.64	9.96	361.32	610.92
	YX7-127	输电线路试运—110kV—第1回路	回	1	4925.83	1920.75	3378.60	10225.18	4925.83	1920.75	3378.60	10225.18
	YX7-127*0.7	输电线路试运—110kV—第2回路	回	1	3448.08	1344.53	2365.02	7157.63	3448.08	1344.53	2365.02	7157.63

任务 11　辅助工程计量计价

计算教材附图中#27 杆塔辅助工程量（线路试运按#26～#27 杆塔），并计算定额直接费。每杆塔标志牌共计 12 块，材质为铝板，具体数据如下：

杆号标志牌尺寸 400×320mm，单重 0.276kg，2 块。

色标标志牌尺寸 200×200mm，单重 0.086kg，6 块。

相序标志牌尺寸 320×107mm，单重 0.074kg，2 块。

禁止标志牌尺寸 500×400mm，单重 0.432kg，2 块。

1. 工程量计算

2. 预算定额计价（见表4-49）

表 4-49   预算定额计价表（#27 杆塔辅助工程）

项目	定额编号	定额项目名称	单位	数量	单价（元）				合价（元）			
					人工费	材料费	机械费	基价	人工费	材料费	机械费	安装费
#26 ～ #27 杆塔 辅助 工程												

工程案例九：工地运输计量计价

一、任务布置

计算附录 F 图纸中#28 杆塔工地运输工程量，并计算定额直接费。

地形：丘陵 80%，山地 20%；人力运输平均运距 0.2km，汽车运输平均运距 5km，水汽车运输比较信息价未超运；假定含案例六中全部线材，档距内单相导线实际长度 312.72m，单根 OPGW 实际长度 315.88m。

二、计量计价

根据任务内容，结合施工图可知#28 杆塔工地运输涉及预算定额"第 1 章工地运输"中以下章节："1.1 人力运输，1.1.3 线材，1.1.4 金具、绝缘子、零星钢材，1.1.6 塔材，1.1.7 其他建筑安装材料，1.3 汽车运输，1.3.4 线材，1.3.5 金具、绝缘子、零星钢材，1.3.7 塔材，1.3.8 其他建筑安装材料。"

（一）"1.1人力运输"计量计价

1. 预算定额"1.1.3线材"计量计价

查阅预算定额使用指南可知：架线工程采用张力架线时，因为设置了牵张场，汽车可以到现场，所以线材不计人力运输。

所以，#28 杆塔线材预算定额不进行计量计价。

2. 预算定额"1.1.4金具、绝缘子、零星钢材"计量计价

（1）定额分析。

1）查阅预算定额人力运输"1.1.4 金具、绝缘子、零星钢材"项目价格表内容见表 4-50。可知定额编号 YX1-17 基价为 131.28 元/（t·km），即人力运输每吨每公里 131.28 元。

表 4-50   **金具、绝缘子、零星钢材**

工作内容：外观检查，绑扎及运送、卸至指定地点，运毕返回。

定 额 编 号		YX1-17	
项 目		金具、绝缘子、零星钢材	
单 位		t·km	
基 价（元）		131.28	
其中	人 工 费（元）	123.00	
	材 料 费（元）		
	机 械 费（元）	8.28	
名 称	单位	数 量	
人工	输电普通工	工日	1.4920
	输电技术工	工日	0.1657
机械	输电专用载重汽车 4t	台班	0.0263

2）查阅预算定额章节说明可知：金具、绝缘子、零星钢材是指金具、绝缘子（瓷、玻璃、复合等）、避雷器、防坠落装置、防鸟装置、杆塔标志牌、监测装置、电杆用的横担、避雷线支架、拉棒、拉杆、抱箍、接地管（带）材、螺栓、垫圈、地脚螺栓、基础钢筋、预埋铁件等。

查阅预算定额使用指南可知：为实际操作的计算简便，塔材在计算运输装卸重量时，包括螺栓、脚钉、垫圈的重量。因此，这里不进行地脚螺栓的计量计价，地脚螺栓在塔材中进行计算。

结合设计图纸，可分析#28 杆塔涉及项目有：金具、绝缘子、杆塔标志牌、接地材料、基础钢筋。需要结合之前#28 杆塔的基础工程、接地工程、附件工程、辅助工程案例相关数据分别进行以上项目的人力运输工程量计算。

结合"杆塔明细表"可知#28 杆塔型号为"1I-SZ1-24"，查阅"地脚螺栓根开及规格参数表"可知#28 杆塔地脚螺栓型号为 4×M27，查阅"地脚螺栓配箍加工图"可知 M27 地脚螺栓配筋详图。

3）查阅预算定额章节说明可知"物料运输重量"计算规则如下

物料运输重量＝预算重量×未计价材料、设备单位运输重量

其中：预算重量＝设计重量（或预算量）＋未计价材料施工损耗量＝设计重量（或预算量）×（1+未计价材料施工损耗率）

未计价材料、设备的单位运输重量按附录 C 表 C-3 所示重量计算，表中 W 为预算重量，未列入的未计价材料、设备运输重量按净重计算。

4）查阅预算定额总说明可知物料运输重量涉及的未计价材料施工损耗率见附录 C 表 C-1。

（2）预算定额"1.1.4 金具、绝缘子、零星钢材"工程量计算。

1）金具、绝缘子工程量计算。根据案例七"附件工程"相关数据，计算工程量如下

[（挂环 2.9kg+挂板 1kg+悬垂线夹 4.1kg）×（1+损耗率 1.5%）×重量系数 1.07+绝缘子 7.1kg ×（1+损耗率 0.5%）×重量系数 2）]×12 串=0.276（t）

2）杆塔标志牌工程量计算。根据案例八"辅助工程"相关数据，计算工程量如下

（杆号牌 0.276kg×2 块+色标牌 0.086kg×6 块+相序牌 0.074kg×2 块+禁止牌 0.432kg×2 块）×重量系数 1.07=0.002（t）

3）接地材料工程量计算。根据案例四"接地工程"相关数据，计算工程量如下

（ϕ10 圆钢 25.3kg+ ϕ12 圆钢 14.22kg+扁钢 0.91kg）/1000×（1+钢筋半成品损耗率 0.5%+钢筋加工制作损耗率 6%）+螺栓螺母垫片 0.52kg/1000×（1+损耗率 3%）×重量系数 1.01=0.044（t）

4）基础钢筋工程量计算。根据案例三"基础工程"相关数据，计算工程量如下

查阅预算定额总说明中"未计价材料施工损耗率表"可知：钢筋（成品、半成品）损耗率为 0.5%，钢筋（加工制作）损耗率为 6.0%。

#28 杆塔基础钢筋、钢筋笼加工及制作工程量调整后

（0.436t+0.278t）×（1+0.5%+6.0%）=0.76（t）

5）地脚螺栓工程量计算。查阅"杆塔明细表""地脚螺栓根开及规格参数表"可知，#28杆塔塔腿地脚螺栓型号为4×M27。

查阅"矩形分部地脚螺栓图"可知M27地脚螺栓重量为7.0kg+螺帽0.3kg=7.3（kg）

地脚螺栓配筋重量编号2箍筋1.8kg+编号3箍筋0.8kg=2.6（kg）

则地脚螺栓工程量为

[地脚螺栓7.3kg×（1+损耗率0.5%）×重量系数1.01×4套+配筋2.6kg×（1+损耗率0.5%+损耗率6.0%）]×4个塔腿=0.13（t）

6）金具、绝缘子、零星钢材工程量统计。

0.276t+0.002t+0.044t+0.76t+0.13t=1.214（t）

（3）预算定额"1.1.4金具、绝缘子、零星钢材"计价。

1.214t×人力运输0.2km×131.28元/（t·km）=31.87（元）

3. 预算定额"1.1.6塔材"计量计价

查阅预算定额"1.1.6塔材"项目价格表内容见表4-51。根据#28杆塔型号可知为角钢塔，所以选择定额编号YX1-20，基价为每吨每公里157.47元，即157.47元/（t·km）。

表4-51　　　　　　　　　　　　　　　　塔材

工作内容：外观检查，绑扎及运送、卸至指定地点，运毕返回。

定　额　编　号			YX1-20	YX1-21
项　　　　目			角钢塔材	钢管塔材
单　　　　位			t·km	t·km
基　价（元）			157.47	204.71
其中	人　工　费（元）		146.52	190.46
	材　料　费（元）			
	机　械　费（元）		10.95	14.25
名　　称		单位	数　量	
人工	输电普通工	工日	1.7771	2.3102
	输电技术工	工日	0.1975	0.2567
机械	输电专用载重汽车　4t	台班	0.0348	0.0453

根据案例五"杆塔工程"相关数据，#28杆塔塔材人工运输预算定额计量计价如下

塔重5.936t×（1+损耗率0.5%）=5.966（t）

5.966t×人力运输0.2km×157.47元/（t·km）=187.88（元）

4. 预算定额"1.1.7其他建筑安装材料"计量计价

（1）定额分析。查阅预算定额"1.1.7 其他建筑安装材料"项目价格表内容见表4-52。可知人力运输定额编号YX1-22基价为每吨每公里113.84元，即113.84元/（t·km）。

表 4-52　　　　　　　　　　　　　其他建筑安装材料

工作内容：外观检查，绑扎及运送、卸至指定地点，运毕返回。

定　额　编　号		YX1-21
项　　目		其他建筑安装材料
单　　位		t·km
基　价（元）		113.84
其中	人　工　费（元）	106.54
	材　料　费（元）	
	机　械　费（元）	7.30
名　　称	单位	数　　量
人工　输电普通工	工日	1.2922
输电技术工	工日	0.1436
机械　输电专用载重汽车　4t	台班	0.0232

查阅预算定额章节说明可知：其他建筑安装材料是指砂、石、石灰、水泥、砖、土、水、降阻剂、接地模块、防腐材料、复合材料、混凝土添加剂等建筑安装材料。

结合设计图纸，可分析#28 杆塔涉及项目有：砂、石、水泥、水。需要结合之前#28 杆塔的基础工程案例相关数据分别进行以上项目的人力运输工程量计算。

查阅预算定额第 3 章基础工程章节说明可知：现浇混凝土配合比如附录 C 表 C-8 所示。由此可查出#28 杆塔基础 C25 每立方水泥、砂、碎石、水的数量。

由定额总说明中的未计价材料施工损耗率表可知：水泥、碎石、砂因地形不同而导致损耗率不同。根据定额使用指南相关章节内容可知，水泥、碎石、砂工程损耗率=地形 1 比例×材料地形 1 损耗率+地形 2 比例×材料地形 2 损耗率+……

（2）#28 杆塔预算定额"1.1.7 其他建筑安装材料"工程量计算。

1）基础、护壁基础混凝土 C25。根据案例三基础工程可知，#28 杆塔基础、护壁基础混凝土 C25 搅拌及浇制工程量为

基础 10.7m³+护壁 4.661m³=15.361（m³）

由"现浇混凝土配合比表"可知，#28 掏挖基础应选择表 4-60 中"序号 4"C25 相关数据。

水泥人力运输重量计算

水泥工程损耗率=丘陵 80%×5%+山地 20%×7%=5.4%

水泥人力运输重量=混凝土 15.361m³×混凝土每立方水泥含量 0.360t×
（1+损耗率 5.4%）×重量系数 1.01=5.887（t）

碎石人力运输重量计算

碎石工程损耗率=丘陵 80%×10%+山地 20%×15%=11%

碎石人力运输重量=混凝土 15.361m³×混凝土每立方碎石含量 0.926m³×（1+损耗率 11%）
×运输重量 1600kg/m³÷1000=25.262（t）

砂人力运输重量计算

砂工程损耗率=丘陵 80%×15%+山地 20%×18%=15.6%

砂人力运输重量=混凝土 15.361m³×混凝土每立方砂含量 0.447m³×（1+损耗率 15.6%）
×运输重量 1550kg/m³÷1000=12.303（t）

水人力运输重量计算

混凝土 15.361m³×混凝土每立方水含量 0.18t×重量系数 1.2=3.318（t）

查阅使用指南章节使用说明，如下内容需要执行：定额中已考虑了混凝土的洗石、搅拌、养护、洗模板等所需的用水量 100m 范围内运输。如运水距离超过 100m 时，现场搅拌混凝土可按每立方米混凝土用水量 500kg（运输重量为 600kg），商品混凝土可按每立方米混凝土用水量 300kg（运输重量为 360kg），按工地运送定额另行计算运费。

人力运距为 0.2km，超过 100m，所以水人力运输增加运输重量计算如下

混凝土 15.361m³×混凝土每立方水运输重量 0.6t=9.217（t）

2）保护帽混凝土 C10。根据案例三基础工程可知，#28 杆塔保护帽混凝土 C10 搅拌及浇制工程量为 0.212m³。

由附录 C 表 C-3 可知，保护帽应选择表中"序号 1"C10 相关数据。

水泥人力运输重量计算

水泥工程损耗率=丘陵 80%×5%+山地 20%×7%=5.4%

水泥人力运输重量=混凝土 0.212m³×混凝土每立方水泥含量 0.266t×
（1+损耗率 5.4%）×重量系数 1.01=0.06（t）

碎石人力运输重量计算

碎石工程损耗率=丘陵 80%×10%+山地 20%×15%=11%

碎石人力运输重量=混凝土 0.212m³×混凝土每立方碎石含量 0.813m³×（1+损耗率 11%）
×运输重量 1600kg/m³÷1000=0.306（t）

砂人力运输重量计算

砂工程损耗率=丘陵 80%×15%+山地 20%×18%=15.6%

砂人力运输重量=混凝土 0.212m³×混凝土每立方砂含量 0.539m³×（1+损耗率 15.6%）
×运输重量 1550kg/m³÷1000=0.205（t）

水人力运输重量计算

混凝土 0.212m³×混凝土每立方水含量 0.18t×重量系数 1.2=0.046（t）

水超运：混凝土 0.212m³×混凝土每立方水运输重量 0.6t=0.127（t）

其他建筑安装材料工程量统计

C25 重量（水泥 5.887t+碎石 25.262t+砂 12.303t+水 3.318t+水超运 9.217t）+C10 重量（水泥 0.06t+碎石 0.205t+砂 0.306t+水 0.046t+水超运 0.127t）=56.731（t）

3）"1.1.7 其他建筑安装材料"工程量计算

56.731t×人力运输 0.2km=11.346（t·km）

（3）#28 杆塔预算定额"1.1.7 其他建筑安装材料"计价

$$11.346t \cdot km \times 113.84 \text{ 元}/(t \cdot km) = 1291.63 \text{（元）}$$

（二）"1.3汽车运输"计量计价

1. 预算定额"1.3.4线材"计量计价

（1）定额分析。查询定额子目可知，基价根据每件线材重量不同而价格不同，需要分别统计导线和避雷线单件重量，装卸、运输两个子目都需计算。根据使用指南"第 5 章 架线工程"中相关工程量计算规则分析可知，若设计无规定，导线单盘长按 6km，OPGW 单盘长按 4km。根据任务中的导线、OPGW 数量，可知导线为 1 盘，OPGW 为 1 盘，需要分别计算重量。

（2）预算定额"1.3.4 线材"工程量统计。查阅相关资料可得导线 LGJ300/25 单位重量为 1058kg/km，OPGW-12B1-85 单位重量约为 558kg/km。

导线 312.72m/1000×3 相×2 回×1058kg/km×（1+0.8%损耗率）×1.15 重量系数=2.301（t）

OPGW315.88m/1000×2 回×558kg/km×1.2 重量系数=0.423（t）

（3）预算定额"1.3.4 线材"计价。

导线 YX1-89 装卸 83.85 元/t×2.301t=192.94（元）

导线 YX1-90 运输 2.03 元/（t·km）×2.301t×5km=23.36（元）

OPGW YX1-83 装卸 52.84 元/t×0.423t=22.35（元）

OPGW YX1-84 运输 1.42 元/（t·km）×0.423t×5km=3（元）

2. 预算定额"1.3.5金具、绝缘子、零星钢材"计量计价

YX1-97 装卸 46.02 元/t×1.214t=55.87（元）

YX1-98 运输 1.53 元/（t·km）×1.214t×5km=9.29（元）

3. 预算定额"1.3.7塔材"计量计价

YX1-103 装卸 49.91 元/t×5.966t=297.75（元）

YX1-104 运输 1.57 元/（t·km）×5.966t×5km=46.83（元）

4. 预算定额"1.3.8其他建筑安装材料"计量计价

查阅定额使用指南章节内容中的使用说明可知：砂、石一般采用地方材料信息价，只计算人力运输、拖拉机运输和索道运输，不计算汽车、船舶等机械运输及装卸。如果施工现场所处位置的运距超过了地方材料信息价组价运输距离，可以计取超出部分距离的运输费用，但不计装卸费用。

根据任务内容，结合上述可知不计取砂、石汽车运输费用。

则运输重量为

C25（水泥 5.887t+水 3.318t+水超运 9.217t）+C10（水泥 0.06t+水 0.046t+水超运 0.127t）=18.655（t）

定额计价如下

YX1-107 装卸 27.46 元/t×18.655t=512.27（元）

YX1-108 运输 1.16 元/（t·km）×18.655t×5km=108.20（元）

（三）#28杆塔工地运输定额直接费统计（见表4-53）

表 4-53   #28 杆塔工地运输定额直接费

项目	定额编号	定额项目名称	单位	数量	单价（元）				合价（元）			
					人工费	材料费	机械费	基价	人工费	材料费	机械费	安装费
#28杆塔工地运输	YX1-17	金具、绝缘子、零星钢材	t·km	0.2424	123.00		8.28	131.28	29.82	0.00	2.01	31.82
	YX1-20	塔材	t·km	1.193	146.52		10.95	157.47	174.82	0.00	13.06	187.88
	YX1-22	其他建筑安装材料	t·km	11.346	106.54		7.30	113.84	1208.80	0.00	82.83	1291.63
	YX1-89	线材装卸 导线 4000kg 以内	t	2.301012	13.55	0.16	70.14	83.85	31.18	0.37	161.39	192.94
	YX1-90	线材运输 导线 4000kg 以内	t·km	11.50506	0.74		1.29	2.03	8.51	0.00	14.84	23.36
	YX1-83	线材装卸 OPGW 700kg 以内	t	0.423026496	10.26	0.16	42.42	52.84	4.34	0.07	17.94	22.35
	YX1-84	线材运输 OPGW 700kg 以内	t·km	2.11513248	0.37		1.05	1.42	0.78	0.00	2.22	3.00
	YX1-97	金具、绝缘子、零星钢材装卸	t	1.214	12.61	7.22	26.19	46.02	15.31	8.77	31.79	55.87
	YX1-98	金具、绝缘子、零星钢材运输	t·km	6.07	0.51		1.02	1.53	3.10	0.00	6.19	9.29
	YX1-103	塔材 装卸	t	5.96568	12.76	0.59	36.56	49.91	76.12	3.52	218.11	297.75
	YX1-104	塔材 运输	t·km	29.8284	0.55		1.02	1.57	16.41	0.00	30.42	46.83
	YX1-107	其他建筑安装材料装卸	t	18.655	9.59	0.00	17.87	27.46	178.90	0.00	333.36	512.27
	YX1-108	其他建筑安装材料运输	t·km	93.275	0.41		0.75	1.16	38.24	0.00	69.96	108.20

注：人力运输行：YX1-17、YX1-20、YX1-22；汽车运输行：YX1-89 至 YX1-108。

143

任务 12　工地运输计量计价

计算附录 F 图纸中#27 杆塔工地运输工程量，并计算定额直接费。

地形：丘陵 50%，山地 30%；人力运输平均运距 0.3km，汽车运输平均运距 6km，水汽车运输比较信息价未超运；假定含案例六中全部线材，档距内单相导线实际长度 280.42m，单根 OPGW 实际长度 283.09m。

1. 工程量计算

（1）人力运输。

1）线材。

2）金具、绝缘子、零星钢材。

3）塔材。

4）其他建筑安装材料。

（2）汽车运输。

1）线材。

2）金具、绝缘子、零星钢材。

3）塔材。

4）其他建筑安装材料。

2. 预算定额计价（见表4-54）

表 4-54　　　　　　预算定额计价表（#27 杆塔工地运输工程）

项目	定额编号		定额项目名称	单位	数量	单价（元）				合价（元）			
						人工费	材料费	机械费	基价	人工费	材料费	机械费	安装费
#27杆塔工地运输		人力运输											
		汽车运输											

工程案例十：地形增加系数计算

一、任务布置

计算附录 F 图纸#28 杆塔各分部工程地形增加系数（地形：丘陵 80%，山地 20%）。

二、定额分析及系数计算

（1）查阅定额总说明可知：本定额均按平地施工考虑，在其他地形条件下施工时，在无其他规定的情况下，其人工和机械按附录 C 表 C-2 地形增加系数予以调整。

（2）结合附录 C 表 C-2 备注文字，查阅定额使用指南中地形系数计算案例，总结公式如下

定额项目 1 地形综合增加系数=地形 1 比例×地形 1 项目 1 增加系数+地形 2 比例×地形 2 项目 1 增加系数+……

（3）#28 杆塔各项目地形增加系数计算（见表 4-55）。

表 4-55　　　　　　　　　　　综合地形增加系数计算表　　　　　　　　　　　（%）

序号	项目	地形增加系数		地形比例		综合增加系数		
		丘陵	山地	丘陵	山地	丘陵	山地	合计
（1）	（2）	（3）	（4）	（10）	（11）	（17）	（18）	（24）
一	人力运输：线材及混凝土预制品（不含机械费）	40	150	80	20	32	30	62
	人力运输：其他（不含机械费）	20	100	80	20	16	20	36
	汽车运输（不含装卸费）	20	80	80	20	16	16	32
二	土石方工程（不含机械费）	5	10	80	20	4	2	6
三	基础工程	10	20	80	20	8	4	12
四	杆塔工程	20	70	80	20	16	14	30
五	架线工程（张力机械放紧线）	5	40	80	20	4	8	12
	架线工程（光缆接续）	5	30	80	20	4	6	10
六	附件工程	5	20	80	20	4	4	8
七	辅助工程（杆塔辅助）	5	20	80	20	4	4	8

注　1. 平地无增加系数。如果高山中人力运输按盘山道考虑，加长了运距，其地形增加系数套用山地系数。

　　2. 计算方法：（17）=（3）×（10），（18）=（4）×（11），（17）+（18）=（24）。

任务 13　地形增加系数计算

计算附录 F 图纸中#27 杆塔各分部工程地形增加系数（地形：丘陵 50%，山地 30%），填入表 4-56。

表 4-56　　　　　　　　　　综合地形增加系数计算表（#27 杆塔）　　　　　　　　（%）

序号	项目		地形增加系数		地形比例		综合增加系数		
			丘陵	山地	丘陵	山地	丘陵	山地	合计
（1）	（2）		（3）	（4）	（10）	（11）	（17）	（18）	（24）
一	工地运输	人力运输：线材及混凝土预制品（不含机械费）							
		人力运输：其他（不含机械费）							
		汽车运输（不含装卸费）							
二	土石方工程（不含机械费）								
三	基础工程								
四	杆塔工程								
五	架线工程（张力机械放紧线）								
	架线工程（光缆接续）								
六	附件工程								
七	辅助工程（杆塔辅助）								

注　1. 平地无增加系数。如果高山中人力运输按盘山道考虑，加长了运距，其地形增加系数套用山地系数。
　　2. 计算方法：（17）＝（3）×（10），（18）＝（4）×（11），（17）＋（18）＝（24）。

架空输电线路工程施工图预算成果文件编制

储备知识一 架空输电线路建设预算成品内容

《电网工程建设预算编制与计算规定（2018 年版）》要求预算成品文件如表 5-1 所示，根据行业不同要求，也可以增加其他附加数据表格。

表 5-1　　　　　　　　　　架空输电线路建设预算成品内容

序号	内容组成名称	可行性研究估算	初步设计概算	施工图预算
1	编制说明	√	√	√
2	工程概况及主要技术经济指标（表五）*	√	√	√
3	总预（概、估）算表（表一）	√	√	√
4	汇总预（概、估）算表（表二）	√	√	√
5	架空线路工程预（概、估）算表（表三）	*	√	√
6	辅助设施工预（概、估）算表（表六）	√	√	√
7	其他费用预（概、估）算表（表四）	√	√	√
8	建设场地征用及清理费预（概、估）算表（表七）	√	√	√
9	综合地形增加系数计算表（附表一）	√	√	√
10	架空输电线路工程装置性材料统计表（附表二）	*	√	√
11	架空输电线路工程土石方量计算表（附表三）	*	√	√
12	架空输电线路工程工地运输重量计算表（附表四）	*	√	√
13	架空输电线路工程工地运输工程量计算表（附表五）	*	√	√
14	架空输电线路工程杆塔分类一览表（附表六）	*	√	√

注　"*"标示内容作为编制单位的原始资料，可不作为成品印刷。

各成品内容表格格式及具体内容详见附录 D。

施工图预算成果文件参见案例十一。

工程案例十一：施工图预算成果文件编制

1. 任务布置

编制#28 杆塔施工图预算文件，基础数据使用项目四模块#28 杆塔相关数据。

部分无法参照预规计算的费用，本案例已假定费用数值。

2. 施工图预算成果文件编制流程

施工图预算文件编制主要流程如图 5-1 所示。

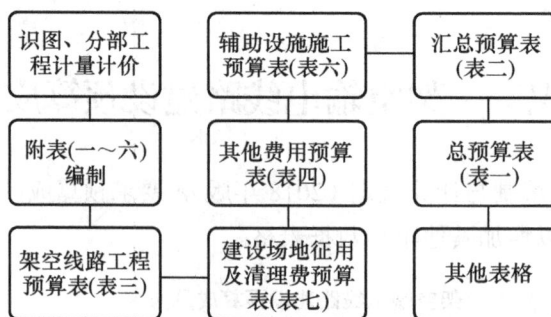

图 5-1　施工图预算文件编制主要流程图

3. 施工图预算成果文件内容

#28 杆塔施工图预算成果文件各表见附录 E。表中某些需以工程实际发生为准的费用类似如"建设场地征用"费用，价格不具备真实性，仅作为数据计算参考。

任务 14　施工图预算成果文件编制

利用计算机 Excel 电子表格，编制附录 F 图纸#27 杆塔施工图预算成果文件。相关数据参考项目四模块任务数据，其他需以工程实际发生为准的费用类似如"建设场地征用"费用，费用数值参考#28 杆塔施工图预算文件"案例十一"成果文件对应费用数值。

如无法使用电子表格计算，请完成下列施工图预算成果文件主要表格的数据填写。

1. 总预算表（见表 5-2）

表 5-2　　　　　　　　　　　架空输电线路工程总预算表　　　　　建设规模：km

金额单位：万元

序号	工程或费用名称	费用金额	各项占静态投资%	单位投资（万元/km）
一	架空输电线路本体工程			
（一）	一般线路本体工程			
二	辅助设施工程			
	小计			
三	其中：编制基准期价差			
四	设备购置费			
五	其他费用			
1	其中：建设场地征用及清理费			
六	基本预备费			
七	特殊项目			
	工程静态投资（一～七项合计）			
八	动态费用			
（一）	价差预备费			
（二）	建设期贷款利息			
	工程动态投资（一～八项合计）			
	其中：可抵扣增值税额			

2. 汇总预（概、估）算表（见表 5-3）

表 5-3　　　　　　　　　架空输电线路安装工程汇总预算表

金额单位：元

序号	工程或费用名称	取费基数	费率（%）	基础工程	杆塔工程	接地工程	架线工程	附件工程	辅助工程	合计	各项占总计(%)	单位投资（元/km）
一	直接费											
1	直接工程费											
1.1	定额直接费											
1.1.1	人工费											

续表

序号	工程或费用名称	取费基数	费率（%）	基础工程	杆塔工程	接地工程	架线工程	附件工程	辅助工程	合计	各项占总计(%)	单位投资（元/km）
1.1.2	材料费											
1.1.3	施工机械使用费											
1.2	装置性材料费											
1.2.1	甲供装置性材料费											
1.2.2	乙供装置性材料费											
2	措施费											
2.1	冬雨季施工增加费											
2.2	夜间施工增加费											
2.3	施工工具用具使用费											
2.4	特殊地区施工增加费											
2.5	临时设施费											
2.6	施工机构迁移费											
2.7	安全文明施工费											
二	间接费											
1	规费											
1.1	社会保险费											
1.2	住房公积金											
2	企业管理费											
3	施工企业配合调试费											
三	利润											
四	编制基准期价差											
1	人工价差											
2	材料价差											
3	机械价差											
4	装置性材料价差											
4.1	甲供装置性材料价差											
4.2	乙供装置性材料价差											
五	税金											
六	设备费											
1	乙供设备不含税价											
2	甲供设备含税价											
七	总计											
	合计											
	各项占合计（%）											
	单位投资（元/km）											

3. 架空线路工程预（概、估）算表（见表5-4）

表 5-4　　　　　　　　　架空输电线路单位工程预算表

金额单位：元

序号	编制依据	项目名称及规格	单位	数量	单价				合价			
					装置性材料/设备	安装费			装置性材料/设备	安装费		
						合计	其中：人工费	其中：机械费		合计	其中：人工费	其中：机械费
一		架空输电线路本体工程										
1		基础工程										
2		杆塔工程										

续表

序号	编制依据	项目名称及规格	单位	数量	单价				合价			
					装置性材料/设备	安装费			装置性材料/设备	安装费		
						合计	其中：人工费	其中：机械费		合计	其中：人工费	其中：机械费
3		接地工程										
4		架线工程										

续表

序号	编制依据	项目名称及规格	单位	数量	单价				合价			
					装置性材料/设备	安装费			装置性材料/设备	安装费		
						合计	其中：人工费	其中：机械费		合计	其中：人工费	其中：机械费
5		附件安装工程										
6		辅助工程										

4. 其他费用预（概、估）算表（见表5-5）

表 5-5　　　　　　　　架空输电线路其他费用预算表

金额单位：元

序号	工程或费用项目名称	编制依据及计算说明	合价
	合计		
	小计：		

5. 建设场地征用及清理费预（概、估）算表（见表5-6）

表 5-6　　　　　　架空输电线路建设场地征用及清理费用预算表

金额单位：元

序号	工程或费用名称	编制依据及计算说明	合价
	合计		

续表

序号	工程或费用名称	编制依据及计算说明	合价
	小计：		

6. 综合地形增加系数计算表（见表5-7）

表 5-7　　　　　　　　　　　　　综合地形增加系数计算表

（%）

序号	项目	地形增加系数							地形比例							综合增加系数							
		丘陵	山地	高山	峻岭	泥沼	河网	沙漠	丘陵	山地	高山	峻岭	泥沼	河网	沙漠	丘陵	山地	高山	峻岭	泥沼	河网	沙漠	合计
1	工地运输（人力运输）混凝土杆、混凝土预制品、钢管杆、线材（不含机械费）																						
2	工地运输（人力运输）金具、绝缘子、零星钢材、塔材、其他建筑安装材料（不含机械费）																						
3	工地运输拖拉机、汽车运输（不含装卸，沙漠地形没有正式公路时使用）																						
4	土石方工程（不含机械费）																						
5	基础工程																						
6	杆塔工程																						
7	架线工程一般放、紧线（不包括跨越架设、拦河线安装）																						
8	架线工程张力机械放、紧线（不包括跨越架设、拦河线安装）																						

续表

序号	项目	地形增加系数							地形比例							综合增加系数							
		丘陵	山地	高山	峻岭	泥沼	河网	沙漠	丘陵	山地	高山	峻岭	泥沼	河网	沙漠	丘陵	山地	高山	峻岭	泥沼	河网	沙漠	合计
9	架线工程光缆接续（不包括测量）																						
10	附件工程																						
11	辅助工程（基础辅助）打桩、护坡、挡土墙及排洪沟砌筑，喷射混凝土护坡																						
12	辅助工程（杆塔辅助）杆塔标志牌，防鸟装置，防坠落装置，避雷器安装，监测装置安装调测																						
13	辅助工程（其他）索道支架、绳索及附件运输（地形选择按架设索道站所处地带实际地形为准）																						
14	辅助工程（其他）索道设施安装（地形选择按架设索道站所处地带实际地形为准）																						

7. 架空输电线路工程装置性材料统计表（见表5-8）

表 5-8　　　　　　　　输电线路工程装置性材料统计表

金额单位：元

序号	材料名称及规格	单位	单重	单价	设计用量	损耗率%	总重	总价

续表

序号	材料名称及规格	单位	单重	单价	设计用量	损耗率%	总重	总价
	合计							

8. 架空输电线路工程土石方量计算表（见表5-9）

表 5-9　　　　　　　　　　　输电线路工程土石方量计算表

地形	土质	基础形式	坑底长×宽（m）	坑深（m）	每坑土石方量（m³）		每基坑数个	每基土石方量（m³）	坑深2m以内		坑深3m以内		坑深3m以上		备注
					杆塔坑	马道			基数	合计	基数	合计	基数	合计	
总计															

9. 架空输电线路工程工地运输重量计算表（见表5-10）

表 5-10　　　　　　　　　　　输电线路工程工地运输重量计算表

材料类别	单位	全线概算量（含损耗）							包装系数	运输重量（t）
		基础工程	杆塔工程	接地工程	架线工程	附件工程	其他工程	合计		
总计										

10. 架空输电线路工程工地运输工程量计算表（见表5-11）

表 5-11　　　　　　　　　　输电线路工程工地运输工程量计算表

材料站	项目名称	地形运输量（t）	平地		丘陵		山地		高山		峻岭		泥沼		沙漠	
			运距	t·km	运距	t·km	运距	t·km	运距	t·km	运距	t·km	运距	t·km	运距	t·km

11. 架空输电线路工程杆塔分类一览表（见表5-12）

表 5-12　　　　　　　　　　输电线路工程杆塔分类一览表

序号	杆塔形式	高度（m）	单基重量（t）	全线基数	按地形分类								总重（t）	备注
					平地	丘陵	一般山地	高山	峻岭	泥沼	河网	沙漠		
	合计													

架空输电线路工程造价软件运用

在学习了工程图纸识读、定额查价的基础上，现在我们开始学习如何利用工程造价软件编制线路工程预算书。实际工作中，工程造价人员大部分都是通过造价软件，来完成某个项目工程的预算书编制的。本章以"博微电力建设计价通软件"为例，介绍造价软件的使用方法。

储备知识一　软件安装

按照安装程序提示逐步进行操作，可以指定选择其他安装路径，其间如果杀毒软件报警，选择"信任"相关文件或将杀毒软件已隔离相关文件恢复并添加信任。安装完毕，打开软件界面有异常或不能正常工作，可能存在相关文件已被杀毒软件隔离，建议打开杀毒软件隔离区恢复文件并添加信任。

储备知识二　软件登录

双击桌面"博微电力建设计价通软件"图标，打开软件，出现"登录软件"对话框，如图 6-1 所示。若是教学版软件，软件加密锁可能安置在校园服务器上的，需要选择"登录网络锁"，点击确定。若软件加密狗为单机锁，非网络锁，点击"单机锁"相关选项，这里以教学版的网络锁为例。

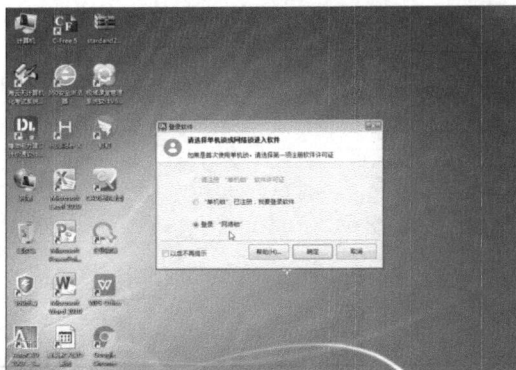

图 6-1　软件登录界面 1

出现"登录网络锁"对话框如图 6-2 所示,逐项填入"服务器地址"(即加密锁所在服务器)、账号及密码(这是由软件技术人员设定的)。许可证选择对应专业选项,例如"重庆输电线路教学版 2018",点击"登录"。

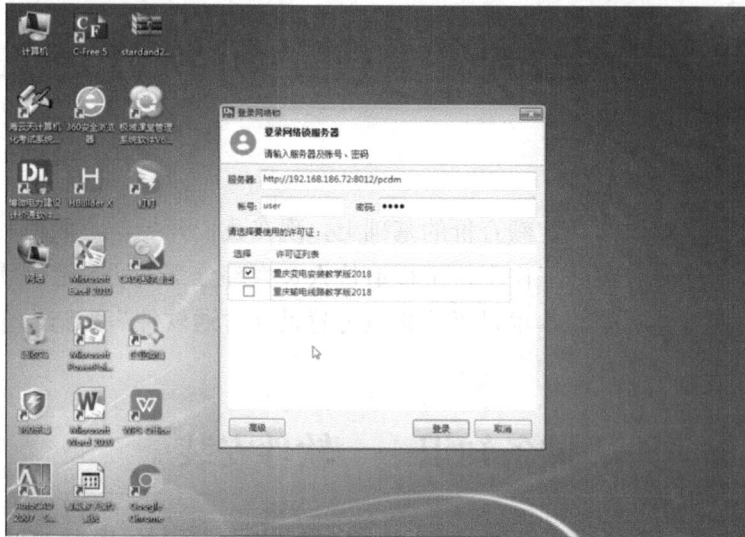

图 6-2　软件登录界面 2

储备知识三　新建工程

正常登录后,软件主页面打开如图 6-3 所示,点击"新建"条目。

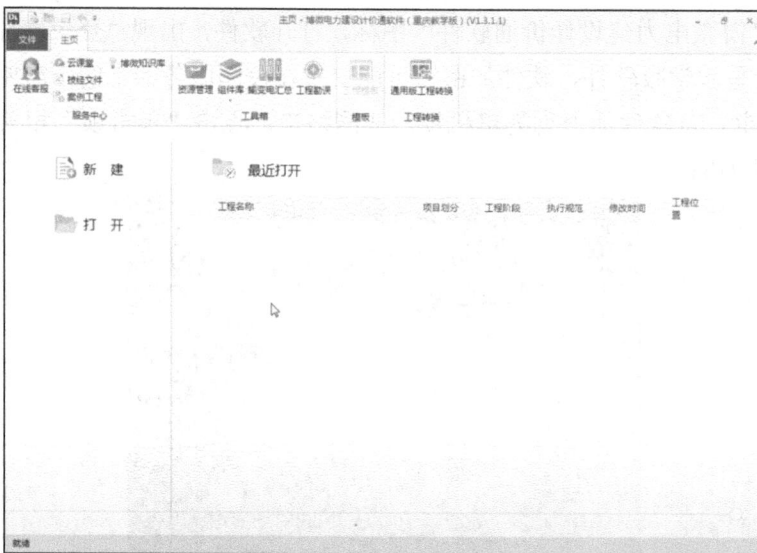

图 6-3　软件新建工程界面 1

出现"新建工程"对话框如图 6-4 所示，录入工程名称，例如"重庆电专 110kV 输变电新建工程"。所建工程相关数据文件将被保存至系统默认的"用户工程"文件夹里，如果需要改变保存位置，可以点击"浏览"按键进行修改，然后点击"确定"。

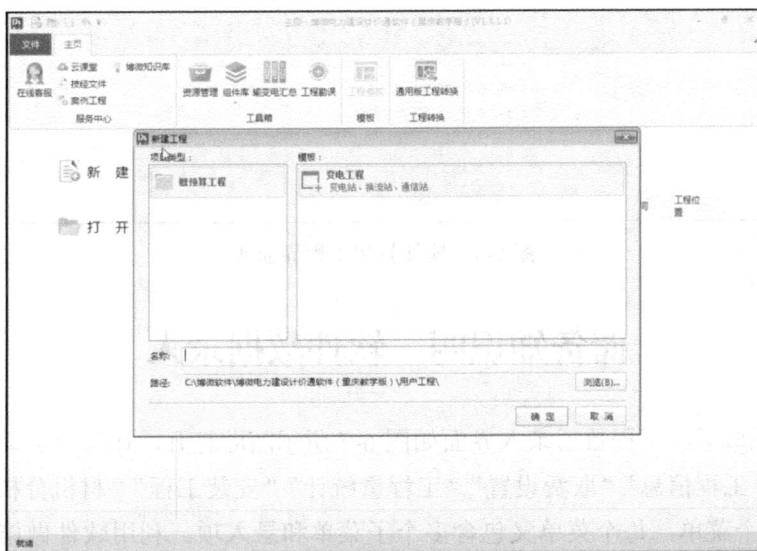

图 6-4　软件新建工程界面 2

这时，出现"设置工程基本信息"对话框如图 6-5 所示。页面中所包含的工程信息，需要逐项点击右侧箭头并在下拉菜单中进行选择确定。根据本教材案例，选择如图 6-6 所示："项目划分"选择"架空输电线路工程"；"工程性质"选择"新建"；"预算类型"选择"施工图预算"；"地区类型"因为重庆地区查阅预规属于Ⅱ类区域，所以选择"Ⅱ类"；"电压等级"根据工程特征选择"110kV"；"工程所在地"选择"重庆"；"配置选项"选择"2018 年版预规"。随后，点击"完成"。

图 6-5　软件新建工程界面 3

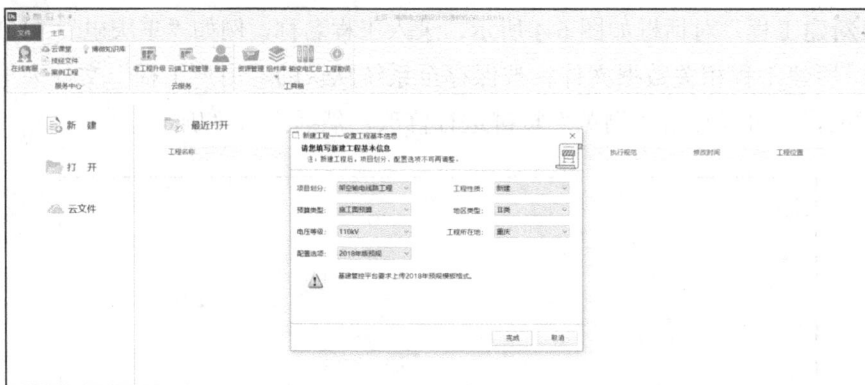

图 6-6 软件新建工程界面 4

储备知识四 软件数据录入

新建工程完成后，工程数据录入界面如图 6-7 所示随即打开。在这个界面，可以看到从左至右分别有"工程信息""取费设置""工程量统计""安装工程""材机分析""工程费用""报表输出" 7 个菜单，每个菜单又包含多个子菜单和录入项。利用软件做施工图预算，实质就是按照当前软件界面，从左至右的菜单顺序，逐个录入和确认各项数据信息。软件将数据和信息进行系统处理，最终生成预算书报表的过程。根据教材任务内容，我们将针对性地展示主要菜单的录入过程。

1. "工程信息"数据录入

第一个菜单是"工程信息"如图 6-7 所示，下面的子菜单主要涉及"导航"中的"工程属性"项的录入，"技经参数"项需要参照设计图纸和相关资料进行录入，子菜单"规范发文"来自预规、调价文件等内容引用。在"工程信息"中需要录入"编制人信息"；重庆市的"社会保险费缴费费率"录入"33.2%"，"住房公积金缴费费率"录入"12%"，这两项数据都可以从政府相关网站查询获取。

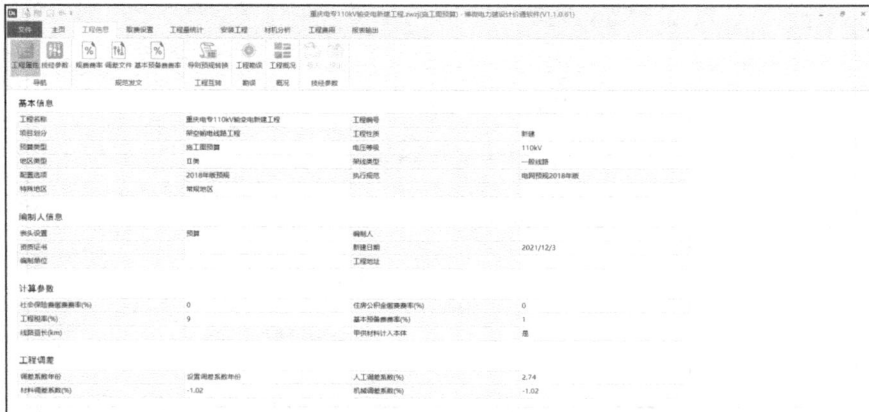

图 6-7 软件工程信息录入

2. 取费设置

第二个菜单是"取费设置"如图 6-8 所示，它基本套用了预规里面的数据和计算公式，相关费率可以根据工程的实际情况进行调整，任务案例这里保持软件默认数据。

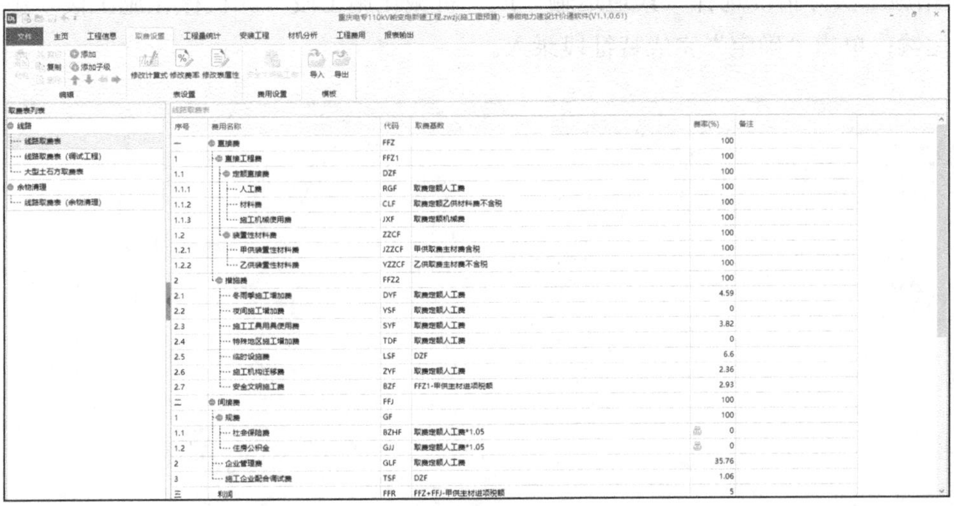

图 6-8　软件取费设置

3. "工程量统计"数据录入

第三个菜单是"工程量统计"如图 6-9 所示，主要涉及子菜单"导航"中"统计参数""线路特征"和"组件列表"三项数据录入。

先进行"统计参数"数据录入：首先需要录入"批量设置地形比例"，数据可以通过查阅设计资料得到地形比例参数，这里需要双击显示"0"的输入栏录入假设丘陵"50"，一般山地"30"，平地则自动分配比例为"20"；然后录入"运输设置"数据，运距均可以通过设计资料查阅得到，这里录入假设人力运距"0.35km"，汽车运距"20km"。"设置线材工地运输计算方式"可以选择，针对任务案例保持默认选项。

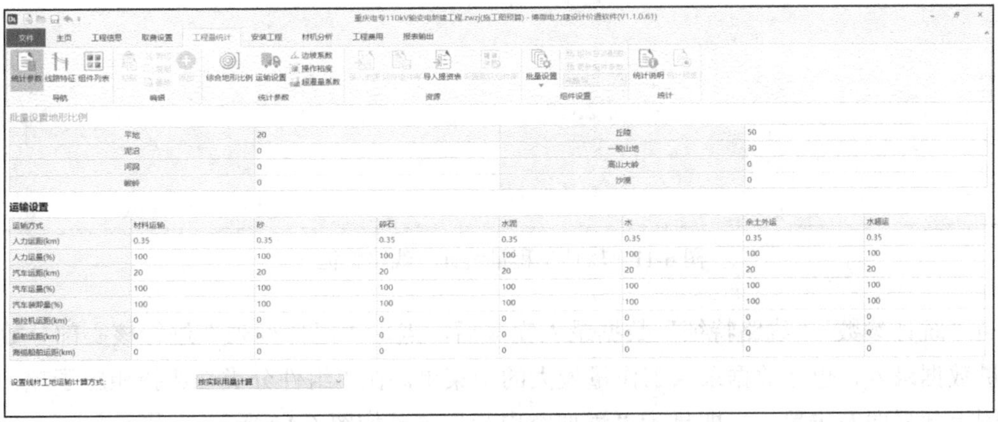

图 6-9　软件工程量统计—统计参数

在完成"统计参数"数据录入之后，点击"线路特征"项进行数据信息录入如图 6-10 所示。双击"回路类型"空白栏弹出"设置特征段参数"对话框，继续双击空白栏，选择回路类型，根据设计资料选择"同时架设双回路"，点击确定；在"线路亘长"输入栏录入"22.9" km；根据施工实际情况选择"索道运输"或"机械化施工段"，"机械化施工段"主材则不计人力运输；单击"确定"完成特征段录入。

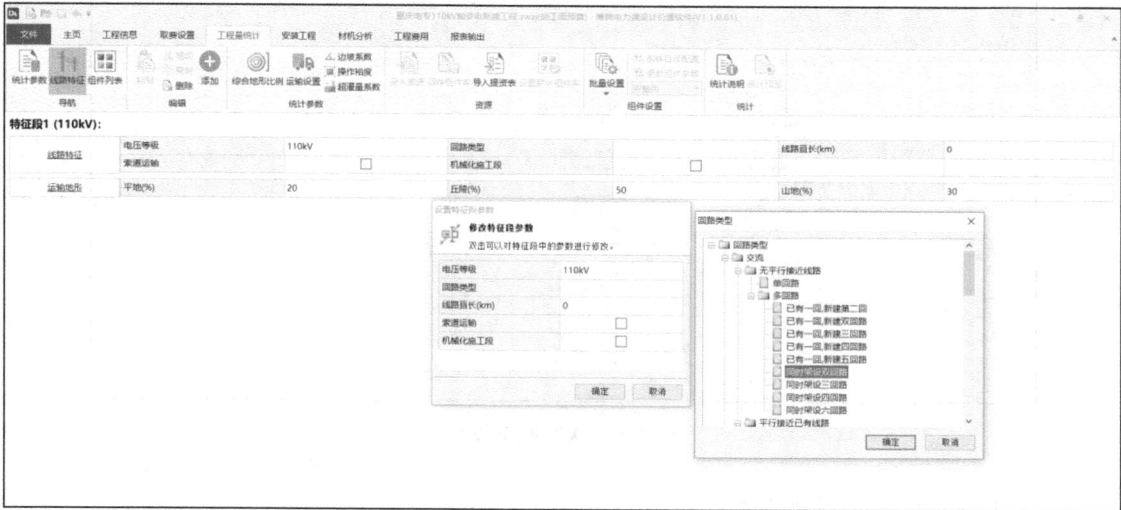

图 6-10　软件工程量统计—线路特征 1

同一工程如果有不同电压等级、回路数、地形等特征施工段，可在子菜单"编辑"中"添加"项增加不同特征段如图 6-11 所示。

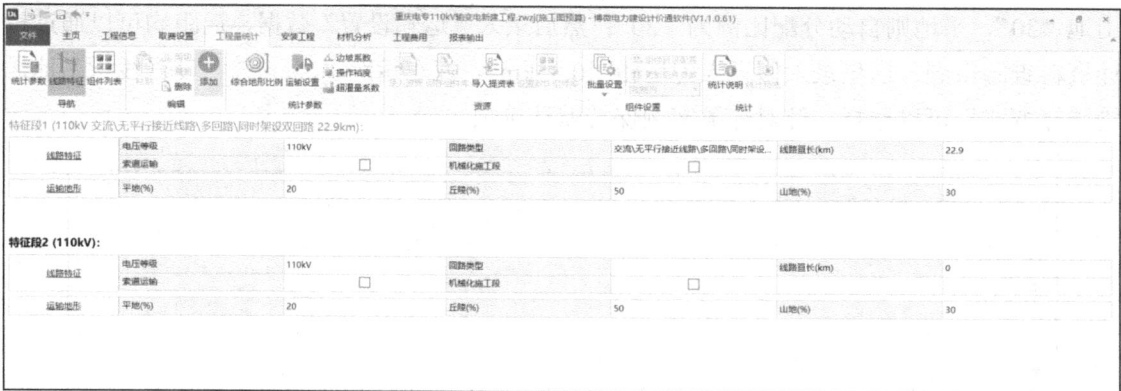

图 6-11　软件工程量统计—线路特征 2

当"统计参数""线路特征"数据录入完成后，点击"组件列表"进行核心部分数据即工程量数据录入，也是数据录入工作量最大的子菜单。在"组件分类"选择相应子项，在对应右侧上部界面右击鼠标，即显示"添加空白行"菜单如图 6-12 所示。

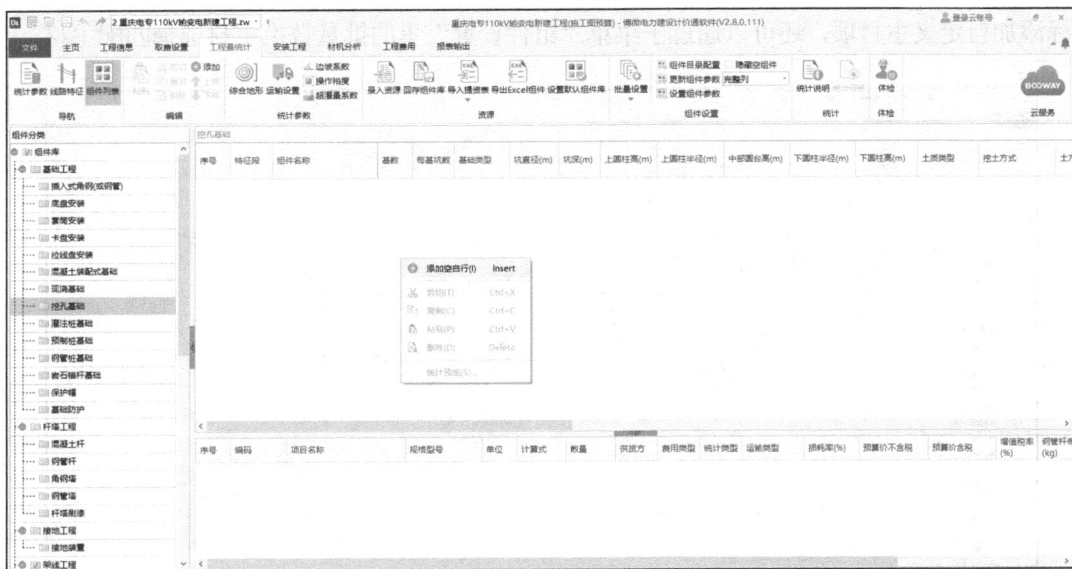

图 6-12　软件组件列表

单击"添加空白行"，界面加载项目从属数据录入项如图 6-13 所示，上部数据栏为与工程量相关的综合数据清单显示，下部数据栏显示上部各序号条目所属主材相关数据。

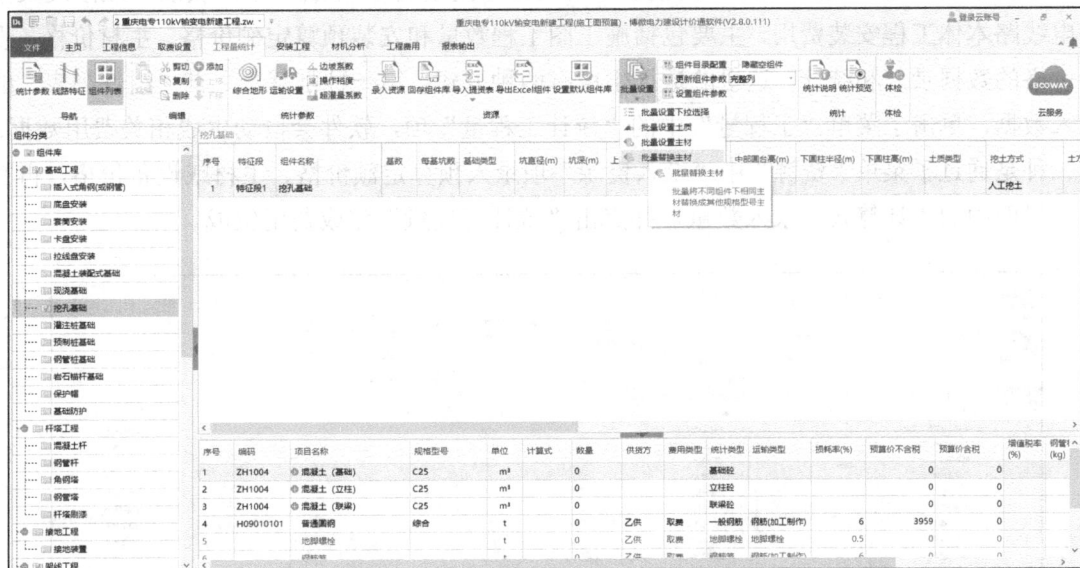

图 6-13　软件组件列表—批量设置

根据工程项目内容选择对应组件分类子目，先录入上部数据，再录入下部数据。若上部数据栏无法录入数据，需要在下部数据栏"计算式"先行录入相关数据，此时上部数据关联栏会自动计算并显示数据。如果下部主材清单无匹配项显示，可以通过子菜单"资源"中"录入资源"录入主材数据，如图 6-14 所示，也可以右击鼠标显示菜单中删除不需要的主材，或者右击鼠标添加自定义主材项，还可以通过子菜单"组件设置"里的批量替换主材选择匹配主材。

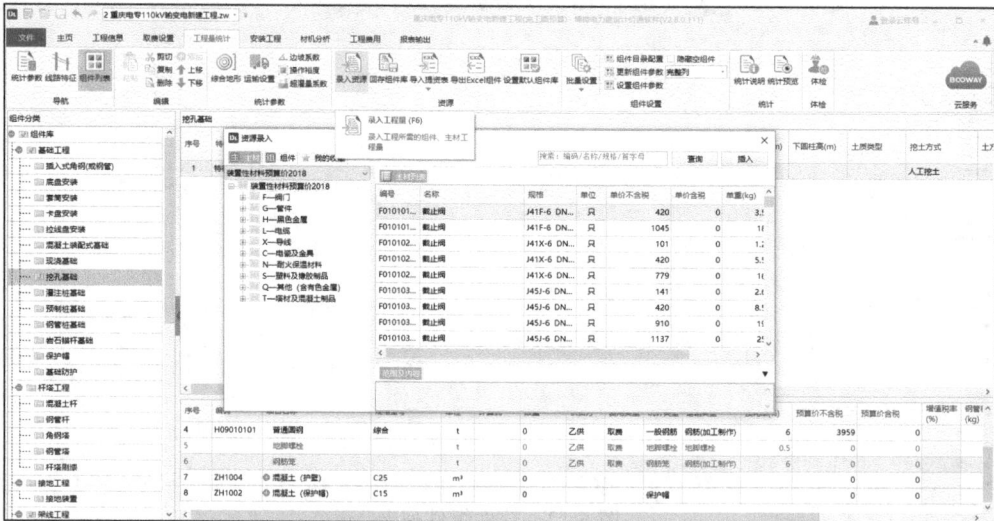

图 6-14 软件组件列表—资源录入

4. "安装工程"数据录入

第四个菜单是"安装工程"如图 6-15 所示，其子菜单"导航"中"安装"项涉及架空输电线路本体工程安装费用，主要包括施工图工程数量和安装预算定额价格、主材价格、设备价格的数据录入和统计。这里的数据生成有两种方式：第一种是基于之前"组件列表"的录入数据，单击子菜单"工程量"中的"统计工程量"项，软件会自动生成相关费用数据；第二种是通过子菜单"资源"中"录入资源"项录入预算定额价格、主材或设备价格，再在显示界面中的"计算式"录入数量，并点击"统计工程量"完成费用生成。

图 6-15 软件安装工程数据录入 1

以角钢塔组立为例，学习第二种方式数据生成的过程。

首先，如图 6-16 所示选择左侧结构栏里的"杆塔工程"下级子文件夹"杆塔组立"中的"铁塔、钢管杆组立"，点击上方子菜单"资源"中的"录入资源"项。

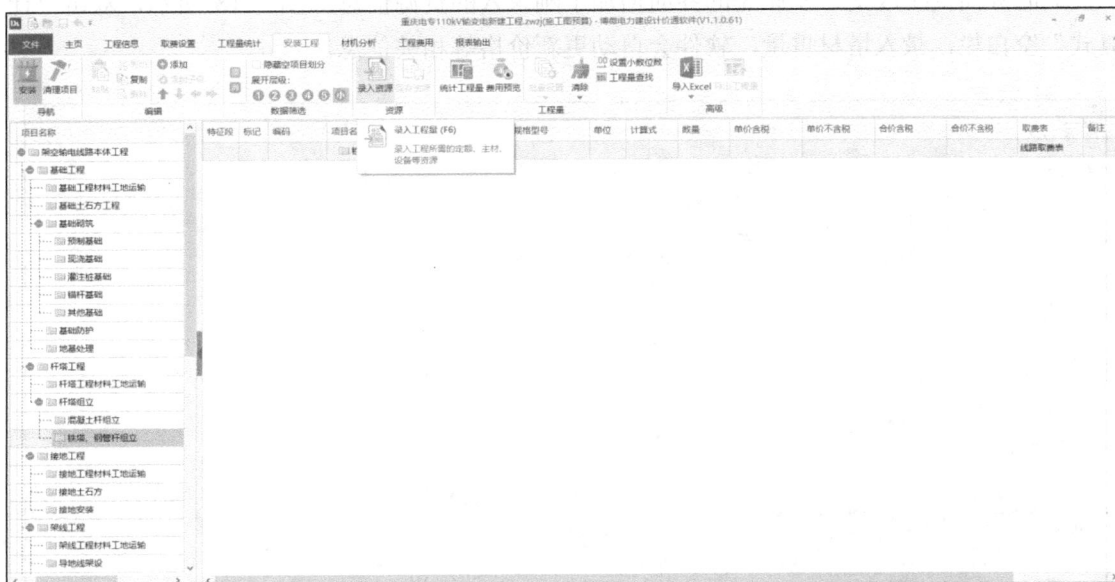

图 6-16 软件安装工程数据录入 2

弹出对话框如图 6-17 所示，可以录入"定额""主材""设备"的价格。先录入角钢塔组立的安装定额，再录入角钢塔的主材购买价格。

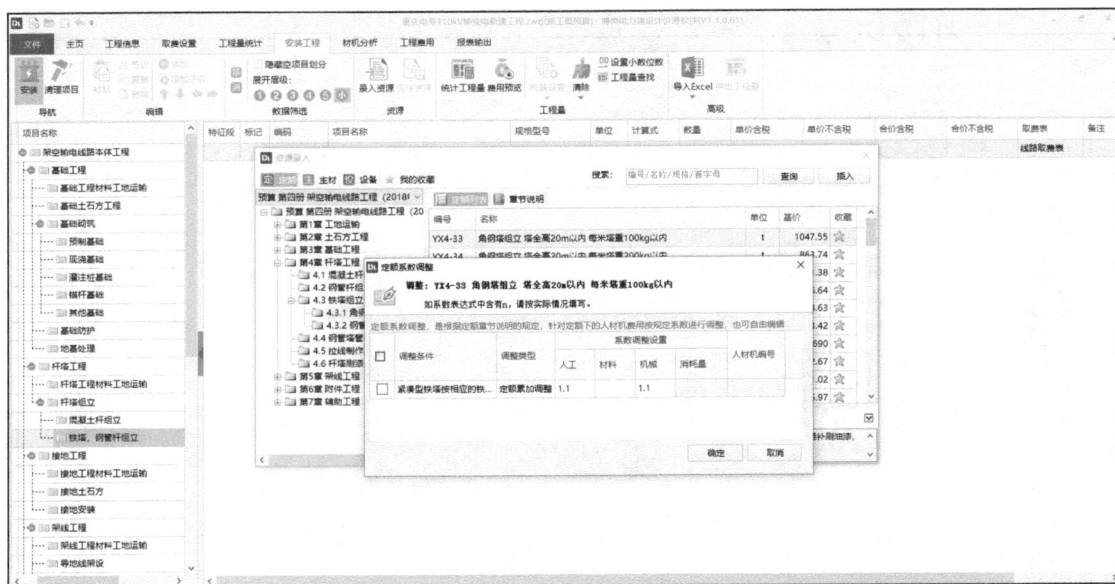

图 6-17 软件安装工程数据录入 3

选择"定额"栏，并在左侧定额目录构架里选择"角钢塔组立"章节，在右侧选择对应设计特征的定额条目，点击"插入"，在弹出的对话框进行"定额系数调整"选择，点击确定，并关闭"录入资源"对话框。

此时界面发生改变，在原先的界面增加了刚录入的资源信息如图 6-18 所示，双击"计算式"空白栏，录入塔材重量，软件会自动更新价格等相关信息。

图 6-18　软件安装工程数据录入 4

再次点击"录入资源"如图 6-19 所示，选择"主材"栏，类似之前的步骤录入塔材单价。

图 6-19　软件安装工程数据录入 5

在增加的资源条目下方有各自的属性菜单如图 6-20 所示，这里的属性菜单可以根据工程的实际情况进行调整修改。

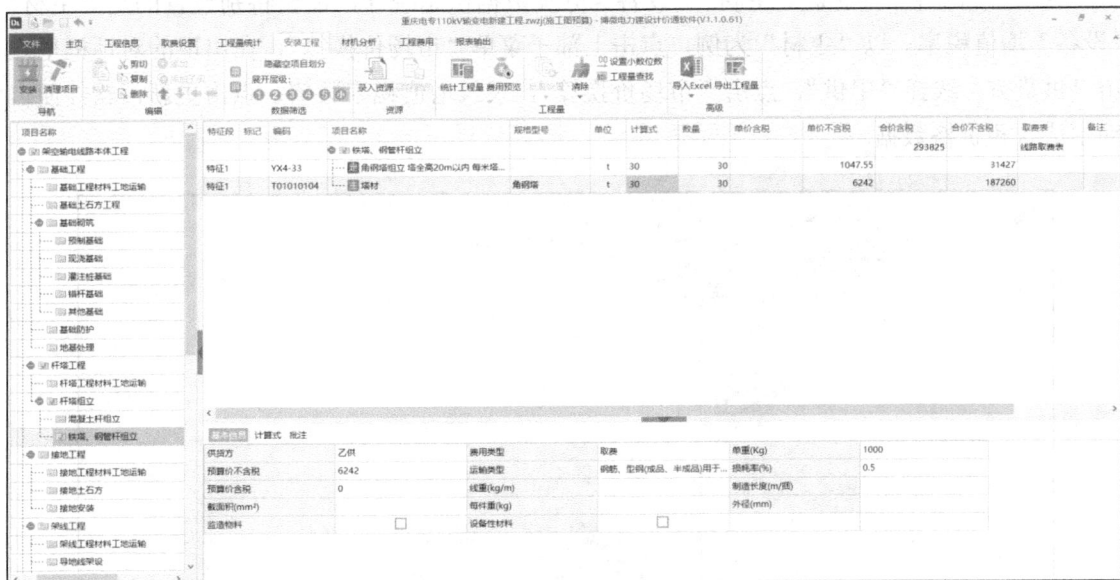

图 6-20　软件安装工程数据录入 6

在"安装工程"工程相关数据录入完成后，需要点击子菜单"工程量"中"统计工程量"项进行系统计算，软件系统会根据录入的数据自动计算关联数据并显示结果如图 6-21 所示。界面中可以看到"杆塔工程材料工地运输"所属内容自动生成。

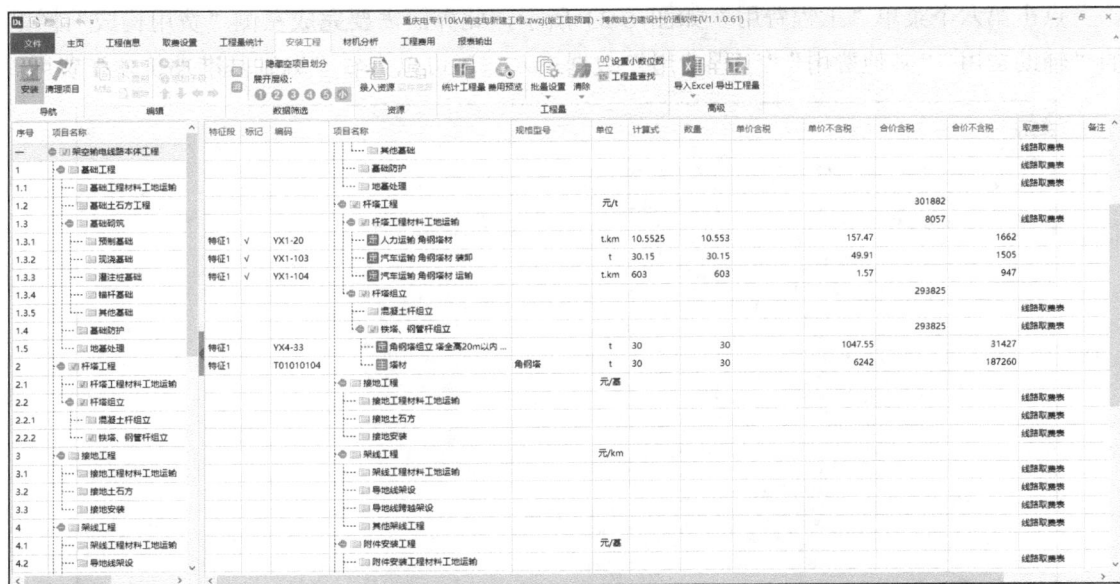

图 6-21　软件安装工程数据录入 7

5. "材机分析"设置

点击第五个菜单"材机分析"界面如图 6-22 所示，基于之前的数据录入，这里可以查看"人工""材料""机械""主材""设备"分类数据信息统计，需要特别设置的是"主材""设备"增值税率。以"主材"为例，点击上部子菜单"市场价换算"，在出现的对话框里点击"供货方"选择"甲供"，点击"市场价换算"，录入增值税率数值，点击更新，软件便自动生成含税价格数据。

图 6-22　软件材机分析

6. "工程费用"数据录入

点击第六个菜单"工程费用"如图 6-23 所示，此界面需要完成左侧"费用构成"栏里的"辅助费用""其他费用""工程费用"数据录入，还可以查看"编制基准期价差"费用。

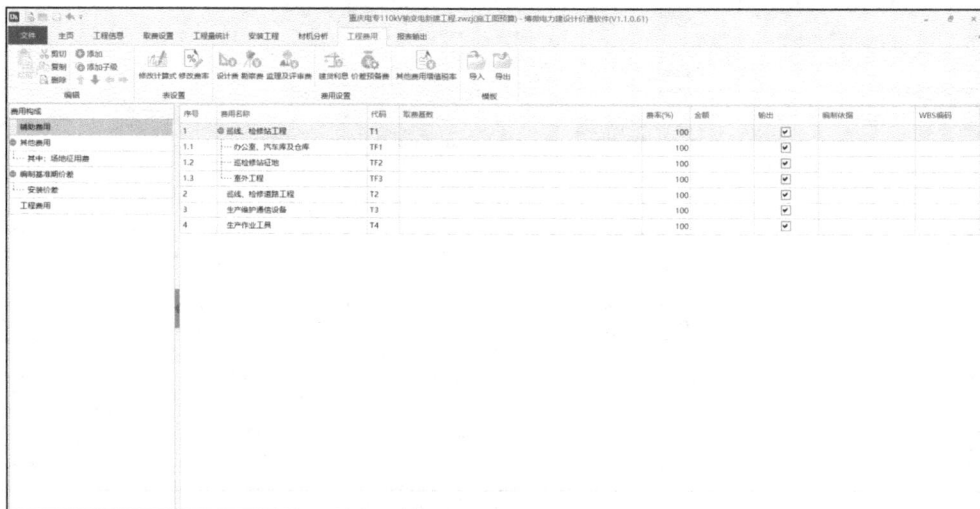

图 6-23　软件工程费用录入

若存在"辅助费用",双击对应子目"取费基数"进行费用数据录入。

点击左侧的"其他费用",右侧对应显示所包含的子项内容如图 6-24 所示,"金额"栏显示空白的子项需要逐项确认有无发生,若产生费用则需要双击对应子目"取费基数"进行费用数据录入。子菜单"费用设置"中"设计费""勘察费""监理及评审费"可以根据工程实际情况进行相关选择设置。

图 6-24　软件其他费用录入

如图 6-25 所示,"其中:场地征用费"是"其他费用"中第 1 项"建设场地征用及清理费"的明细列出,也需要根据工程是否发生费用进行数据录入。

图 6-25　软件场地征用费录入

如图 6-26 所示，"工程费用"所包含的内容，除系统自动生成的费用，还可以通过子菜单"费用设置"中的"建贷利息""价差预备费"进行相关数据设置，也可以直接双击对应的"安装费"栏进行数据录入。

图 6-26　软件工程费用录入

7. 报表输出

在所有的数据录入完成后，打开最后一个菜单"报表输出"如图 6-27 所示，点击子菜单"报表列表"中的"生成报表"，系统自动套用之前录入数据生成预规、行业规范表格。点击左侧报表名称，可以查看对应报表具体内容。"报表设置"中的"自由表设计"可以根据工程实际需要进行文字、格式等修改。子菜单"导出/打印"可根据用户需求将报表进行多种文件格式输出。

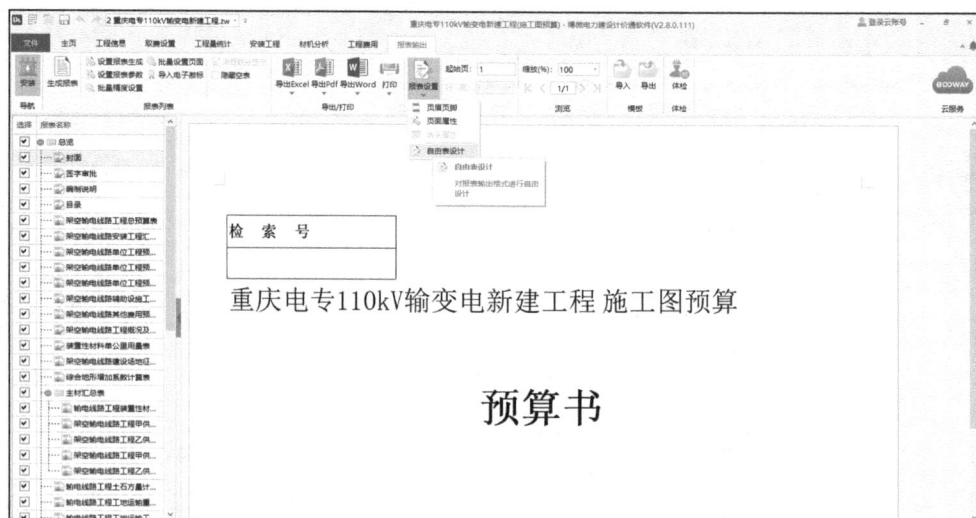

图 6-27　软件报表输出

任务 15　运用工程造价软件编制施工图预算成果文件

运用计算机工程造价软件，编制附录 F 图纸#27 杆塔施工图预算成果文件（相关数据参考项目四模块任务数据）。

参 考 文 献

［1］ 国家能源局. 电网工程建设预算编制与计算规定（2018版）. 北京：中国电力出版社，2020.

［2］ 国家能源局. 电力建设工程预算定额（2018版） 第四册 架空输电线路工程. 北京：中国电力出版社，2020.

［3］ 电力工程造价与定额管理总站. 电力建设工程概预算定额使用指南（2018版） 第五册 输电线路工程. 北京：中国建材工业出版社，2020.

［4］ 全国造价工程师职业资格考试培训教材编审委员会. 建设工程造价管理. 北京：中国计划出版社，2021.

［5］ 中国电力工程顾问集团有限公司/中国能源建设集团规划设计有限公司. 电力工程设计手册 架空输电线路设计. 北京：中国计划出版社，2019.

［6］ 电力工程造价与定额管理总站. 电力工程造价专业执业资格考试与继续教育培训教材 送电线路工程. 北京：中国电力出版社，2014.

［7］ 夏伟，黄平. 线路工程测量. 北京：中国电力出版社，2021.

［8］ 江西博微新技术有限公司. 博微电力建设计价通软件，2020.

附　　录

附录 A　定额〔2023〕1 号文件

附录 B　平面图、断面图符号表

《电力工程勘测制图标准　第 1 部分：测量》（DL/T 5156.1—2015）中规定输电线路工程平面图、断面图符号见表 B-1 和表 B-2。

表 B-1　　　　　　　　　　　　　　　　平面图符号

编号	符 号 名 称	图 形 及 尺 寸	简 要 说 明
1	房屋 （a）按比例尺的 （b）不依比例尺的	(a) 砖2　1.0 (b) 砖 ⊟ 0.7	符号按实际方向绘出，并注记房屋的结构和层数
2	大车路 （a）不依比例尺的 （b）依比例尺的	(a) 0.4　1.0 ‖ 9.0 ‖ (b) 1.0 ‖ 9.0 ‖	路宽超过 5m 时，依比例尺绘制
3	架空索道 （a）图内有支架的 （b）图内无支架的	(a) 1.0 2.0 0.6 (b) 5.0	架空索道支架位置按实测表示，图内无支架时，用符号（b）表示，符号绘在线路中心线处

续表

编号	符 号 名 称	图 形 及 尺 寸	简 要 说 明
4	电力线 （a）图内有杆塔的 （b）图内无杆塔的	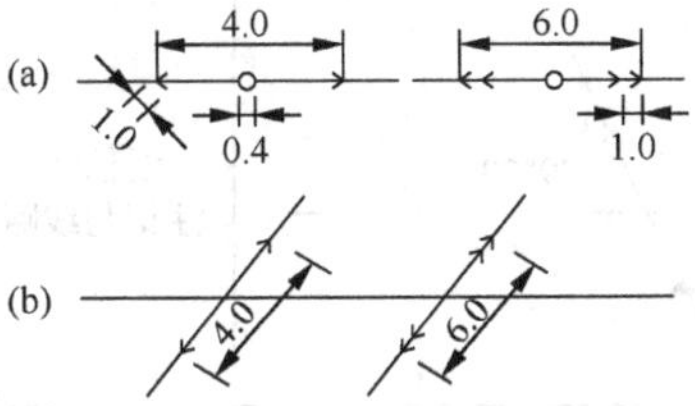	电力线按电压等级，380V 以内用单箭头，10kV 以上用双箭头，杆塔位置按实测表示。 图内无杆塔时，用符号（b）表示，绘在线路中心线处
5	通信线 （a）图内有线杆的 （b）图内无线杆的	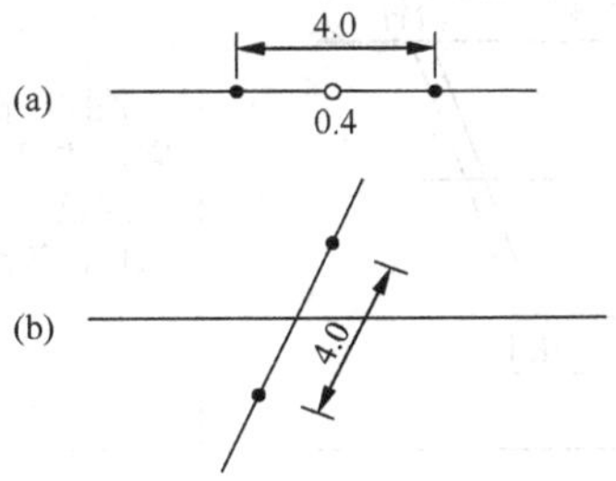	通信线线杆位置按实测表示。 图内无线杆时，用符号（b）表示，绘在线路中心线处
6	地下电缆 （a）地下电力线 （b）地下通信线	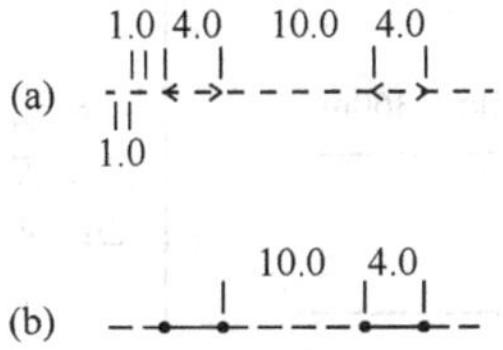	地下电力线按电压等级，380V 以内用单箭头，10kV 以上用双箭头
7	地下管道	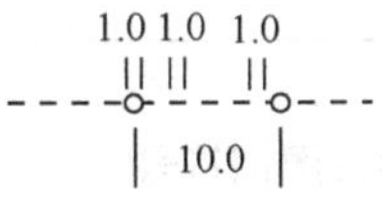	架设在地面上或地面下用以输送石油、煤气、水蒸气以及工农业用水等的各种管道，并加注输送物名称。图中虚线部分表示地下的管道
8	埋设标桩	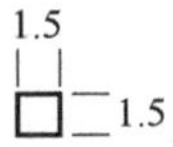	埋设的永久性和半永久性的桩位用此符号表示
9	转角	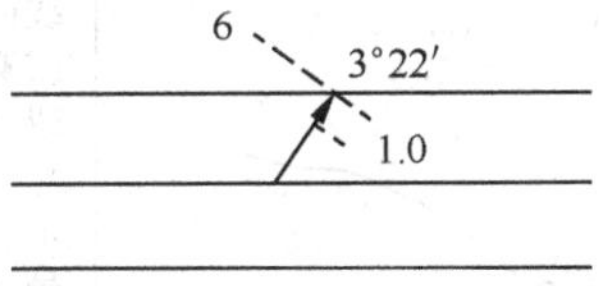 3°22'—转角度数	符号在线路中心线之上表示路径左转，符号在线路中心线之下表示路径右转
10	杆塔号注记	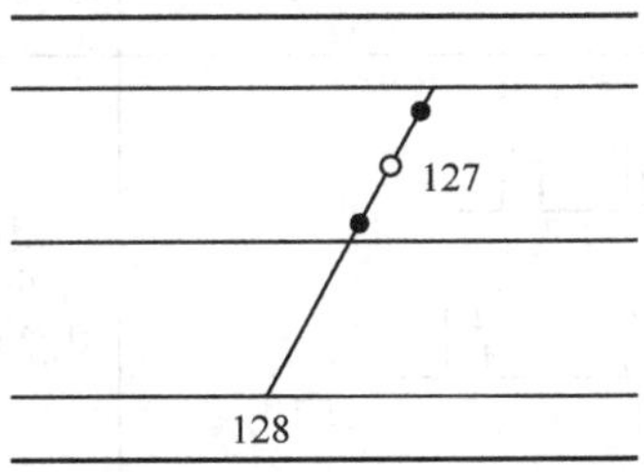	一、二级通信线、35kV 以上等级的电力线应注记与线路交叉处线路两侧的杆塔号。杆塔不在图内时，注记在平面图内外栏线之间

续表

编号	符号名称	图形及尺寸	简要说明
11	交叉角注记	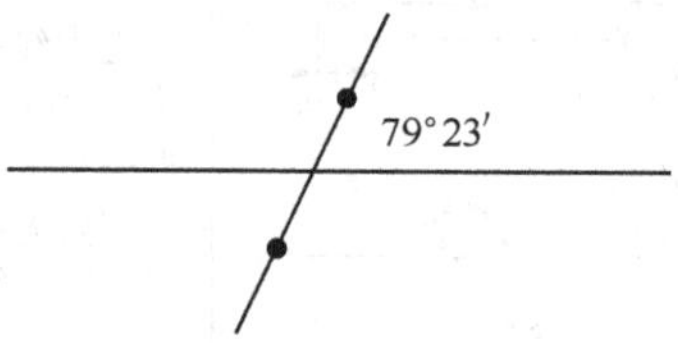 79°23′	通信线、地下通信线、铁路、高速公路应注记与线路交叉的锐角或直角
12	通向注记	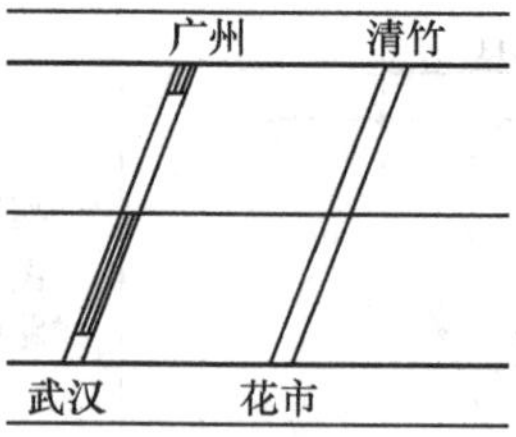 广州　清竹 武汉　花市	铁路、高速公路和等级公路应当注明通向，注记在平面内外栏线之间。铁路通向可注记大的客站，高速公路通向可注记出入口，等级公路通向可注记大的居民点
13	里程注记	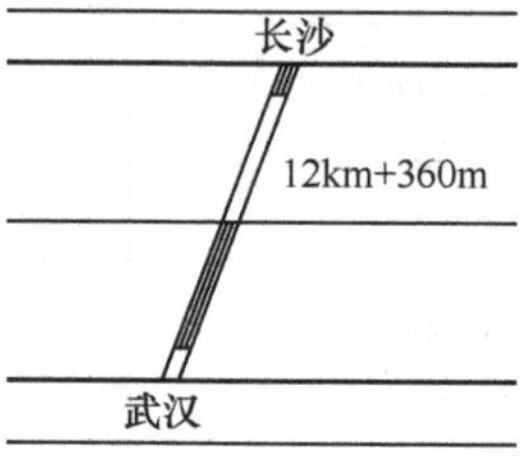 长沙 12km+360m 武汉	铁路、高速公路等应注记与线路交叉处的里程，精确到10m。注记注在平面图中心线交叉空白处

表 B-2　　　　　　　　　　　　　断面图相关图例符号

编号	符号名称	图形及尺寸	简要说明
1	中心断面线 （a）依比例尺的深渠或小沟 （b）不依比例尺的深渠或小沟 （c）河流水位线 （d）深沟或山谷	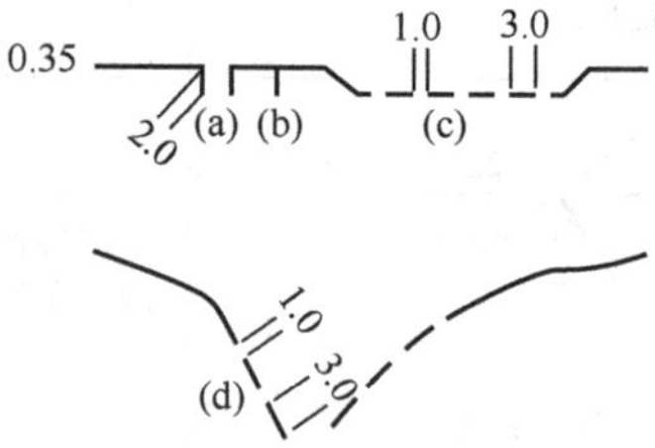 0.35　　　1.0　3.0 2.0 (a)(b)　(c) 1.0 3.0 (d)	反映线路中心地面起伏形状的地面线叫作中心断面线。对未测深度的渠或宽度不大未测深度的小沟用符号（a）或（b）表示，河流现有的水位线用符号（c）表示，洪水位线也用此符号表示。对山谷、深沟等未实测之处用符号（d）表示，虚线的长度和角度依实际情况而定
2	边线断面线 （a）左边线 （b）右边线	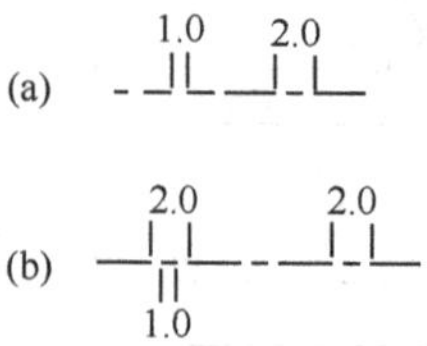 1.0　2.0 (a) 2.0　　2.0 (b) 1.0	反映线路边导线地面起伏形状的地面线，叫作边线断面线，边线位置根据实际的导线间距而定

编号	符号名称	图形及尺寸	简要说明
3	风偏横断面 （a）中线有测点的 （b）中线无测点的	 1111.2　起测点高程	横断面图以线路中心线为起点，图形底部下面一栏注记距离，上面一栏注记高差。高差注记为垂直字列，字头朝左。左横断面绘在起点的右侧。当中线有测点时，图的起点与中线测点相连；当中线无测点时，用图（b）表示，距离栏的第一个数字表示第一个测点至中线的距离，横断面图宜布置在中线断面线之上，起点线向下画；当断面线上比较拥挤布置有困难时，也可绘于中心断面线之下，起点线向上画
4	风偏点	 L—点在中线左侧 20—点至中线距离	风偏点是指有风偏影响的地形点。需要注明点在线路中心线的哪一侧以及至线路中心线的距离。"L"表示该点在中线的左侧，"R"表示该点在中线的右侧，35.0为高程
5	架空交叉跨越高度点 （1）最高线高度点 （a）点在中线 （b）点在边线以内（含边线） （c）点在边线以外 （2）杆高点 （3）其他高度点	 19—点至中线距离	电力线、通信线、架空索道、架空管道、渡槽等架空地物应绘制交叉跨越高度点。 （1）当高度点在中线上时，与中线地面测点相连。当高度点在边线以外时，标注该点到中线的距离。 （2）杆高以实心圆表示。 （3）架空管道、渡槽等架空地物的交叉高度点表示方法

续表

编号	符号名称	图形及尺寸	简要说明
6	房屋断面	(a) (b)	中心线 60m 以内的房屋应绘制房屋断面。房屋在线路中心线上最宽的投影作为符号的宽度，(a) 为边线内平顶房屋，(b) 为边线外尖顶房屋
7	投影线 （a）桩位 （b）杆塔位或门型架 （c）电力线或通信线 （d）其他交叉跨越	(a) (b) (c) (d) 15.0 15.0 G231 15.0 879.6 902.5 921.8 908.9 15.0 Z9 110KV 大运公路 5.0 10.0 21 55 34 89 杆型 塔号 高程 桩号 累距	中心断面线上的点至断面图高程起点线的垂线叫作投影线。在桩位、杆塔位及门型架、线路交叉跨越的架空地物、主要公路及铁路、地下电缆、地面及地下管道的中线交叉点位置绘制投影线。投影线上的注记为垂直字列，字头朝左，宜放在投影线的左侧。当投影线过于密集放在左侧有困难时，也可放在右侧，或断开投影线放在中心。 累距一栏注记累距百米后的零头，高程一栏架空地物注记中线交叉点的高程，其他地物注记地面高程。 电力线及地下电力线注记电压等级。一二级通信线注记等级、杆的材料。材料注记跟在等级之后用括号括起来，如：一级（木）。电力线和通信线还要绘制杆塔型。杆塔型符号根据需要自行设计，但高度统一为 13mm，宽度不得超过 6mm。 主要公路及铁路注记专有名称。电气化铁路注记接触网线高。 管道注记输送物名称，架空和地面管道还要注记管道材料。材料注记跟在名称之后用括号括起来，如：水（水泥）

附录C 预算定额目录、总说明及章节说明

附录C.1 《电力建设工程预算定额（2018版） 第四册 架空输电线路工程》目录

目 录

附录C.2　《电力建设工程预算定额（2018版）　第四册　架空输电线路工程》总说明

一、《电力建设工程预算定额》（2018 年版）共八册，包括：

第一册　建筑工程（上册、下册）　　　　第二册　热力设备安装工程

第三册　电气设备安装工程　　　　　　第四册　架空输电线路工程

第五册　电缆输电线路工程　　　　　　第六册　调试工程

第七册　通信工程　　　　　　　　　　第八册　加工配制品

二、本册为第四册《架空输电线路工程》（以下简称本定额）。适用于由送电端变电站（或发电厂、换流站）构架的引出线起至受电端变电站（或换流站）构架（或穿墙套管）的引入线止的 35～1000kV 交流架空输电线路工程和±1100kV 及以下直流架空输电线路工程。

三、本定额是编制施工图预算、初步设计概算的依据，是编制估算指标的基础，也是编制最高投标限价、投标报价和施工结算的参考依据，同时也是调解处理工程建设经济纠纷的参考依据。

四、本定额主要编制依据包括以下文件。

1. 依据中华人民共和国国家标准

（1）《750kV 架空送电线路施工及验收规范》（GB 50389—2006）。

（2）《110kV～750kV 架空输电线路设计规范》（GB 50545—2010）。

（3）《330kV～750kV 架空输电线路勘测规范》（GB 50548—2010）。

（4）《交流电气装置的接地设计规范》（GB/T 50065—2011）。

（5）《1000kV 架空输电线路设计规范》（GB 50665—2011）。

（6）《1000kV 架空输电线路勘测规范》（GB 50741—2012）。

（7）《±800kV 直流架空输电线路设计规范》（GB 50790—2013）。

（8）《110kV～750kV 架空输电线路施工及验收规范》（GB 50233—2014）。

（9）《电气装置安装工程电气设备交接试验标准》（GB 50150—2016）。

2．依据中华人民共和国电力行业标准

（1）《输电线路对电信线路危险和干扰影响防护设计规程》（DL/T 5033—2006）。

（2）《750kV 架空送电线路铁塔组立施工工艺导则》（DL/T 5342—2006）。

（3）《750kV 架空送电线路张力架线施工工艺导则》（DL/T 5343—2006）。

（4）《±800kV 及以下直流架空输电线路工程施工及验收规程》（DL/T 5235—2010）。

（5）《±800kV 及以下直流架空输电线路工程施工质量检验及评定规程》（DL/T 5236—2010）。

（6）《架空输电线路钢管塔设计技术规定》（DL/T 5254—2010）。

（7）《空送电线路杆塔结构设计技术规定》（DL/T 5154—2012）。

（8）《电力建设安全工作规程 第 2 部分：电力线路》（DL 5009.2—2013）。

（9）《220kV～500kV 紧凑型架空输电线路设计技术规定》（DL/T 5217—2013）。

（10）《±800kV 架空输电线路张力架线施工工艺导则》（DL/T 5286—2013）。

（11）《±800kV 架空输电线路铁塔组立施工工艺导则》（DL/T 5287—2013）。

（12）《1000kV 架空输电线路铁塔组立施工工艺导则》（DL/T 5289—2013）。

（13）《1000kV 架空输电线路工程施工质量检验及评定规程》（DL/T 5300—2013）。

（14）《架空输电线路基础设计技术规程》（DL/T 5219—2014）。

（15）《直流架空输电线路对电信线路危险和干扰影响防护设计技术规程》（DL/T 5340—2015）。

（16）《光纤复合架空地线》（DL/T 832—2016）。

（17）《交流输电线路架空地线接地技术导则》（DL/T 1519—2016）。

（18）《交流输电线路用避雷器选用导则》（DL/T 1676—2016）。

（19）《架空输电线路大跨越工程勘测技术规程》（DL/T 5049—2016）。

（20）《110kV～500kV 架空输电线路工程质量及评定规程》（DL/T 5168—2016）。

（21）《架空输电线路接地模块施工工艺导则》（DL/T 5733—2016）。

五、本定额是在设备、未计价材料（装置性材料）等完整无损，符合质量标准和设计要求，并附有制造厂出厂检验合格证和试验记录的前提下，在正常的气候、地理条件和施工环境条件下，按照施工图阶段合理的施工组织设计，选择常用的施工方法与施工工艺，考虑合理交叉作业条件进行编制。

六、本定额是完成规定计量单位子目工程所需人工、计价材料、施工机械台班的消耗量标准，反映了电力建设行业施工技术与管理水平，代表着社会平均生产力水平。除定额规定可以调整或换算外，不因具体工程实际施工组织、施工方法、劳动力组织与水平、材料消耗种类与数量、施工机械规格与配置等不同而调整或换算。

七、本定额包括的工作内容，除各章节已说明的工序外，还包括施工准备、工种间交叉配合的停歇时间，施工地点转移（含上下班用车、材料看护）的时间，临时移动水、电源，配合质量检查和施工，施工地点范围内的材料（成品、半成品、构件等）、工器具和机具的转移运输，施工结尾、清理，整理、编制竣工资料等。

八、定额基本价计算依据

1. 关于人工

（1）人工用量包括施工基本用工和辅助用工（包括机械台班定额所含人工以外的机械操作用工），分为输电普通工和输电技术工。

（2）工日为8小时工作制，输电普通工工日单价70元/工日，输电技术工工日单价112元/工日。

（3）工日内已包括与调试工作之间的配合用工。

2. 关于材料

（1）计价材料用量包括合理的施工用量和施工损耗、场内运搬损耗、施工现场堆放损耗。其中：周转性材料按摊销量计列，零星材料合并为其他材料费。

（2）计价材料按照北京地区2018年材料预算价格综合取定，为除税后单价。

（3）未计价材料按设计用量加表C-1规定的未计价材料施工损耗量计算。

表 C-1   未计价材料施工损耗率表

序号	材 料 名 称			损耗率（%）	序号	材 科 名 称	损耗率（%）
1	裸软导线（含良导体地线）	一般架线	山地、高山、峻岭	0.6	13	铝端夹	3.0
			其他地区	0.4	14	水泥压力管	2.0
		张力放、紧线		0.8	15	混凝土杆（包括底盘、拉盘、卡盘、夹盘）	0.5
2	专用跨接线和引线			2.5	16	混凝土叉梁、盖板（方、矩形）	3.5
3	镀锌钢绞线（避雷线）			0.3	17	砖、条石、块石、降阻模块	2.5
4	镀锌钢绞线（拉线）			2.0	18	商品混凝土	1.5
5	绝缘子、瓷横担（不包括出库前试验损耗）			2.0	19	钢筋（加工制作）	6.0
6	复合绝缘子			0.5	20	水泥、石灰、降阻剂、混凝土添加剂、防腐材料	山地、高山、峻岭	7.0
7	钢筋、型钢（成品、半成品）			0.5			其他地区	5.0
8	钢管			1.5				
9	塑料制品（管材、板材）			5.0	21	碎石	山地、高山、峻岭	15.0
10	金具（包括压接线夹）			1.5			其他地区	10.0
11	螺栓、脚钉、垫片（不包括基础用地脚螺栓）			3.0	22	砂	山地、高山、峻岭	18.0
12	预绞丝			2.0			其他地区	15.0

注 1. 钢管杆不计算损耗。

2. 铜覆钢损耗率按型钢损耗率。

3. 其他地区是指平地、丘陵、河网、泥沼、沙漠。

3．关于机械

（1）机械台班用量包括场内运搬、合理施工用量和超运距、超高度、必要间歇消耗量以及机械幅度差等。

（2）施工机械台班中均已考虑了施工人员上下班用车。

（3）不构成固定资产的小型机械或仪表的购置、摊销和维护费用等，未列入本定额，包括在《电网工程建设预算编制与计算规定（2018 年版）》的施工工具用具使用费中。

（4）机械台班价格按照《电力建设工程施工机械台班费用定额（2018 年版）》取定。

九、执行定额时，同一子目出现两种及以上调整系数，除定额另有规定外，一律按增加系数累加计算。

十、本定额均按平地施工考虑，在其他地形条件下施工时，在无其他规定的情况下，其人工和机械按表 C-2 地形增加系数予以调整。

表 C-2　　　　　　　　　　　地形增加系数表　　　　　　　　　　　　（%）

序号	定额名称		项目	丘陵	山地	高山	峻岭	泥沼	河网	沙漠	备注
1	工地运输	人力运输	混凝土杆，混凝土预制品、钢管杆、线材	40	150	300	400	70	—	65	不包括机械
			金具、绝缘子、零星钢材、塔材、其他建筑安装材料	20	100	150	200	40	—	35	
		拖拉机、汽车运输	运输	20	80	—	—	—	—	40	（1）沙漠地形没有正式公路时使用。（2）不包括装卸
2	土石方工程			5	10	20	25	10	5	10	不包括机械
3	基础工程			10	20	40	50	40	10	30	
4	杆塔工程			20	70	110	120	70	20	50	
5	架线工程		一般放、紧线	15	100	150	170	40	10	35	不包括跨越架设、拦河线安装
			张力放、紧线	5	40	80	90	20	5	15	
			光缆接续	5	30	60	80	15	5	10	不包括测量
6	附件工程			5	20	50	60	10	5	10	
7	辅助工程	基础辅助	打桩，护坡、挡土墙及排洪沟砌筑，喷射混凝土护坡	10	20	40	50	40	10	30	
		杆塔辅助	杆塔标志牌安装，防鸟装置安装，防坠落装置安装，避雷器安装，监测装置安装调测	5	20	50	60	10	5	10	
		其他	索道设施运输	40	150	300	400	—	—	—	地形选择按架设索道站所处地带实际地形为准
			索道设施安装	20	70	110	120	—	—	—	

注　1．各种地形的含义

（1）平地：指地形比较平坦广阔，地面比较干燥的地带。

（2）丘陵：指陆地上起伏和缓、连绵不断的矮岗、土丘，水平距离 1km 以内地形起伏在 50m 以下的地带。

（3）山地：指一般山岭或沟谷等，水平距离 250m 以内，地形起伏在 50m～150m 的地带。

（4）高山：指人力、牲畜攀登困难，水平距离 250m 以内，地形起伏在 150m～250m 的地带。

（5）峻岭：指地势十分险峻，水平距离 250m 以内，地形起伏在 250m 以上的地带。

（6）泥沼：指经常积水的田地及泥水淤积的地带。

（7）河网：指河流频繁，河道纵横交叉成网，影响正常陆上交通的地带。

（8）沙漠：指地面完全被沙所覆盖、植物非常稀少、雨水稀少、空气干燥，在风的作用下地表会变化和移动，昼夜温差大的荒芜地区。

2．使用说明

（1）编制预算时，工程地形按全线的不同地形划分为若干区段，分别以其工程量所占长度的百分比进行计算。

（2）在确定运输地形时，应按运输路径的实际地形来划分，人力运输的路径可以参考工程地形。

（3）凡有盘山公路可利用汽车进行工地运输的地形，按"山地"地形计算，平均运距按运输路径计算。

（4）凡同一地段内，"河网"与"泥沼"地形并存时，按"泥沼"地形计算，两者不可同时取用。

（5）西北高原台地沿线路平台长度 2km 以内的工程地形按"山地"地形计算；平台长度 2km 以上的工程地形，上台按"山地"地形计算，台上运输按"平地"地形计算。

（6）人、畜、机械无法通行，必须绕行 5km 以上的冲刷形成的深沟或峡谷，工程地形按"山地"地形计算。

（7）城市市区，除人力运输外，均按"丘陵"地形计算。

（8）在高山、峻岭地带进行人力工地运输时，其平均运距的确定，应以山坡垂直高差的平均计算斜长为准，不得按实际运输距离计算。

十一、定额中不按电压等级划分的子目均适用于各种电压等级；按电压等级划分的子目，实际遇到定额未含的电压等级时，可执行相应上一级电压等级的定额。

十二、定额中凡采用"××以内"或"××以下"者均包括"××"本身，凡采用"××以外"或"××以上"者均不包括"××"本身。

十三、总说明内未尽事宜，按各章节说明和附注执行。

附录C.3 《电力建设工程预算定额（2018版） 第四册 架空输电线路工程》章节说明

第一章 工地运输 说明

一、本章内容

包括人力运输，拖拉机运输，汽车运输，船舶运输，索道运输。

二、本章不包括的内容

1. 索道运输的索道设施建设，发生时执行第7章相应定额。

2. 施工道路（便桥）修筑、加固，发生时执行第7章相应定额或其他。

三、工程量计算规则

（一）运输

1. 人力：区分物料种类、单重，以"t·km"为计量单位计算，"t·km"为运输平均运距和物料运输重量的乘积。

2. 拖拉机、汽车、船舶：区分物料种类、单重，以"t·km"为计量单位计算，"t·km"为运输平均运距和物料运输重量的乘积，平均运距不足1km，按1km计算。

3. 索道：区分物料种类、索道形式和索道额定荷载，以"t·km"为计量单位计算，"t·km"为运输运距和物料运输重量的乘积。

（二）装卸

1. 拖拉机、汽车、船舶：区分物料种类、单重，按物料运输重量，以"t"为计量单位计算。

2. 索道：区分物料种类、索道形式和索道额定荷载，按物料运输重量，以"t·处"为计量单位计算。

（三）物料运输重量

物料运输重量=预算重量×未计价材料、设备单位运输重量

其中：预算重量=设计重量（或预算量）＋未计价材料施工损耗量=设计重量（或预算量）×（1＋未计价材料施工损耗率）

未计价材料、设备的单位运输重量按表C-3计算，表中W为预算重量，未列入的未计价材料、设备运输重量按净重计算。

表C-3 未计价材料、设备单位运输重量表

序号	材料、设备名称		单位	运输重量（kg）	备注
1	混凝土制品	人工浇制	m³	2600	包括钢筋
		离心浇制	m³	2860	包括钢筋

序号	材料、设备名称		单位	运输重量（kg）	备注
2	线材	导线（有线盘）	kg	$W×1.15$	
		避雷线（有线盘）	kg	$W×10$	
		避雷线、拉线（无线盘）	kg	$W×1.04$	
		光缆（有线费）	kg	$W×1.20$	
		电缆	kg	$W+G$	G 为盘重
3	商品混凝土		m³	2560	
4	土方		m³	1500	实挖量
5	石方		m³	2050	实挖量
6	块石、碎石、卵石		m³	1600	
7	石灰		m³	1200	
8	砂		m³	1550	
9	水泥、降阻剂、混凝土添加剂、防腐材料、油漆		kg	$W×1.01$	
10	水		kg	$W×1.20$	
11	金具、绝缘子（瓷、玻璃）、避雷器、防坠落装置、防鸟装置、杆塔标志牌、监测装置		kg	$W×1.07$	
12	复合绝缘子		kg	$W×2.00$	
13	螺栓、垫圈、脚钉		kg	$W×1.01$	

四、使用说明

1. 工地运输是指未计价材料、设备自工地集散仓库（材料站）运至沿线各杆、塔位的装卸、运输及空载回程等全部工作。

2. 运输物料分类

（1）"混凝土杆"是指以离心式机制的整根或分段式混凝土杆、混凝土套筒及混凝土横担等。

（2）"混凝土预制品"是指以人工浇制、机械振捣的混凝土制成品或半成品，如底盘、拉盘、卡盘、叉梁、盖板等。

（3）"线材"是指导线、避雷线、耦合屏蔽线、拉线、电缆、光缆等。

（4）"塔材"是指铁塔钢材，分为角钢塔材和钢管塔材。

（5）"钢管杆"是指以钢板压制、焊接形成的整根或分段式钢管杆。

（6）"金具、绝缘子、零星钢材"是指金具、绝缘子（瓷、玻璃、复合等）、避雷器、防坠落装置、防鸟装置、杆塔标志牌、监测装置、电杆用的横担、避雷线支架、拉棒、拉杆、抱箍、接地管（带）材、螺栓、垫圈、地脚螺栓、基础钢筋、预埋铁件等。

（7）"超长复合绝缘子"是指用于交流 750kV 及以上、直流±500kV 及以上架空输电线路的复合绝缘子。

（8）"其他建筑安装材料"是指砂、石、石灰、水泥、砖、土、水、降阻剂、接地模块、防腐材料、复合材料、混凝土添加剂等建筑安装材料。

3. 人力运输

（1）采用人工方式运输线路物料，包括单人挑、多人抬运、滚运或拖运，以及辅以畜力、板车、马车、炮车（无动力、有动力）等运输方式。

（2）采用商品混凝土、机械化施工（如挖孔基础机械挖方等）不计人力运输。

（3）采用张力架线，线材不计人力运输。

4．拖拉机运输

（1）采用拖拉机运输线路物料，物料装卸按木杠、棕绳、铁铲等简易工具人力装卸综合考虑。

（2）拖拉机运输定额按额定载重 1t 及以内考虑，并综合了运输道路路面级别和一次装、分次卸等因素，执行定额时不得另行换算。

5．汽车运输

（1）采用汽车运输线路物料，物料装卸按三种方式综合考虑：①使用木杠、跳板及轻便工具，以人力装卸；②用汽车式起重机装车，借用轻便工具人力卸车；③用汽车式起重机进行装卸车。

（2）汽车运输中已综合考虑了车辆形式、运输道路路面和一次装、分次卸等因素，执行定额时不得另行换算。

6．船舶运输

（1）采用船舶运输线路物料，物料装卸按人抬或使用小抱杆、复滑车、绞磨、滚杠、跳板等轻便工具综合考虑。

（2）船舶运输中已综合考虑了船舶形式、河流级别和一次装、分次卸等因素，执行定额时不得另行换算。

7．索道运输

（1）采用架空输电线路专用货运索道方式运输线路物料，分往复式、循环式索道形式。

（2）往复式索道：设有承载索，一般配有环状牵引索，在牵引索上加往复动力，使物料在承载索上进退。

（3）循环式索道：用等间距料斗连续运输物料到塔位，而料斗又连续返回到上料点的索道。

（4）荷载：是指索道承载运输物料的单次运输最大重量，定额分 1t、2t、5t。

（5）弦倾角：是指索道承载索上料点、下料点之间连接线与水平面之间的夹角。

（6）索道运输定额按水平运输考虑，运距为上料点到下料点之间的水平投影距离。当弦倾角超过 10°时，物料运输人工、机械按表 C-4 系数调整，物料装卸不作调整，初步设计无法确定弦倾角时，亦可按采用索道运输线路段的相应地形进行调整。

表 C-4　　　　　　　　　　　　　　　弦倾角增加系数表

地形（弦倾角）	山地（10°<弦倾角≤30°）	高山（30°<弦倾角≤40°）	峻岭（张倾角>40°）
增加系数（%）	16	31	56

（7）索道运输包括索道站上料点和下料点材料堆放场地平整。

（8）索道运输中的"处"是指配有一台索道牵引机，并能够独立运转、运输物料的一处索道。

8．计算塔材装卸、运输重量时，铁塔用螺栓、脚钉、垫圈、爬梯、避雷器支架等计入塔材重量。

第二章 土石方工程 说明

一、本章内容

包括线路复测及分坑，电杆坑、塔坑、拉线坑人工挖方（或爆破）及回填，电杆坑、塔坑、拉线坑机械挖方及回填，挖孔基础人工挖方（或爆破），挖孔基础机械挖方，接地槽挖方（或爆破）及回填，排水沟挖方（或爆破），尖峰及施工基面挖方（或爆破），回填土。

二、本章不包括的内容

钻孔灌注桩基础成孔、岩石锚杆基础成孔，发生时执行第3章相应定额。

三、工程量计算规则

（一）施工操作裕度

1．基础无垫层时，按基础宽（长）每边增加施工操作裕度。

2．基础垫层为坑底铺石时，按基础宽（长）每边增加施工操作裕度。

3．基础垫层为坑底铺石灌浆、坑底铺石加浇混凝土、素混凝土时，按垫层宽（长）每边增加施工操作裕度。

4．基础垫层为灰土垫层时，按灰土垫层宽（长）不增加施工操作裕度。

5．挖孔基础基坑不计施工操作裕度。

6．施工操作裕度见表C-5。

（二）边坡系数

1．人工土石方边坡系数见表C-6。

表 C-5　　　　　　　　施工操作裕度表

土质	普通土、坚土、水坑、松砂石	泥水、流砂、干砂	岩石	
			有模板	无模板
每边操作裕度（m）	0.2	0.3	0.2	0.1

表 C-6　　　　　　　　人工土石方边坡系数表

坑深＼土质	坚土	普通土、水坑	松砂石	泥水、流砂、干砂、岩石
2.0m 以下	1∶0.10	1∶0.17	1∶0.22	无边坡
3.0m 以下	1∶0.22	1∶0.30	1∶0.33	无边坡
3.0m 以上	1∶0.30	1∶0.45	1∶0.60	无边坡

注　坑深>1.2m 时，按边坡系数计算。

2．机械土石方边坡系数见表C-7。

表 C-7　　　　　　　　机械土石方边坡系数表

分类＼土质	普通土、坚土	松砂石	岩石
机械坑内挖	1∶0.33	1∶0.10	无边坡
机械坑上挖	1∶0.75	1∶0.33	无边坡

注　普通土、坚土坑深>1.2m，松砂石坑深>1.8m 时，按边坡系数计算。

（三）挖方工程量的计算公式

以下各计算公式中字母含义如下：

V——土石方体积，m³；

h——坑深，m；

r——半径，m；

a（b）——坑底宽（长）=基础宽+2×每边施工操作裕度，m；

a_1（b_1）——坑口宽（长）=$a(b)$+2×h×边坡系数，m。

1. 杆坑、拉线坑、塔坑的土石方量。

（1）正方体（无边坡，见图 C-1）。

$$V = a^2 h \tag{C-1}$$

（2）长方体（无边坡，见图 C-2）。

$$V = abh \tag{C-2}$$

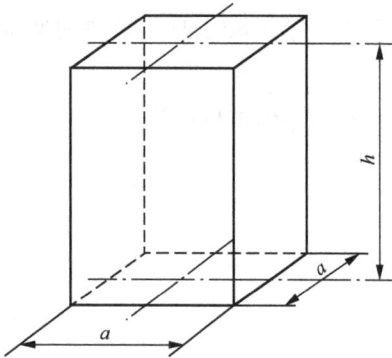

图 C-1　正方体（无边坡）

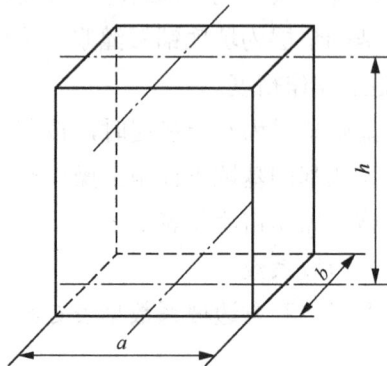

图 C-2　长方体（无边坡）

（3）平截方尖柱体（有边坡，见图 C-3）。

$$V = \frac{h}{3} \times (a^2 + aa_1 + a_1^2) \tag{C-3}$$

（4）平截长方尖柱体（有边坡，见图 C-4）。

$$V = \frac{h}{6}\left[ab + (a + a_1)(b + b_1) + a_1 b_1\right] \tag{C-4}$$

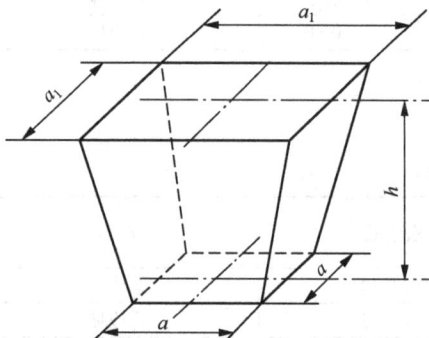

图 C-3　平截方尖柱体（有边坡）

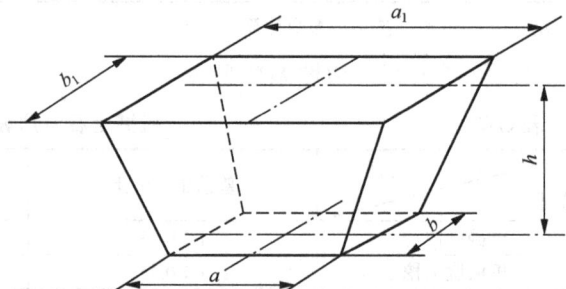

图 C-4　平截长方尖柱体（有边坡）

（5）圆柱体（无边坡，见图 C-5）。

$$V = \pi r^2 h \qquad (C-5)$$

（6）圆柱体连平截圆锥体（无边坡，图 C-6）。

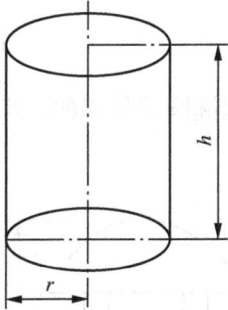

图 C-5　圆柱体（无边坡）

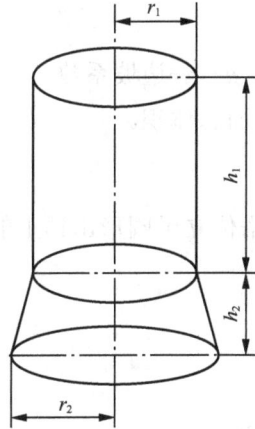

图 C-6　圆柱体连平截圆锥体（无边坡）

$$\qquad (C-6)$$

$$V = \pi r_1^2 h_1 + \frac{\pi h_{2(r_1^2 + r_2^2 + r_1 r_2)}}{3}$$

2．其他土石方量的计算

（1）无底盘、卡盘的电杆坑。

$$V = 0.8 \times 0.8 \times h \qquad (C-7)$$

如果 $h \geqslant 1.2\mathrm{m}$ 时，按放坡计算。

（2）带卡盘的电杆，如原计算坑的尺寸不能满足安装时，因卡盘超长而增加的土石方量另计。

（3）电杆坑和拉线坑的土石方量，未包括马道的土石方量，需要时按每坑 0.6m³ 另行计算。

（4）接地槽土石方量的计算。

$$V = 0.4 \times 长度 \times 槽深 \qquad (C-8)$$

加降阻剂时

$$V = 0.6 \times 长度 \times 槽深 \qquad (C-9)$$

3．尖峰及施工基面

尖峰及施工基面土石方量计算，应按设计提供的基面标高并按地形、地貌以实际情况进行计算。常见的计算方法如下：

（1）塔位立于山坡的施工基面（见图 C-7）。

1）无边坡部分的体积（*ABCDEF* 体积）。

$$V_a = l \cdot n \cdot h' \qquad (C-10)$$

2）有边坡部分体积由三个部分组成，即上坡方向体积（*CDEFJK* 体积）为

$$V_2 = \frac{\mu h \cdot h \cdot n}{2} = \frac{\mu h^2 \cdot n}{2} \qquad\text{（C-11）}$$

左右两侧（ADMJA+BCKNB）体积为

$$V_3 = 2 \times \left(\mu h \cdot h \cdot \frac{1}{6} \right) = \frac{\mu h^2 l}{3} \qquad\text{（C-12）}$$

式中　μ——边坡系数。

3）基面总体积。

$$V = V_a + V_2 + V_3 \qquad\text{（C-13）}$$

（2）塔位立于圆形山顶上的施工基面（见图C-8，可按近似椭圆球体积的一半计算）。

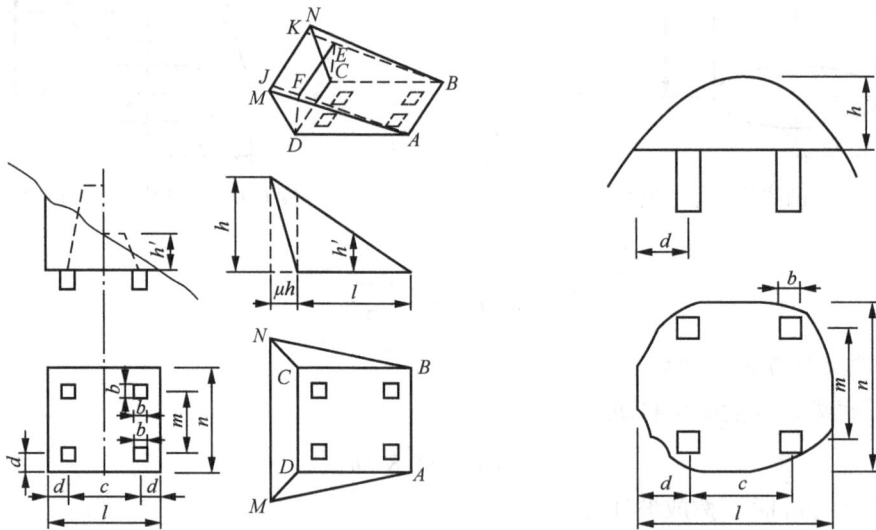

图 C-7　施工基面（山坡）　　　　　图 C-8　施工基面（圆形山顶）

$$V = \frac{\pi l n h}{6} \qquad\text{（C-14）}$$

（3）塔位立于山脊上的施工基面（见图C-9）。

$$V = K \cdot l \cdot n \cdot h + \mu h \cdot h \cdot n = K l n h + \mu h^2 n \qquad\text{（C-15）}$$

式中　μ——边坡系数；

　　　K——系数，按山脊两侧坡度不同取定，一般取 0.4～0.6。

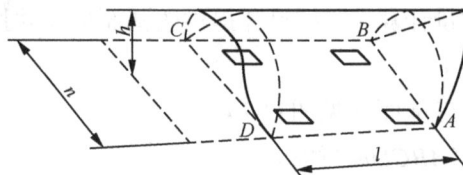

图 C-9　施工基面（山脊）

（四）线路复测及分坑

按设计杆塔数量，以"基"为计量单位计算。

（五）回填土

按设计图示尺寸，以"m³"为计量单位计算。

四、使用说明

1. 定额土质分类

（1）普通土：指种植土、黏砂土、黄土和盐碱土，稍密、中密状态的粉土，软塑、可塑状态的粉质黏土等，主要用锹、铲、锄头挖掘，少许用镐翻松后即可能挖掘的土质。

（2）坚土：指土质坚硬难挖的红土、板状黏土、重块土、高岭土，硬塑状态的粉质黏土、密实状态的粉土等，必须用铁镐、条锄挖松，部分须用撬棍，再用锹、铲挖出的土质。

（3）松砂石：指碎石、卵石和土的混合体，全风化状态及强风化状态不需要采用打眼、爆破或风镐打凿方法开采的岩类。

（4）岩石：指中风化、微风化状态、全风化状态及强风化状态需采用打眼、爆破或部分用风镐打凿方法开采的岩类。

（5）泥水：指坑的周围经常积水，坑的土质松散，如淤泥和沼泽地等，挖掘时因水渗入和浸润而成泥浆，容易坍塌，土和水的混合物呈流动状态，需用挡土板和适量排水才能挖掘的土质。

（6）流砂：指土质为砂质或分层砂质，稍密、中密的细砂、粉细砂，有地下水，需用挡土板和适量排水才能挖掘的土质。

（7）干砂：指土质为砂质或分层砂质，稍密、中密的细砂、粉细砂，无地下水，需用挡土板才能挖掘的土质。

（8）水坑：指土质较密实，开挖中坑壁不易坍塌，有地下水，挖掘过程中需要机械排水才能施工的土质。

2. 在线路复测分坑中遇到高低腿杆、塔时，按相应定额人工乘 1.5 系数；跨越房屋每处另外增加普通工 0.7 工日。

3. 各类土质按设计提供的地质资料确定，除挖孔基础和灌注桩基础外，不作分层计算。同一坑、槽、沟内出现两种或两种以上不同土质时，一般选用含量较大的一种土质确定其类型。出现流砂层时，不论其上层土质占多少，全坑均按流砂计算。出现地下水涌出时，全坑按水坑计算。

4. 挖孔基础是指掏挖基础、岩石嵌固基础、挖孔桩基础。挖孔基础，同一孔中不同土质，按地质资料分层计算工程量。

5. 挖掘过程中因少量坍塌而多挖的，或石方爆破过程中因人力不易控制而多爆破的土石方工作量已包括在定额内。

6. 采用井点降水施工的土方量，按普通土计算，井点降水费用另计。

7. 如冻土厚度≥300mm，冻土层的挖方量，按坚土挖方定额乘 2.5 系数。

8．泥水、流砂、干砂的挖填方，定额已分别考虑了必要的排水（干砂除外）和挡土板的装拆工作量，执行定额时，不再另计。

9．岩石坑如需要排水，按相应定额的人工乘 1.05 系数。

10．岩石爆破，定额已综合考虑了普通爆破、松动爆破、控制爆破等爆破方式。

11．人工开凿岩石是指在变电站、发电厂、通信线、电力线、铁路、居民点以及国家级的风景区等附近受现场地形或客观条件限制，设计要求不能采用爆破施工者。人工开凿岩石定额已综合考虑采用人工或人工辅助风镐、水磨钻、扩张机等凿岩小型机具挖掘方式。

12．电杆坑、塔坑、拉线坑机械挖方及回填定额中的岩石子目适用机械破碎方式开挖岩石。

13．机械挖方适用于电杆、拉线塔、铁塔基坑挖方及回填，不适用接地槽开挖。

14．机械挖泥水、水坑时，按普通土、坚土定额乘 1.15 系数，排水费另计。

15．机械挖方中，挖掘机在垫板上作业时，定额乘 1.25 系数，垫板铺设费用另计。

16．电杆坑、塔坑、拉线坑人工和机械挖方（或爆破）及回填，接地槽挖方（或爆破）及回填中的回填土均按原挖原填和余土就地平整考虑，不包括 100m 以上的取（换）土回填和余土外运。发生时按设计规定的换土比例和平均运距，执行尖峰挖方（或爆破）和工地运输定额。

17．余土（石）处理，按余土（石）运至允许堆弃地，其运距超过 100m 部分列入工地运输。余土（石）运输量的计算：

现浇、预制基础和挖孔基础基坑余土（石）：地面以下混凝土体积（m³）×余土（石）单位运输重量。

如果土质为湿陷性黄土：地面以下混凝土体积（m³）×1.5（t/m³）×30%。

18．回填土定额适用于除基坑、接地槽以外其他土方回填。

第三章　基础工程　说明

一、本章内容

包括预制基础，钢筋加工及制作，现浇基础，岩石锚杆基础，钻孔灌注桩基础，树根桩基础，预制桩基础，钢管桩基础，基础护壁，混凝土基础防护，拉线棒防腐，接地安装及测量。

二、本章不包括的内容

1. 桩基检测，发生时另行计算。

2. 钢筋的热镀锌。

3. 钻孔灌注桩基础、非开挖接地的泥浆外运、处置，发生时按政府或有关部门规定另行计算。

三、工程量计算规则

（一）预制基础

1. 底盘安装：区分单杆和双杆、每基块数和每块重量，按设计混凝土杆数量，以"基"为计量单位计算。"每块重量"按每基基础各块重量加权平均的原则计算。

2. 套筒安装：区分每基根数（一根、二根）和每块重量，按设计数量，以"基"为计量单位计算。

3. 卡盘安装：区分每基块数（一块、二块、四块）和每块重量，按设计数量，以"块"为计量单位计算。

4. 拉线盘安装：区分每组拉盘块数（一块、二块）和每块重量，按设计数量，以"组"为计量单位计算。"每块重量"按每组各块重量加权平均的原则计算。

5. 混凝土装配式基础：区分每个基础混凝土量，按设计图示尺寸，以"m³"为计量单位计算。

（二）钢筋加工及制作

区分钢筋和钢筋笼，按设计图示重量，以"t"为计量单位计算。

（三）现浇基础

1. 基础垫层

（1）铺石、铺石灌浆、铺石加浇混凝土、灰土垫层：按设计图示尺寸，以"m³"为计量单位计算。

（2）素混凝土垫层：区分每基垫层混凝土量，按设计图示尺寸，以"m³"为计量单位计算。

2. 混凝土搅拌与浇制

（1）区分每个基础的混凝土量，按设计图示尺寸，以"m³"为计量单位计算。

（2）基础联系梁：区分每基基础联系梁混凝土量，按设计图示尺寸，以"m³"为计量单位计算。

（3）保护帽、大体积混凝土基础：按设计图示尺寸，以"m³"为计量单位计算。

（四）岩石锚杆基础

区分孔径、孔深，按设计图示长度，以"m"为计量单位计算。

（五）钻孔灌注桩基础

1．机械推钻成孔：区分土质、孔深和孔径，按设计图示孔深，以"m"为计量单位计算。

2．挤扩支盘桩挤扩部分：区分孔深和孔径，按设计桩数量，以"根"为计量单位计算。

3．混凝土搅拌（商品混凝土）及浇制：区分孔深，按混凝土工程量，以"m³"为计量单位计算，计算公式

$$混凝土工程量=设计量+充盈量+加灌量$$

4．凿桩头：区分桩径，按设计桩数量，以"个"为计量单位计算。

（六）树根桩基础

按设计长度乘桩截面积，以"m³"为计量单位计算。

（七）预制桩基础

1．打桩：区分桩长，按设计桩长乘桩截面积，扣除桩尖的虚体体积，以"m³"为计量单位计算。

2．送桩：按桩截面积乘设计桩顶面标高至自然地坪另加0.5m长度计算体积，以"m³"为计量单位计算。

3．接桩：区分接桩方式，按设计接头数量，以"个"为计量单位计算。

4．截桩：区分单桩截面直径，按设计截桩数量，以"根"为计量单位计算。

（八）钢管桩基础

区分桩长，按设计数量，以"根"为计量单位计算。

（九）基础护壁

1．现浇护壁：区分有筋、无筋，按设计图示尺寸，以"m³"为计量单位计算。

2．预制护壁：按设计图示尺寸，以"m³"为计量单位计算。

（十）混凝土基础防护

1．混凝土基础防腐：区分防腐材料，按设计要求涂刷面积，以"m²"为计量单位计算。

2．镁合金阳极安装：按设计数量，以"套"为计量单位计算。

3．测试桩及参比电极安装：按设计数量，以"处"为计量单位计算。

（十一）拉线棒防腐

区分防腐材料、拉线棒长度，按设计数量，以"根"为计量单位计算。

（十二）接地安装及测量

1．接地体加工及制作：按设计图示重量，以"t"为计量单位计算。

2．一般接地体安装

（1）垂直接地体安装：区分土质，按设计垂直接地体数量，以"根"为计量单位计算。

（2）水平接地体敷设：区分是否加降阻剂，按设计水平接地体敷设长度，以"m"为计量单位计算。

3．铜覆钢接地体安装

（1）铜覆钢垂直接地体安装：按设计垂直接地体数量，以"根"为计量单位计算。

（2）铜覆钢水平接地体敷设：按设计水平接地体敷设长度，以"m"为计量单位计算。

4．非开挖接地：区分土质，按设计接地体敷设长度，以"m"为计量单位计算。

5．接地测量及其他

（1）混凝土杆高空接地引下线安装：按设计接地引下线数量，以"根"为计量单位计算。

（2）接地模块：按设计数量，以"块"为计量单位计算。

（3）接地电阻测量：按设计杆塔数量，以"基"为计量单位计算。

四、使用说明

（一）基础充盈量与钻孔灌注桩加灌量

1．基础充盈量：充盈量应按设计规定计算，如设计无规定时，其充盈量如下。

（1）钻孔灌注桩基础（含挤扩支盘桩挤扩部分）、现浇护壁：设计量的17%。

（2）挖孔基础、树根桩基础：设计量的7%。

（3）岩石锚杆基础：设计量的8%。

（4）挖孔基础若采用基础护壁时不计算充盈量。

2．钻孔灌注桩加灌量：加灌长度按设计加灌长度计算，设计无规定时，加灌长度按0.5m计算。

（二）预制基础

1．铰接连接的底盘，每基应增加技工工日：单杆为0.18工日，双杆为0.36工日。

2．三联杆的预制基础安装，按"单杆"相应定额乘2.5系数。

3．"底盘安装""拉线盘安装"，如组合块数（每组或每基）超过子目的规定时可按单块同重量和相应组合块的倍数调整定额。

4．套筒安装定额已包括二次灌浆工作，未包括基础的底盘安装，发生时执行"底盘安装"定额。

（三）现浇基础

1．"铺石灌浆""铺石加浇混凝土"，砂浆或混凝土的用量应按设计规定计算，如设计无规定时，砂浆的用量可以按垫层体积的20%计算，混凝土的用量可以按垫层体积的30%计算。

2．灰土垫层不分石灰与土的比例，定额综合考虑。

3．混凝土及垫层现场浇制中，养护、浇制用水定额已含100m以内运输，如果运距超过时，可按每立方混凝土500kg养护、浇制用水量执行"工地运输"定额，商品混凝土可按每立方混凝土300kg养护用水量执行"工地运输"定额。

4．大体积混凝土基础是指因混凝土水化热引起的，在设计文件中明确要求在混凝土浇制中采取温度控制措施的混凝土基础。

5. 无筋基础按有筋基础相应定额乘 0.95 系数。无模板（含 5m 以内挖孔）基础按现浇基础定额乘 0.9 系数。

6. 混凝土现浇基础立柱、承台、联系梁高出地面 1.0m 以上，需要搭设平台施工时，基础立柱、承台、联系梁浇制按相应定额乘 1.2 系数。

（四）岩石锚杆基础

1. 岩石锚杆基础适用于直锚式、承台式，嵌固式岩石基础执行"现浇基础"相应定额。

2. 承台浇制，执行"现浇基础"相应定额。

（五）钻孔灌注桩基础

1. 定额土质分类：

（1）砂土、黏土：指亚砂土和中、轻亚黏土、重亚黏土、黏土和松散的黄土。

（2）砂砾石：指重亚黏土、僵石黏土，并伴有含量不超过 20%、粒径不大于 15cm 的砾石或卵石。

（3）岩石：指天然岩体，包括含量超过 20%或粒径大于 15cm 砾石、卵石的重亚黏土、僵石黏土。

2. 凡同一孔中有不同土质时，按岩土工程勘测提供的地质资料分层计算。

3. 机械推钻成孔砂砾石、岩石定额中成孔机械按卷扬机带冲抓锥、冲击锥冲孔综合考虑，实际使用时，不同机械不作调整；定额中钢护筒加工件在施工过程中主要起定位、保护孔口、保持泥浆水位（压力）、防止钻孔过程中的沉渣回流作用。

4. 钻孔灌注桩基础成孔长度为钻孔前的自然地坪标高至设计桩底的长度。

5. 挤扩支盘桩成孔执行"钻孔灌注桩机械推钻成孔"定额，挤扩执行"挤扩支盘桩挤扩部分"定额。

6. 机械推钻成孔、挤扩支盘桩挤扩部分定额中未包括泥浆外运、处置，发生时另行计算，其工程量为：桩设计零米以下部分体积（m³）×1.7（t/m³）（其中 0.2t/m³ 为含水量）。

7. 挖孔基础混凝土浇制：

（1）孔深 5m 以上，执行"钻孔灌注桩基础"相应定额；

（2）孔深 5m 以内，执行"现浇基础"相应定额。

8. 定额不包括基础防沉台、承台和框梁的浇制工作，发生时执行"现浇基础"相应定额。

9. "凿桩头"定额适用于钻孔灌注桩防沉台、承台基础，不适用岩石锚杆基础。

（六）接地安装

1. 垂直接地体长度定额按 2.5m 考虑，如实际长度超过时，定额乘 1.25 系数。

2. 铜覆钢垂直接地体长度定额按 3m 考虑，如实际长度超过时，定额乘 1.25 系数。

3. 石墨、不锈钢水平接地体敷设按"水平接地体敷设"定额乘 0.8 系数。

4. 水平接地体（不含非开挖接地）敷设按每基长度 300m 以内考虑，如实际长度超过时，定额乘 0.6 系数。

（七）现浇混凝土、水泥砂浆配合比

1. 现浇混凝土配合比见表 C-8。

表 C-8　　　　　　　　　　　　现浇混凝土配合比表

序号	混凝土强度等级	水泥强度等级	水泥 (t)	中砂 (m²)	碎石 (m²)	水 (t)	备注
1	C10	42.5	0.266	0.539	0.813	0.180	碎石粒径为 40mm 以内
2	C15	42.3	0.288	0.509	0.873	0.180	
3	C20	42.5	0.316	0.476	0.880	0.180	
4	C25	42.5	0.360	0.447	0.926	0.180	
5	C30	42.5	0.383	0.420	0.860	0.180	
6	C35	42.5	0.411	0.400	0.860	0.180	
7	C40	42.5	0.460	0.370	0.860	0.180	
8	C20	42.5	0.351	0.495	0.850	0.215	碎石粒径为 15mm 以内（灌注桩、树根桩用）
9	C25	42.5	0.399	0.448	0.897	0.215	
10	C30	42.5	0.451	0.410	0.800	0.215	
11	C35	42.5	0.479	0.400	0.800	0.215	
12	C40	42.5	0.536	0.370	0.790	0.215	
13	C45	52.5	0.512	0.390	0.790	0.215	

2. 水泥砂浆配合比见表 C-9。

表 C-9　　　　　　　　　　水泥砂浆配合比表　　　　　　　　　　（m²）

项目	单位	砂浆强度等级				
		M15.0	M10.0	M7.5	M5.0	M2.5
		数量				
42.5 水泥	t	0.445	0.331	0.268	0.210	0.150
中砂	m²	1.180	1.180	1.180	1.180	1.180
水	t	0.220	0.220	0.220	0.220	0.220

第四章 杆塔工程 说明

一、本章内容

包括混凝土杆组立，钢管杆组立，铁塔组立，钢管塔管内灌注混凝土，拉线制作及安装，杆塔刷漆。

二、本章不包括的内容

1. 塔全高 220m 以上的铁塔组立，发生时按施工组织设计另行计算。

2. 杆塔标志牌、防鸟装置、防坠落装置、避雷器装置安装和监测装置安装调测，发生时执行附录 C 第七章相应定额。

三、工程量计算规则

（一）混凝土杆组立

1. 整根式混凝土杆：区分单杆、双杆，按设计的混凝土杆数量，以"基"为计量单位计算。

2. 分段式混凝土杆：区分单杆、双杆和每基重量，按设计的混凝土杆数量，以"基"为计量单位计算。"每基重量"是指分段式混凝土杆杆身自重与横担、叉梁、脚钉（爬梯）、拉线抱箍、避雷器支架等全部杆身组合构件的总重量，不包括底、拉、卡盘的重量。

（二）钢管杆组立

区分单杆整根式、单根分段式和每基重量，按设计的钢管杆数量，以"基"为计量单位计算。

"每基重量"指钢管杆杆身自重与横担、螺栓、爬梯、避雷器支架等全部杆身组合构件的总重量。

（三）铁塔组立

区分角钢塔、钢管塔、塔全高和每米重量，按设计的铁塔重量，以"t"为计量单位计算。

"塔全高"指铁塔呼称高与塔头的总高度之和，全方位塔为最长腿基础顶面至塔顶的高度。

"每米塔重"指铁塔平均每米的重量，计算公式：每米塔重=铁塔总重量÷塔全高

其中：铁塔总重量=Σ（铁塔本身所有的型钢、钢管、联板、螺栓、脚钉、爬梯、避雷器支架等）

（四）钢管塔管内灌注混凝土

区分钢管塔灌注高度，按设计的管内浇灌混凝土数量，以"m³"为单位计算。

（五）拉线制作及安装

区分拉线截面和线夹形式，按设计的拉线数量，以"根"为计量单位计算。

（六）杆塔刷漆

区分钢管杆、钢管塔和角钢塔，按设计要求刷漆的杆塔材料重量，以"t"为计量单位计算。

四、使用说明

（一）混凝土杆组立

1．定额以杆型和组合重量的形式表示，已综合考虑了各种电压等级、结构形式、杆高和施工方法，不能因施工方法的不同而调整定额。

2．混凝土三联杆组立，按单杆每基重量相应定额乘 2.5 系数。

3．分段式混凝土杆组立定额包括钢环圈焊接与刷漆防锈处理。其中钢环圈焊接按电焊、气焊综合考虑，不能因施工方法的不同而调整定额。

4．混凝土杆组立定额已包括杆顶封头工作及材料。

（二）钢管杆组立

定额已综合考虑了各种电压等级、结构形式、杆高和施工方法，不能因施工方法的不同而调整定额。

（三）铁塔组立

1．定额已综合考虑了直线塔与耐张转角塔、自立塔与拉线塔等各种塔型的施工方法，不能因施工方法的不同而调整定额。

2．紧凑型铁塔按相应的铁塔组立定额人工、机械乘 1.1 系数。

（四）钢管塔管内灌注混凝土

定额已综合考虑了钢管内灌注混凝土对组塔工效的影响。

（五）拉线制作及安装

1．定额已综合考虑了不同拉线形式和材质的拉线制作及安装，适用于单根拉线的制作与安装。如安装"V"型、"Y"型或双拼拉线时，按 2 根计算。定额中拉线上把高度按 40m以内考虑，超过 40m 时，按每增高 10m 乘 1.1 系数，不足 10m 按 10m 计列。

2．未计价材料拉线的长度为拉线的展开长度，展开长度包括制作所需的预留长度。

（六）杆塔刷漆

定额中油漆按普通调和漆考虑，如采用其他油漆时，可调整油漆材料费。

第五章　架线工程　说明

一、本章内容

包括导线、避雷线一般架设，导线（含 OPPC）、避雷线（含 OPGW）张力架设，跨越架设，带电跨越电力线，特殊跨越，耦合屏蔽线安装，OPGW 接续与测量，拦河线安装。

二、本章不包括的内容

1．跨越高速铁路，发生时按施工组织设计另行计算。

2．飞行器展放导引绳定额中的飞行器租赁费，发生时另行计算。

3．导线耐张终端头制作、耐张串组合连接、耐张塔挂线、跳线及跳线串安装，发生时执行附录 C 第六章相应定额。

4．跨越架设中被跨越物产权部门提出的咨询、监护、路基占用等，发生时按政府或有关部门的规定另行计算。

三、工程量计算规则

（一）导线（含 OPPC）、避雷线（含 OPGW）架设

1．单根避雷线（含 OPGW）架设：区分一般架线、张力架线、单根避雷线（含 OPGW）截面，按单根避雷线的亘长，以"km"为计量单位计算。

2．导线（OPPC）架设：区分一般架设（交流）、张力架设（交流、直流）、导线截面和导线分裂数，按线路亘长，以"km"为计量单位计算，其中：交流线路为 km/三相，直流线路为 km/二极。

3．牵、张场场地建设：区分场地平整、钢板铺设和导线分裂数（OPGW 按单导线），按场地建设数量，以"处"为计量单位计算。牵张场地数量按施工设计大纲计算，如没有规定，导线、避雷线按 6km 一处，OPGW 按 4km 一处，OPPC 按 3km 一处计算。

4．导引绳展放：区分导引绳的展放形式（人工、飞行器），按线路亘长，以"km"为计量单位计算。同塔多回路同时架设时，工程量=线路亘长×回路数。

5．张力放、紧线架设 OPPC 增加费：区分导线截面，按单根线路亘长，以"km"为计量单位计算。

（二）跨越架设

1．"跨越一般铁路""跨越电气化铁路""跨越一般公路""跨越高速公路""跨越低压线及弱电线"区分待建线路电压等级，按设计图纸中被跨越物种类和数量，以"处"为计量单位计算。

2．"跨越电力线"区分待建线路和被跨越线路电压等级，按设计图纸中被跨越物数量，以"处"为计量单位计算。

3．"跨越河流"区分架线方式和河流宽度，按设计图纸中被跨越物数量，以"处"为计量单位计算。

（三）带电跨越电力线

区分被跨越电力线电压等级，按施工组织设计中的数量，以"处"为计量单位计算。

（四）特殊跨越

区分特殊跨越形式和回路数，按施工组织设计中的数量，以"处"为计量单位计算。

（五）耦合屏蔽线安装

区分单、双根屏蔽线和屏蔽线截面，按耦合屏蔽线亘长，以"km"为计量单位计算。

（六）OPGW 测量与接续

1．单盘测量：区分芯数，按设计数量，以"盘"为计量单位计算。

2．接续：区分芯数，按设计数量，以"头"为计量单位计算。

3．全程测量：区分芯数，按设计数量，以"段"为计量单位计算。

（七）拦河线安装

区分河流宽度，按施工组织设计中的数量，以"处"为计量单位计算。

四、使用说明

（一）导线（含 OPPCX）、避雷线（含 OPGW）架设

1．"导引绳展放"定额为导线（含 OPPC）、避雷线（含 OPGW）张力架设中的第一根引绳展放，分人力展放与飞行器展放两种方式，应根据施工图设计选用展放方式。

2．"导引绳展放"定额中的飞行器展放子目不包括飞行器的租赁费，租赁费另行计算。

3．OPPC 架设定额按张力架设考虑；定额执行相应导线截面"导线张力架设"和"OPPC 张力架设增加费"。

4．同塔架设双回。多回线路工程和临近带电线路架线施工时，按表 C-10 系数调整，其中：临近带电线路架线边线平行接近的控制距离见表 C-11。若不同电压等级线路同塔多回路架设时，不同等级电压线路根据各自的回路数按表 C-10 系数乘 0.9 系数。

5．避雷线及 OPGW 单独架线施工临近带电线路时，按表 C-10 中"一回路"调整系数。

6．张力架线定额中已包括牵张设备在施工过程中的装、拆和转移。

7．导线、避雷线未计价材料用量的计算公式：

未计价材料量=裸软导线、避雷线长度（km）×导线、避雷线单位重量（kg/km）×（1+施工损耗率）其中：裸软导线、避雷线长度按输电线路设计用量计算，设计用量为线路亘长、弧度长度、跳线长度之和。

架空线路的裸软导线、避雷线设计用量=线路亘长+弧度长度+跳线长度

表 C-10　　　　同塔架设双回、多回线路工程和临近有带电线路架线系数调整表

序号	同塔回路数	同时架设			临近带电线路			序号	同塔二次架设回路数	非同时架设			临近带电线路		
		人工	材料	机械	人工	材料	机械			人工	材料	机械	人工	材料	机械
1	一回路	1.00	1.00	1.00	1.10	1.00	1.10	6	一回路	1.10	1.00	1.10	1.21	1.00	1.21
2	二回路	1.75	2.00	1.75	1.93	2.00	1.98	7	二回路	1.98	2.00	1.98	2.18	2.00	2.18
3	三回路	2.50	3.00	2.50	2.75	3.00	2.75	8	三回路	2.75	3.00	2.75	3.03	3.00	3.03
4	四回路	3.10	4.00	3.10	3.41	4.00	3.41	9	四回路	3.41	4.00	3.41	3.75	4.00	3.75
5	六回路	4.00	6.00	4.00	4.40	6.00	4.40	10	五回路	3.96	5.00	3.96	4.36	5.00	4.36

表 C-11   临近带电线路架线边线平行接近控制距离表

已建线路电压（kV）	35	110	220	330	500	750	1000	±500	±660	±800	±1100
接近距离（m）	≤20	≤25	≤30	≤40	≤50	≤70	≤90	≤60	≤80	≤90	≤110

8. OPPC、OPGW 未计价材料用量，一般按设计提供的材料量（长度）计算，设计未提供按下列公式计算

$$L=\Sigma l+2\lambda+2\times 10$$

式中　L——每盘光缆的制造长度，m；

　　　Σl——耐张段 OPGW 实际长度，m；

　　　2λ——挂线点到接线盒的长度，m；

　　　2×10——每侧预留 10m 裕度。

（二）跨越架设

1. 跨越定额计量单位"处"，系指在一个档距内，对于一种被跨越物所必须搭设的跨越架而言。如同一档距内跨越多种（或多次）跨越物时，应根据跨越物种类（或次数）分别执行定额。

2. "单根避雷线（含 OPGW）"跨越定额，适用单独架设单根避雷线（含 OPGW）时的跨越，如避雷线、OPGW 随同导线同时架设时，已包括在相应导线跨越中，不能再次执行定额。"单根避雷线（含 OPGW）"带电跨越时，按"带电跨越电力线"定额乘 0.1 系数。

3. 定额子目中所列电压等级若未作说明，均指待建线路的电压。

4. 跨越定额仅考虑因跨越施工而多耗的人工、材料和机械台班，在计算架线工程量时，其跨越档的线路长度（亘长）不应扣除。

5. 跨越铁路定额未考虑产权单位要求必须夜间施工的增加费用，发生时按施工组织设计另行计算。

6. 跨越一般公路与高速公路均按双向 4 车道及以内的考虑，当超出 4 车道时，定额乘超宽系数调整：双向 6 车道为 1.2，双向 8 车道为 1.6。

7. 跨越电力线定额是按停电跨越考虑的。如需带电跨越，增加执行带电跨越定额。

8. 跨越河流定额仅适用于有水的河流、湖泊（水库）。如在架线期间，人能涉水而过的河道，或正值干涸时的河流、湖泊（水库）均不作为跨越河流计。对于必须采取封航的通航河道或水流湍急以及施工难度较大的深沟或峡谷，其跨越架线可按审定的施工组织设计，由工程主审部门另行核定。

9. 施工中遇到有人车通行的土路、不拆迁的房屋及不砍伐的果园、经济作物、穿越电力线等，架线时需采取防护措施，可按下面方法计算：

（1）跨越土路，以"处"为计量单位，按"跨越低压、弱电线路"相应定额乘 0.8 系数。

（2）果园、经济作物按 60m 为一处，按"跨越低压、弱电线路"相应定额乘 0.8 系数。

（3）跨越房屋，以独立房屋为一处，按"跨越低压、弱电线路"相应定额，房屋高度 10m 以下定额乘 0.8 系数，房屋高度 10m 以上定额乘 1.5 系数。

（4）穿越电力线，根据被穿越线路电压等级，按"跨越电力线"定额乘 0.75 系数。

10. 跨越架设定额按单回路线路建设考虑，当同塔同时架设多回路时，定额按表 C-12 系数调整，穿越电力线不适用此表。

表 C-12   同塔同时架设多回线路工程跨越系数调整表

序号	每侧导线横担水平排列最大相数	人工	材料	机械
1	1 相	1.50	1.10	1.50
2	2 相	1.75	1.30	1.75
3	3 相	2.00	1.50	2.00

（三）带电跨越电力线

带电跨越电力线定额按被跨越电力线为单回路考虑，如被跨越电力线为多回路时，定额调整系数：双回路乘 1.5 系数，三、四回路乘 1.75 系数，五、六回路乘 2.0 系数。

（四）特殊跨越架

1. 特殊跨越架是指采用非脚手架形式跨越被跨越物的形式，使用时应根据施工图设计要求执行。

2. 多柱组合式、带羊角横担柱式跨越架横担上部高度按 30m 以内考虑，如超过 30m 时，按每增高 5m 定额乘 1.15 系数，不足 5m 按 5m 计列。

3. 带羊角横担柱式跨越架跨度按 40m 以内考虑，如超过 40m 时，按每增加 5m 定额乘 1.1 系数，不足 5m 按 5m 计列。

4. 多柱组合式、无跨越架索道封网式跨越架跨度按 80m 以内考虑，如超过 80m 时，按每增加 10m 定额乘 1.1 系数，不足 10m 按 10m 计列。

（五）耦合屏蔽线安装

定额按良导体考虑。如采用钢绞线作屏蔽线时，定额材料乘 0.2 系数。

（六）OPGW 测量与接续

1. OPPC 单盘测量、全程测量分别执行"OPGW 单盘测量""全程测量"相关定额。

2. OPPC 接续，"执行 OPGW 接续"相关定额，人工乘 1.5 系数。

3. 单盘测量中的盘长按设计规定，如设计未规定，按 OPGW 盘长 4km，OPPC 盘长 3km 计算。

4. 光缆定额按双窗口测试条件考虑，设计要求单窗口时，"接续"的有关定额乘 0.85 系数。

5. 接续工程量按接头的个数计算，只计算架空部分的连接头，光纤进出线两端的架构接线盒至通信机房部分执行《电力建设工程预算定额（2018 年版）第七册通信工程》第 13 章相应定额。

6. 全程测试定额是按 100km 考虑，超过 100km，每增加 50km，定额人工、机械乘 1.4 系数，不足 50km 按 50km 计列。

（七）拦河线安装

定额不包括拦河线未计价材料的运输，发生时执行附录 C 第一章相应定额。当拦河线采用钢管杆（含配套基础）承拦时，基础施工与钢管杆组立可执行二～四章相应定额。

第六章　附件工程　说明

一、本章内容

包括耐张转角杆塔导线挂线及绝缘子串安装，直线（直线换位、直线转角）杆塔绝缘子串悬挂安装，导线悬垂线夹安装，均压环、屏蔽环安装，防振锤、间隔棒安装，重锤安装，阻尼线安装，阻冰环安装，跳线制作及安装。

二、本章不包括的内容

避雷线、OPGW 的耐张终端头制作、耐张串组合连接和挂线、附件安装（除防振锤），其工作内容包括在第 5 章避雷线、OPGW 架设定额中。

三、工程量计算规则

（一）耐张转角杆塔导线挂线及绝缘子串安装

区分电压等级、导线分裂数和导线截面，按设计数量，以"组"为计量单位计算。

（二）直线（直线换位、直线转角）杆塔绝缘子串悬挂安装

区分电压等级、绝缘子串形式，按设计数量，以"串"为计量单位计算。

（三）导线悬垂线夹安装

区分电压等级、导线分裂数，按设计数量，以"单相（单极）"为计量单位计算。

（四）均压环、屏蔽环安装

区分电压等级和杆塔形式（直线、耐张），按设计数量，以"单相（单极）"为计量单位计算。

（五）防振锤、间隔棒安装

区分导线分裂数，按设计数量，以"个"为计量单位计算。

（六）相间间隔棒安装

区分电压等级，按设计数量，以"组"为计量单位计算。连接两相导线之间的间隔棒为一组。

（七）重锤安装

区分重锤重量，按设计数量，以"单相（单极）"为计量单位计算。

（八）阻尼线安装

区分导线截面及导线分裂数，按设计数量，以"单相（单极）"为计量单位计算。

（九）阻冰环安装

区分单导线、分裂导线，按设计数量，以"10 个"为计量单位计算。

（十）跳线制作及安装

1. 软跳线：区分电压等级、导线分裂数，按设计数量，以"单相（单极）"为计量单位计算。

2. 刚性跳线：区分导线分裂数，按设计数量，以"单相（单极）"为计量单位计算。

四、使用说明

1．耐张转角杆塔导线挂线及绝缘子串安装计量单位"组"，是指每基耐张、转角塔单侧单相（单极）为"一组"。

2．直线（直线换位、直线转角）杆塔绝缘子串悬挂安装计量单位"串"，是指完全独立的金具绝缘子串，包含单联或多联，多联之间通过金具连接，可独立施工。如多联之间无金具相连，彼此保持相互独立，上下有独立的挂点，为两串或多串金具绝缘子"串"。

3．直线（直线换位、直线转角）杆塔绝缘子串悬挂安装，遇Ⅰ型四联串时，按"Ⅰ型双联串"相应定额乘 1.6 系数。遇Ⅰ型六联串时，按"Ⅰ型双联串"相应定额乘 2.3 系数。

4．耐张转角杆塔导线挂线及绝缘子串安装、直线（直线换位、直线转角）杆塔绝缘子串悬挂安装，定额已综合考虑各种材质绝缘子串的安装。

5．超长阻尼线（每相扎花边 13 个以上）安装，按"阻尼线安装"定额人工、机械乘 3.0 系数。

6．避雷线、OPGW、OPPC 的阻尼线安装执行相同导线截面定额。

7．跳线绝缘子串悬挂安装执行"直线（直线换位、直线转角）杆塔绝缘子串悬挂安装"定额。跳线线夹安装执行"导线悬垂线夹安装"定额。

8．同塔非同时架设多回路或临近带电线路（控制距离见表 C-11），后续架设时的附件安装定额人工、机械乘 1.1 系数。

9．预绞丝悬垂线夹安装，按"导线缠绕预绞丝线夹安装"相应定额乘 1.2 系数。

10．同一相（极）中既有均压环又有屏蔽环时，应分别执行相应定额。

11．跳线间隔棒安装执行"导线间隔棒"定额。

12．防振锤安装时需缠绕预绞丝的，按"防振锤安装"定额乘 1.2 系数。

13．刚性跳线拉杆安装，执行绝缘子串悬挂安装"Ⅰ型双联串"相应定额。

第七章　辅助工程　说明

一、本章内容

包括施工道路修筑，固沙，打桩，护坡、挡土墙及排洪沟砌筑，喷射混凝土护坡，杆塔标志牌安装，防鸟装置安装，防坠落装置安装，避雷器安装，监测装置安装调测，索道设施运输、安装，耐张线夹 X 射线探伤，输电线路试运。

二、本章不包括的内容

1. 排水沟、护坡、挡土墙及排洪沟砌筑等土石方开挖，发生时执行第 2 章相应定额。

2. 监测装置、避雷器的支架制作、安装，发生时执行第 4 章相应定额。

三、工程量计算规则

（一）施工道路修筑

区分基层、面层、材质和厚度，按设计图示尺寸，以"m²"为计量单位计算。

（二）固沙

区分草方格和石方格，按设计图示尺寸，以"m²"为计量单位计算。

（三）打桩

按设计图示尺寸，以"m³"为计量单位计算。

（四）护坡、挡土墙及排洪沟砌筑

区分砌（浇）筑方式，按设计图示尺寸，以"m³"为计量单位计算。

（五）喷射混凝土护坡

挂网：按设计图示重量，以"t"为计量单位计算。

喷射混凝土：按设计图示尺寸，以"m³"为计量单位计算。

（六）杆塔标志牌安装

按设计数量，以"块"为计量单位计算。

（七）防鸟装置安装

区分防鸟刺、驱鸟器，按设计数量，以"个"为计量单位计算。

（八）防坠落装置安装

区分刚性导向型、柔性导向型，按设计图示长度，以"m"为计量单位计算。

（九）避雷器安装

区分氧化锌、普通阀式避雷器及电压等级，按设计数量，以"单相"为计量单位计算。

（十）监测装置安装调测

1. 蓄电池、电源控制器：按设计数量，以"套"为计量单位计算。

2. 太阳能板：按设计图示尺寸，以"m²"为计量单位计算。

3. 数据采集器、数据集中器：按设计数量，以"个"为计量单位计算。

4. 系统联调，按设计数量，以"基"为计量单位计算。

（十一）索道设施运输、安装

1．木支架、钢支架运输：区分索道额定荷载、跨度，以"个"为计量单位计算。

2．绳索及附件运输：区分索道形式（往复式、循环式）、额定荷载、跨度，以"处"为计量单位计算。

3．木支架制作安装、钢支架安装：区分索道额定荷载，以"个"为计量单位计算。

4．牵引设备、绳索及附件安装：区分索道形式（往复式、循环式）、额定荷载、跨度，以"处"为计量单位计算。

（十二）耐张线夹 X 射线探伤

区分导线分裂数，按设计数量，以"基"为计量单位计算。

（十三）输电线路试运

区分电压等级，以"回"为计量单位计算。

四、使用说明

（一）施工道路修筑

1．路床整形指高差 30cm 以内的人工挖高填低、平整找平。平均高差 30cm 以上的平整，另行执行土石方工程定额。

2．施工道路需拆除清理时，按相应定额的人工、机械乘 0.7 系数，不包括拆除清理后的渣土（石）外运，发生时执行附录 C 第一章相应定额。

（二）打桩

1．定额综合考虑土质类型，土质不同时不作调整。

2．定额按打、拔松木桩设置，如不考虑拔桩，定额乘 0.8 系数。

（三）护坡、挡土墙及排洪沟砌筑

1．浆砌护坡和挡土墙砌筑中的砂浆用量，按设计规定计算；设计未规定时，其砂浆用量按护坡和挡土墙体积的 20%计列。

2．杆塔基础现浇混凝土防撞墩执行"护坡、挡土墙及排洪沟"钢筋混凝土或素混凝土定额。

（四）杆塔标志牌安装

1．杆塔标志牌包括警示牌、相序牌、杆号牌、命名牌、飞行器巡检标志牌等各类标志牌。

2．定额已综合考虑安装高度和杆塔形式。

3．杆塔标志牌需拆装时，定额人工、机械乘 1.3 系数。

（五）防鸟装置安装

防鸟板、机械式驱鸟器安装执行"防鸟刺安装"定额，电子式驱鸟器安装执行"驱鸟器安装"定额。

（六）防坠落装置安装

定额综合考虑安装塔的高度和横担跨度等因素。

（七）监测装置安装调测

1．数据采集器适用于雷电数据、绝缘子泄漏电流、导线弧垂、导线温度、导线微风振动、导线风偏、导线舞动、线路覆冰、电缆局放、杆塔振动、杆塔倾斜、微气象、分布式故障诊断、视频监测等各种类型的架空输电线路在线监测装置。

2. 数据采集器"导线"定额是指在导线、避雷线及绝缘子串、线夹等金具上安装数据采集器。

3. 数据采集器"杆塔"定额是指在杆塔（含横担）上安装数据采集器，已综合考虑安装杆塔的高度和横担水平位置。

4. "系统联调"是指在同一杆塔上的数据采集等设备的整体调试，已综合考虑同一杆塔上数据采集器数量和类型，不同时不作调整。

（八）索道设施运输、安装

1. 术语

（1）支架：用来支撑索道绳索和运送物料荷载的支撑构件，包括地锚、临时拉线等。一般采用木材、钢材、复合材料等制作。

（2）绳索：指承载运送物料重量的承载索、牵引行走滑车运送物料的牵引索和承载运送料斗空载返回的返空索。

（3）索道牵引设备：又称索道牵引机，一般由柴油机、变速箱、涡轮减速箱、离合器、滚筒五部分组成，用来牵动牵引索运载物料。

（4）附件：是指索道用的滑车、料斗、托架、锚具、防雷设施等。

（5）跨度：是指设计索道上料点、下料点之间的水平投影距离。

2. 定额包括木支架、钢支架运输，绳索及附件运输，木支架制作安装，钢支架安装，牵引设备、绳索及附件安装。

3. 索道设施［牵引设备、木（钢）支架、绳索及附件］运输、安装，均含上料点 100m 范围

内移运就位，如超过 100m，超过部分按第 1 章"金具、绝缘子、零星钢材"运输子目另计工地运输（最大荷载 5t 的索道用设施一般不另计人力运输）；初步设计阶段索道用设施运输重量可参考表 C-13。

表 C-13　　　　　　　　　　　索道用设施运输重量参考表　　　　　　　　　　　　（t／套）

形式	荷载＼跨度	300m 以内	600m 以内	900m 以内	900m 以上
往复式	1t	4.4	6.5	7.5	8.5
	2t	5.5	8.5	10.0	11.5
循环式	1t	4.9	7.4	8.8	10.3
	2t	6.4	10.4	12.7	15.2

4. 索道支架按实际支架个数计算；若初步设计阶段不能确定具体支架数量时，按每 300m 一跨计算 2 个支架，每增加 300m 增加 1 个支架，不足 300m 按 300m 计算。

5．运输

（1）支架运输定额已综合考虑了索道形式（循环式、往复式），实际工程中均不得调整。

（2）绳索及附件运输定额已综合考虑了绳索型号规格，并按表C-14配置了承载索数量，实际工程中均不得调整。

（3）复合支架运输，执行"钢支架运输"定额。

表 C-14　　　　　　　　　　　承载索配置数量表

荷载重量（t）	1	2	5
往复式	1 线	2 线	4 线
循环式	2 线	3 线	5 线

6．安装

（1）索道设施安装定额均包括施工完成后相应的拆除工作。

（2）支架安装包括索道支架所需场地平整。

（3）木支架制作安装、钢支架安装定额已综合考虑了材质、结构形式、支架高度、施工方法，不同时不作调整。

（4）复合材料支架安装，执行"钢支架安装"定额。

（5）牵引设备、绳索及附件等安装均已综合考虑了各种型号、材质，不同时不作调整。

7．其他

（1）定额跨度均为一级索道的跨度，若搭设多级索道时，第二级索道用设施的运输（自第一级索道上料点至第二级索道上料点的运输）按照工地运输定额的金具、零星钢材索道运输子目乘1.5系数，第三级索道用设施的运输按第二级索道用设施运输乘1.5系数，以此类推。

（2）定额计量单位"处"指一级索道为一处，初步设计阶段需采用索道运输的线路段可按每基塔一处计算。

（九）耐张线夹 X 射线探伤

1．定额适用于架空输电线路导线、避雷线耐张线夹的检测，已综合考虑耐张线夹的各种规格型号、安装高度等因素，不同时不作调整。

2．定额计量单位"基"，是指单回路每基单侧，如多回路或每基双侧探伤时按表C-15调整。

3．定额按交流线路工程设置，直流线路工程时，相应定额乘0.8系数。

（十）输电线路试运

1．定额按线路长度50km以内考虑。超出50km时，每增加50km按定额乘0.2系数，不足50km，按50km计算。

2．同塔同时架设多回线路时，增加的回路按定额乘0.7系数。

表 C-15　　　　　　　　　耐张线夹 X 射线探伤回路数调整系数表

回路数	每基单侧			每基双侧		
	人工	材料	机械	人工	材料	机械
一回路	1.00	1.00	1.00	1.75	2.00	1.75
二回路	1.75	2.00	1.75	3.05	4.00	3.05
三回路	2.50	3.00	2.50	4.40	6.00	4.40
四回路	3.00	4.00	3.00	5.25	8.00	5.25

附录 D　预算成品内容表格

预算成品
内容表格
数字资源

附录 E　施工图预算成果文件

检　索　号

×× 架空输电线路工程 28# 杆塔施工图预算

预算书

2023 年 7 月 1 日

××架空输电线路工程 28#杆塔
（送审稿）

批准：

审定：

校核：

编制：

工程设计证书：

编 制 说 明

本卷为 110kV××架空输电线路工程 28#杆塔预算工书

1．设计依据

2．工程投资

工程总投资：88 万元

其中，工程静态投资：65 万元，单位静态投资：218.12 万元/km。

3．工程概况

3.1 本工程线路全长 0.298km，导线采用 LGJ 300/25 钢芯铝绞线。

3.2 本概算所有材料均按规定计算损耗。

3.3 所有现浇基础均采用板式。

3.4 地形：平地 0%，丘陵 80%，山地 20%，高山 0%，峻岭 0%，泥沼 0%，河网 0%，沙漠 0%。

3.5 地质：普通土 4.066%，坚土 0%，松砂石 34.562%，岩石 61.372%，泥水坑 0%，流砂坑 0%，水坑 0%，干砂坑 0%。

4．编制依据

4.1 预算定额按《电力建设工程预算定额》第四册执行。

4.2 根据《电网工程建设预算编制与计算规定（2018 年版）》进行项目划分和编制。

5．编制方法

5.1 工程取费按照 110kV 新建工程、Ⅱ类取费。

5.2 工程材料机械按材机系数调整执行。

目录

表 E-1　　　　　　　　　　架空输电线路工程总预算表

建设规模：0.298km　　　　　　　　　　　　　　　　　　　　金额单位：万元

序号	工程或费用名称	费用金额	各项占静态投资（%）	单位投资万元（km）
一	架空输电线路本体工程	28	43.08	93.96
（一）	一般线路本体工程	28	43.08	93.96
二	辅助设施工程			
	小计	28	43.08	93.96
三	其中：编制基准期价差	3	4.62	10.07
四	设备购置费			
五	其他费用	36	55.38	120.81
1	其中：建设场地征用及清理费	6		
六	基本预备费	1	1.54	3.36
七	特殊项目			
	工程静态投资（一～七项合计）	65	100	218.12
八	动态费用	23		
（一）	价差预备费	3		
（二）	建设期贷款利息	20		
	工程动态投资（一～八项合计）	88		
	其中：可抵扣增值税额	5		

表 E-2　　　　　　　　　　架空输电线路安装工程汇总预算表

金额单位：元

序号	工程或费用名称	取费基数	费率（%）	基础工程	杆塔工程	接地工程	架线工程	附件工程	辅助工程	合计	各项占总计（%）	单位投资元（km）
一	直接费		100	21083	49617	559	84901	7072	21070	184302	66.21	618464.729
1	直接工程费		100	18897	47303	496	76566	6773	18300	168333	60.47	564876.115
1.1	定额直接费		100	10721	5224	290	42959	555	18042	77790	27.95	261040.587
1.1.1	人工费		100	7504	4286	249	27107	447	8633	48226	17.32	161832.12
1.1.2	材料费		100	1273	42	2	3318	5	3275	7916	2.84	26562.745
1.1.3	施工机械使用费		100	1944	896	39	12533	102	6134	21648	7.78	72645.722

续表

序号	工程或费用名称	取费基数	费率（%）	基础工程	杆塔工程	接地工程	架线工程	附件工程	辅助工程	合计	各项占总计（%）	单位投资元（km）
1.2	装置性材料费		100	8176	42079	206	33607	6218	258	90543	32.53	303835.527
1.2.1	甲供装置性材料费		100		42079		33607	6218		81903	29.42	274843.559
1.2.2	乙供装置性材料费		100	8176		206			258	8640	3.1	28991.968
2	措施费		100	2187	2314	64	8336	300	2770	15969	5.74	53588.615
2.1	冬雨季施工增加费		4.59	344	197	11	1244	21	396	2214	0.8	7428.094
2.2	夜间施工增加费											
2.3	施工工具用具使用费		3.82	287	164	10	1036	17	330	1842	0.66	6181.987
2.4	特殊地区施工增加费											
2.5	临时设施费		6.6	708	345	19	2835	37	1191	5134	1.84	17228.679
2.6	施工机构迁移费		2.36	177	101	6	640	11	204	1138	0.41	3819.238
2.7	安全文明施工费		3.55	671	1507	18	2581	215	650	5641	2.03	18930.617
二	间接费		100	5815	3311	192	21050	345	6750	37464	13.46	125718.983
1	规费		100	3018	1724	100	10901	180	3472	19394	6.97	65080.787
1.1	社会保险费		26.3	2072	1184	69	7486	123	2384	13318	4.78	44689.94
1.2	住房公积金		12	946	540	31	3416	56	1088	6076	2.18	20390.847
2	企业管理费		35.76	2684	1533	89	9694	160	3087	17246	6.2	57871.166
3	施工企业配合调试费		1.06	114	55	3	455	6	191	825	0.3	2767.03
三	利润		5	1345	2404	38	5104	335	1391	10617	3.81	35628.22
四	编制基准期价差		100	2056	8709	43	18393	746	1691	31638	11.37	106167.112
1	人工价差		100	933	533	31	3369	56	1073	5994	2.15	20115.732
2	材料价差		100	84	3	0	218	0	215	520	0.19	1745.172
4	装置性材料价差		100	912	8114	9	13982	683		23701	8.51	79533.383
4.1	甲供装置性材料价差		100		8114		13982	683		22780	8.18	76441.785

续表

序号	工程或费用名称	取费基数	费率(%)	基础工程	杆塔工程	接地工程	架线工程	附件工程	辅助工程	合计	各项占总计(%)	单位投资元(km)
4.2	乙供装置性材料价差	100		912		9				921	0.33	3091.598
五	税金		9	2727	1246	75	7367	144	2781	14340	5.15	48122.433
六	设备费		100									
1	乙供设备不含税价		100									
2	甲供设备含税价		100									
七	总计		100	33026	65287	907	136816	8643	33683	278362	100	934101.477
	合计			33026	65287	907	136816	8643	33683	278362	100	934101.477
	各项占合计(%)			12	23	0	49	3	12	100		
	单位投资(元km)			110827	219085	3043	459115	29002	113031	934101		

表 E-3　　　　　　　　架空输电线路单位工程预算表

金额单位：元

序号	编制依据	项目名称及规格	单位	数量	单价				合价			
					装置性材料/设备	安装费			装置性材料/设备	安装费		
						合计	其中:人工费	其中:机械费		合计	其中:人工费	其中:机械费
一		架空输电线路本体工程							90543	278362	48226	21648
1		基础工程							8176	33026	7504	1944
1.1		基础工程材料工地运输								4336	1511	519
		金具、绝缘子、零星钢材										
	YX1-17	人力运输 金具、绝缘子、零星钢材	t·km	0.179		131.28	123	8.28		23	22	1
	YX1-97	汽车运输 金具、绝缘子、零星钢材 装卸	t	0.893		46.02	12.61	26.19		41	11	23
	YX1-98	汽车运输 金具、绝缘子、零星钢材 运输	t·km	4.465		1.53	0.51	1.02		7	2	5

续表

序号	编制依据	项目名称及规格	单位	数量	单价				合价			
					装置性材料/设备	安装费			装置性材料/设备	安装费		
						合计	其中：人工费	其中：机械费		合计	其中：人工费	其中：机械费
		其他建筑安装材料										
	YX1-22	人力运输 其他建筑安装材料	t·km	8.543		113.84	106.54	7.3		973	910	62
	YX1-107	汽车运输 其他建筑安装材料 装卸	t	18.66		27.46	9.59	17.87		512	179	333
	YX1-108	汽车运输 其他建筑安装材料 运输	t·km	93.301		1.16	0.41	0.75		108	38	70
		地形系数增加——特征段1：工地运输（人力运输）金具、绝缘子、零星钢材、塔材、其他建筑安装材料（不含机械费）	%	36		932.19	932.19			336	336	
		地形系数增加——特征段1：工地运输拖拉机、汽车运输（不含装卸，沙漠地形没有正式公路时使用）	%	32		115.06	40.53	74.53		37	13	24
		小计								2037	1511	519
1.2		基础土石方工程								5263	1881	460
		线路复测及分坑										
	YX2-6	线路复测及分坑 直线自立塔	基	1		76.56	41.76	2.58		77	42	3
		普通土										
	YX2-94	挖孔基础人工挖方（或爆破）普通土坑径1500mm以内坑深5m以内	m³	0.76		33.62	26.76	2.42		26	20	2
		松砂石：										

续表

序号	编制依据	项目名称及规格	单位	数量	单价				合价			
					装置性材料/设备	安装费			装置性材料/设备	安装费		
						合计	其中:人工费	其中:机械费		合计	其中:人工费	其中:机械费
	YX2-134	挖孔基础人工挖方（或爆破）松砂石 坑径1500mm以内 坑深5m以内	m³	6.459		53.47	44.09	4.94		345	285	32
		岩石（人工开凿）										
	YX2-174	挖孔基础人工挖方（或爆破）岩石（人工开凿）坑径1500mm以内 坑深5m以内	m³	6.067		310.24	235.34	69.83		1882	1428	424
		地形系数增加——特征段1：土石方工程（不含机械费）	%	6		1774.68	1774.68			106	106	
1.3		基础砌筑							8176	23428	4112	965
1.3.2		现浇基础							8176	23428	4112	965
		钢筋加工及制作										
	YX3-43	钢筋加工及制作	t	0.436		531.26	379.79	142.64		232	166	62
	YX3-44	钢筋笼加工及制作	t	0.28		622.56	455.88	156.96		174	128	44
		混凝土搅拌及浇制										
	调YX3-63*0.9	混凝土搅拌及浇制每个基础混凝土量5m³以内	m³	10.704		224.74	160.54	13.27		2406	1718	142
	YX3-72	混凝土搅拌及浇制 保护帽	m³	0.212		849.83	712.27	47.04		180	151	10
		基础护壁										
	YX3-193	现浇护壁 有筋	m³	4.661		581.85	323.63	129.45		2712	1508	603
		地形系数增加——特征段1：基础工程	%	12		4532.6	3671.12	861.48		544	441	103
		主材费小计							8176			

续表

序号	编制依据	项目名称及规格	单位	数量	单价			合价			
					装置性材料/设备	安装费		装置性材料/设备	安装费		
						合计	其中：人工费	其中：机械费	合计	其中：人工费	其中：机械费
		小计							8176	6248	4112	965
2		杆塔工程							42079	65287	4286	896
2.1		杆塔工程材料工地运输								1175	336	271
		塔材										
	YX1-20	人力运输 角钢塔材	t·km	1.193		157.47	146.52	10.95		188	175	13
	YX1-103	汽车运输 角钢塔材 装卸	t	5.966		49.91	12.76	36.56		298	76	218
	YX1-104	汽车运输 角钢塔材 运输	t·km	29.828		1.57	0.55	1.02		47	16	30
		地形系数增加——特征段1：工地运输（人力运输）金具、绝缘子、零星钢材、塔材、其他建筑安装材料（不含机械费）	%	36		174.8	174.8			63	63	
		地形系数增加——特征段1：工地运输拖拉机、汽车运输（不含装卸，沙漠地形没有正式公路时使用）	%	32		46.83	16.41	30.42		15	5	10
		小计								610	336	271
2.2		杆塔组立							42079	64112	3950	625
2.2.2		铁塔、钢管杆组立							42079	64112	3950	625
		角钢塔组立										
	YX4-44	角钢塔组立塔全高50m以内 每米塔重 200kg以内	t	5.936		599.38	511.9	81.01		3558	3039	481
		地形系数增加——特征段1：杆塔工程	%	30		3519.51	3038.64	480.88		1056	912	144

序号	编制依据	项目名称及规格	单位	数量	单价				合价			
					装置性材料/设备	安装费			装置性材料/设备	安装费		
						合计	其中：人工费	其中：机械费		合计	其中：人工费	其中：机械费
		主材损耗费							209			
		主材费小计							42079			
		小计							42079	4614	3950	625
3		接地工程							206	907	249	39
3.1		接地工程材料工地运输								8	2	2
		金具、绝缘子、零星钢材										
	YX1-17	人力运输 金具、绝缘子、零星钢材	t·km	0.009		131.28	123	8.28		1	1	0
	YX1-97	汽车运输 金具、绝缘子、零星钢材 装卸	t	0.045		46.02	12.61	26.19		2	1	1
	YX1-98	汽车运输 金具、绝缘子、零星钢材 运输	t·km	0.224		1.53	0.51	1.02		0	0	0
		地形系数增加——特征段1：工地运输（人力运输）金具、绝缘子、零星钢材、塔材、其他建筑安装材料（不含机械费）	%	36		1.11	1.11			0	0	
		地形系数增加——特征段1：工地运输拖拉机、汽车运输（不含装卸，沙漠地形没有正式公路时使用）	%	32		0.34	0.11	0.23		0	0	0
		小计								4	2	2
3.2		接地土石方								358	142	13
		接地槽挖方（或爆破）及回填										

续表

序号	编制依据	项目名称及规格	单位	数量	单价 装置性材料/设备	单价 安装费 合计	单价 安装费 其中:人工费	单价 安装费 其中:机械费	合价 装置性材料/设备	合价 安装费 合计	合价 安装费 其中:人工费	合价 安装费 其中:机械费
	YX2-213	接地槽挖方（或爆破）及回填普通土	m³	12.163		12.07	11.03	1.04		147	134	13
		地形系数增加——特征段1：土石方工程（不含机械费）	%	6		134.16	134.16			8	8	
		小计								155	142	13
3.3		接地安装							206	540	104	25
		接地体加工及制作										
	YX3-203	接地体加工及制作	t	0.042		271.75	166.28	99.7		11	7	4
	YX3-204	一般接地体安装										
		一般接地体安装垂直接地体安装土	根	4		11.6	10.75	0.85		46	43	3
	YX3-206	一般接地体安装 水平接地体敷设	m	50.68		0.43	0.37	0.03		22	19	2
		接地测量及其他										
	YX3-214	接地电阻测量	基	1		37.33	24.43	12.9		37	24	13
		地形系数增加——特征段1：基础工程	%	12		115.17	93.17	22.01		14	11	3
		主材损耗费							12			
		主材费小计							206			
		小计							206	131	104	25
4		架线工程							33607	136816	27107	12533
4.1		架线工程材料工地运输								387	48	202
		线材										
	YX1-83	汽车运输，线材每件重700kg以内装卸	t	0.423		52.84	10.26	42.42		22	4	18

序号	编制依据	项目名称及规格	单位	数量	单价 装置性材料/设备	单价 安装费 合计	单价 安装费 其中:人工费	单价 安装费 其中:机械费	合价 装置性材料/设备	合价 安装费 合计	合价 安装费 其中:人工费	合价 安装费 其中:机械费
	YX1-84	汽车运输,线材每件重700kg以内运输	t·km	2.116		1.42	0.37	1.05		3	1	2
	YX1-89	汽车运输,线材每件重4000kg以内装卸	t	2.302		83.85	13.55	70.14		193	31	161
	YX1-90	汽车运输,线材每件重4000kg以内运输	t·km	11.511		2.03	0.74	1.29		23	9	15
		地形系数增加——特征段1:工地运输拖拉机、汽车运输(不含装卸,沙漠地形没有正式公路时使用)	%	32		26.37	9.3	17.07		8	3	5
		小计								250	48	202
4.2		导地线架设							33607	83973	8639	8568
		牵、张场场地建设										
	YX5-18	牵、张场场地建设 场地平整 单导线/OPGW	处	2		871.84	823.58	48.26		1744	1647	97
		导引绳展放										
	YX5-29	导引绳展放 飞行器展放	km	0.596		2468.63	1574.99	324.4		1471	939	193
		张力放、紧线										
	YX5-30	张力放、紧线 OPGW 100mm²以内	km	0.596		2674.7	691.87	1953.92		1594	412	1165
	调 YX5-39 R*1.75 C*2 J*1.75	张力放、紧线 交流线路导线 400mm²以内	km	0.298		16449.41	6375.58	9601.45		4902	1900	2861
		单盘测量										
	YX5-205	OPGW 单盘测量 芯数12以内接续	盘	1		582.76	84.09	399.25		583	84	399

续表

序号	编制依据	项目名称及规格	单位	数量	单价 装置性材料/设备	单价 安装费 合计	单价 安装费 其中:人工费	单价 安装费 其中:机械费	合价 装置性材料/设备	合价 安装费 合计	合价 安装费 其中:人工费	合价 安装费 其中:机械费
	YX5-214	OPGW 接续 芯数 12 以内	头	2		1798.18	630.68	990.37		3596	1261	1981
		全程测量										
	YX5-223	OPGW 全程测量芯数 12 以内	段	2		1424.44	840.92	578.11		2849	1682	1156
		地形系数增加——特征段1:架线工程张力机械放、紧线(不包括跨越架设、挡河线安装)	%	12		9213.76	4898.13	4315.63		1106	588	518
		地形系数增加——特征段1:架线工程光缆接续(不包括测量)	%	10		3242.1	1261.36	1980.74		324	126	198
		主材损耗费							217			
		主材费小计							33607			
		小计							33607	18169	8639	8568
4.3		导地线跨越架设								52456	18420	3763
		跨越架设										
	调 YX5-100 R*1.5 C*1.1 J*1.5	跨越一般公路 110kV	处	1		3917.65	3007.64	367.07		3918	3008	367
	调 YX5-170 R*1.5 C*1.1 J*1.5	跨越低压、弱电线 110kV	处	7		1886.54	1409.7	310.62		13206	9868	2174
	调 YX5-170 R*1.3 C*0.9 J*1.3	跨越低压、弱电线 110kV[房屋(10m 以下)]	处	1		1626.94	1221.74	269.2		1627	1222	269
	调 YX5-170 R*1.3 C*0.9 J*1.3	跨越低压、弱电线 110kV(土路)	处	2		1626.94	1221.74	269.2		3254	2443	538
	调 YX5-170 R*2 C*1.6 J*2	跨越低压、弱电线 110kV[房屋(10m 以上)]	处	1		2535.54	1879.6	414.16		2536	1880	414
		小计								24540	18420	3763
5		附件安装工程							6218	8643	447	102

序号	编制依据	项目名称及规格	单位	数量	单价				合价			
					装置性材料/设备	安装费			装置性材料/设备	安装费		
						合计	其中：人工费	其中：机械费		合计	其中：人工费	其中：机械费
5.1		附件安装工程材料工地运输								48	14	10
		金具、绝缘子、零星钢材										
	YX1-17	人力运输 金具、绝缘子、零星钢材	t·km	0.055		131.28	123	8.28		7	7	0
	YX1-97	汽车运输 金具、绝缘子、零星钢材 装卸	t	0.277		46.02	12.61	26.19		13	3	7
	YX1-98	汽车运输 金具、绝缘子、零星钢材 运输	t·km	1.384		1.53	0.51	1.02		2	1	1
		地形系数增加——特征段1：工地运输（人力运输）金具、绝缘子、零星钢材、塔材、其他建筑安装材料（不含机械费）	%	36		6.77	6.77			2	2	
		地形系数增加——特征段1：工地运输拖拉机、汽车运输（不含装卸，沙漠地形没有正式公路时使用）	%	32		2.12	0.71	1.41		1	0	0
		小计								25	14	10
5.2		绝缘子串及金具安装							6218	8594	433	93
5.2.2		悬垂绝缘子串及金具安装							6218	8594	433	93
		直线（直线换位、直线转角）杆塔绝缘子串悬挂安装										
	YX6-23	直线（直线换位、直线转角）杆塔绝缘子串悬挂安装 110kV Ⅰ型单联串（悬垂串）	串	12		21.27	14.49	6.5		255	174	78

续表

序号	编制依据	项目名称及规格	单位	数量	单价 装置性材料/设备	单价 安装费 合计	单价 安装费 其中:人工费	单价 安装费 其中:机械费	合价 装置性材料/设备	合价 安装费 合计	合价 安装费 其中:人工费	合价 安装费 其中:机械费
		导线缠绕预绞丝线夹安装										
	调YX6-74*1.2	导线缠绕预绞丝线夹安装直线(直线换位、直线转角)杆塔 110kV 单导线	单相	6		39.2	37.88	1.32		235	227	8
		地形系数增加——特征段1:附件工程	%	8		487.1	401.18	85.92		39	32	7
		主材损耗费							72			
		主材费小计							6218			
		小计							6218	529	433	93
6		辅助工程							258	33683	8633	6134
6.2		辅助工程材料工地运输								0	0	0
		金具、绝缘子、零星钢材										
	YX1-97	汽车运输 金具、绝缘子、零星钢材 装卸	t	0.002		46.02	12.61	26.19		0	0	0
	YX1-98	汽车运输 金具、绝缘子、零星钢材 运输	t·km	0.011		1.53	0.51	1.02		0	0	0
		地形系数增加——特征段1:工地运输拖拉机、汽车运输(不含装卸,沙漠地形没有正式公路时使用)	%	32		0.02	0.01	0.01		0	0	0
		小计								0	0	0
6.6		杆塔上装的各类辅助生产装置							258	1465	259	390
		杆塔标志牌安装										
	YX7-27	杆塔标志牌安装	块	12		50.91	19.97	30.11		611	240	361

序号	编制依据	项目名称及规格	单位	数量	单价				合价			
					装置性材料/设备	安装费			装置性材料/设备	安装费		
						合计	其中:人工费	其中:机械费		合计	其中:人工费	其中:机械费
		地形系数增加——特征段1:辅助工程(杆塔辅助)杆塔标志牌,防鸟装置,防坠落装置,避雷器安装,监测装置安装调测	%	8		600.96	239.64	361.32		48	19	29
		主材费小计							258			
		小计							258	659	259	390
6.7		输、送电线路试运								32218	8374	5744
		输电线路试运										
	调YX7-127*0.7	输电线路试运 110kV	回	1		7157.63	3448.08	2365.02		7158	3448	2365
	YX7-127	输电线路试运 110kV	回	1		10225.18	4925.83	3378.6		10225	4926	3379
		小计								17383	8374	5744

表 E-4　　　　　　　　　　架空输电线路辅助设施工程预算表

金额单位:元

序号	工程或费用名称	编制依据及计算说明	总价
	合计		
1	巡线、检修站工程		
1.1	办公室、汽车库及仓库		
1.2	巡检修站征地		
1.3	室外工程		
2	巡线、检修道路工程		
3	生产维护通信设备		
4	生产作业工具		

表 E-5   **架空输电线路其他费用预算表**

金额单位:元

序号	工程或费用项目名称	编制依据及计算说明	合价
	合计		360687
1	建设场地征用及清理费	（建设场地征用及清理费）	56148
2	项目建设管理费		121692
2.1	项目法人管理费	（本体工程费）×1.17%	3257
2.2	招标费	（本体工程费）×0.28%	779
2.3	工程监理费	8×［1.16+（2-2）×0.92×0.2］×1.02×10000	94656
2.5	施工过程造价咨询及竣工结算审核费	（本体工程费）×0.47%	3000
2.6	工程保险费		20000
3	项目建设技术服务费		181288
3.1	项目前期工作费		40000
3.3	勘察设计费		28805
3.3.1	勘察费	（勘察费）	17130
3.3.2	设计费	（设计费）	11675
3.4	设计文件评审费		106200
3.4.1	可行性研究文件评审费	（5×0.28×1×1×1.8×10000）	25200
3.4.2	初步设计文件评审费	（5×0.4×1×1×1.8×10000）	36000
3.4.3	施工图文件评审费	（5×0.5×1×1×1.8×10000）	45000
3.5	项目后评价费	（本体工程费）×0.5%	1392
3.6	工程建设检测费		4612
3.6.1	电力工程质量检测费	（本体工程费）×0.22%	612
3.6.4	水土保持监测及验收费		2000
3.6.5	桩基检测费		2000
3.7	电力工程技术经济标准编制费	（本体工程费）×0.1%	278
4	生产准备费		1559
4.1	管理车辆购置费	（本体工程费）×0.25%	696
4.2	工器具及办公家具购置费	（本体工程费）×0.21%	585
4.3	生产职工培训及提前进场费	（本体工程费）×0.1%	278
	小计		360687

表 E-6 　　　　　　架空输电线路工程概况及主要技术经济指标表

	起点			终点			电压等级(kV)	110 kV	输送容量(MVA)	0	海拔高度(m)	0	设计风速(m/s)	0	覆冰厚度(mm)	0
工程概况	线路长度(km)	折合单回总长度	0.596	其中:单回	0	双回	0.298	三回	0	四回	0						
	地形(%)	平地	0	丘陵	80	山地	20	高山	0	峻岭	0	河网	0	泥沼	0	沙漠	0
	导线	型号	LGJ 300/25	每相根数	1	地线	型号		根数		OPGW光缆	芯数	12	根数	2		
	杆塔	数量(基)	1	耐张比例(%)	0%	其中:角钢塔(基)	1	钢管塔(基)	0	混凝土杆(基)	0						
	基础(基)	阶梯	0	大板	0	插入式	0	掏挖	1	人工挖孔	0	灌注桩	0	锚杆	0	其他	0
	基坑土质比(%)	普通土	4.066	坚土	0	松砂石	34.562	岩石(爆破)	0	岩石(人凿)	61.372	泥水坑	0	流砂	0	干砂	0
	交叉跨越(处)	铁路	0	高速公路	0	高铁	0	等级公路	0	高压电力线	0	通航河流		其他			
	绝缘子串形式	悬垂串	12	V型串	0	耐张串	0	跳线串	0	其他							
主要技术经济指标	导线(t/km)	6.6654	角钢塔(t/km)	19.919	现浇混凝土(m³/km)	51.56	盘式绝缘子(片/km)	0								
	地线(t/km)	0	钢管塔(t/km)	0	灌注桩混凝土(m³/km)	0	合成绝缘子(支/km)	40.268								
	基础钢材(t/km)	2.403	地脚螺栓(t/km)	0.43	基础护壁(m³/km)	15.641	挂线金具(t/km)	0.326								
	运距	人力运距(km)	0.2	汽车运距(km)	5	余土汽车运距(km)	5									
	主要材料价格															
	导线(元/t)	13648.14	地线(元/t)	0	角钢塔材(元/t)	0	钢管塔材(元/t)	0	基础钢筋(元/t)	0	水泥(元/t)	0	挂线金具(元/t)	0	OPGW(元/km)	0

表 E-7 　　　　　　架空输电线路建设场地征用及清理费用预算表

金额单位:元

序号	工程或费用名称	编制依据及计算说明	合价
	合计		56148
1	建设场地征用及清理费		56148

续表

序号	工程或费用名称	编制依据及计算说明	合价
1.1	土地征用费		43148
1.1.1	建设场地征用		26569
1.1.3	林木补偿		8350
1.1.4	青苗、经济作物补偿		2496
1.1.5	城市绿化补偿		5733
1.2	施工场地租用费		12000
1.8	水土保持补偿费		1000
	小计		56148

表 E-8　　　　　　　　　　　综合地形增加系数计算表

%

序号	项目	地形增加系数							地形比例							综合增加系数							
		丘陵	山地	高山	峻岭	泥沼	河网	沙漠	丘陵	山地	高山	峻岭	泥沼	河网	沙漠	丘陵	山地	高山	峻岭	泥沼	河网	沙漠	合计
特征段 1																							
1	工地运输（人力运输）混凝土杆、混凝土预制品、钢管杆、线材（不含机械费）	40	150	300	400	70		65	80	20						32	30						62
2	工地运输（人力运输）金具、绝缘子、零星钢材、塔材、其他建筑安装材料（不含机械费）	20	100	150	200	40		35	80	20						16	20						36
3	工地运输拖拉机、汽车运输（不含装卸，沙漠地形没有正式公路时使用）	20	80					40	80	20						16	16						32
4	土石方工程（不含机械费）	5	10	20	25	10	5	10	80	20						4	2						6
5	基础工程	10	20	40	50	40	10	30	80	20						8	4						12
6	杆塔工程	20	70	110	120	70	20	50	80	20						16	14						30
7	架线工程一般放、紧线（不包括跨越架设、拦河线安装）	15	100	150	170	40	10	35	80	20						12	20						32
8	架线工程张力机械放、紧线（不包括跨越架设、拦河线安装）	5	40	80	90	20	5	15	80	20						4	8						12
9	架线工程光缆接续（不包括测量）	5	30	60	80	15	5	10	80	20						4	6						10

续表

序号	项目	地形增加系数							地形比例							综合增加系数							
		丘陵	山地	高山	峻岭	泥沼	河网	沙漠	丘陵	山地	高山	峻岭	泥沼	河网	沙漠	丘陵	山地	高山	峻岭	泥沼	河网	沙漠	合计
10	附件工程	5	20	50	60	10	5	10	80	20						4	4						8
11	辅助工程（基础辅助）打桩，护坡、挡土墙及排洪沟砌筑，喷射混凝土护坡	10	20	40	50	40	10	30	80	20						8	4						12
12	辅助工程（杆塔辅助）杆塔标志牌，防鸟装置，防坠落装置，避雷器安装，监测装置安装调测	5	20	50	60	10	5	10	80	20						4	4						8
13	辅助工程（其他）索道站支架、绳索及附件运输（地形选择按架设索道站所处地带实际地形为准）	40	150	300	400				80	20						32	30						62
14	辅助工程（其他）索道设施安装（地形选择按架设索道站所处地带实际地形为准）	20	70	110	120				80	20						16	14						30

表 E-9　　　　　　　　　　综合地形增加费明细表

工程名称：××架空输电线路工程 28#杆塔　　　　　　　　　　　　　　　　金额单位:元

序号	项目名称及规格	综合地形人工费		综合地形机械费		合计
		人工费	人工价差	机械费	机械价差	
一	架空输电线路本体工程	2665.82	331.36	1041.59	68.43	4107.2
1	基础工程	895.57	111.32	127.23	8.36	1142.48
1.1	基础工程材料工地运输	348.56	43.33	23.85	1.57	417.3
1.2	基础土石方工程	106.48	13.24			119.72
1.3	基础砌筑	440.53	54.76	103.38	6.79	605.46
1.3.2	现浇基础	440.53	54.76	103.38	6.79	605.46
2	杆塔工程	979.77	121.79	154	10.12	1265.67
2.1	杆塔工程材料工地运输	68.18	8.47	9.74	0.64	87.03
2.2	杆塔组立	911.59	113.31	144.26	9.48	1178.64
2.2.2	铁塔、钢管杆组立	911.59	113.31	144.26	9.48	1178.64
3	接地工程	19.66	2.44	2.71	0.18	25
3.1	接地工程材料工地运输	0.44	0.05	0.07	0	0.57
3.2	接地土石方	8.05	1			9.05
3.3	接地安装	11.18	1.39	2.64	0.17	15.38

续表

序号	项目名称及规格	综合地形人工费		综合地形机械费		合计
		人工费	人工价差	机械费	机械价差	
4	架线工程	716.89	89.11	721.41	47.4	1574.81
4.1	架线工程材料工地运输	2.98	0.37	5.46	0.36	9.17
4.2	导地线架设	713.91	88.74	715.95	47.04	1565.64
5	附件安装工程	34.76	4.32	7.33	0.48	46.88
5.1	附件安装工程材料工地运输	2.66	0.33	0.45	0.03	3.47
5.2	绝缘子串及金具安装	32.09	3.99	6.87	0.45	43.41
5.2.2	悬垂绝缘子串及金具安装	32.09	3.99	6.87	0.45	43.41
6	辅助工程	19.17	2.38	28.91	1.9	52.36
6.2	辅助工程材料工地运输	0	0	0	0	0.01
6.6	杆塔上装的各类辅助生产装置	19.17	2.38	28.91	1.9	52.36

表 E-10　　　　　　　　　　输电线路工程装置性材料统计表

金额单位:元

序号	材料名称及规格	单位	单重	单价	设计用量	损耗率%	总重	总价
一	架空输电线路本体工程							
（甲）	线路悬垂线夹 CL-300-25	件	4.1	243	12	1.5	49.938	2959.74
（甲）	光缆 OPGW-12B1-85	km	558	9944	0.632		352.656	6284.61
	钢筋笼（基础）	t	1000	3959	0.28	6.5	298.2	1180.57
	地脚螺栓	t	1000	7079.65	0.116	0.5	116.58	825.35
	禁止标识牌 500×400	块	0.432	46	2		0.864	92
	杆号标识牌 400×320	块	0.276	43.36	2		0.552	86.72
	色标标识牌 200×200	块	0.086	10.08	6		0.516	60.48
	相序标识牌 320×107	块	0.074	9.24	2		0.148	18.48
（甲）	合成绝缘子 FXBW-110/100	只	7.1	171.42	12	0.5	85.626	2067.33
（甲）	线路挂环综合(Q、QP、QH、U 等类型)	t	1000	25708.63	0.036	1.5	36.54	939.39
（甲）	线路挂板综合(W、WS、P、Z 等类型)	t	1000	20655.27	0.012	1.5	12.18	251.58
	六角头螺栓（包括螺母、垫圈）碳钢	kg	1	6	2.08	3	2.142	12.85
	镀锌型钢综合	t	1000	5496	0.015	6.5	15.975	87.8
	普通圆钢（护壁）综合	t	1000	3959	0.436	6.5	464.34	1838.32

序号	材料名称及规格	单位	单重	单价	设计用量	损耗率%	总重	总价
	普通圆钢综合	t	1000	3959	0.037	6.5	39.405	156
（甲）	塔材角钢塔	t	1000	7053.46	5.936	0.5	5965.68	42078.69
（甲）	钢芯铝绞线 LGJ 300/25	t	1000	13648.14	1.986	0.8	2001.888	27322.05
	混凝土 C10	m³			0.212			
	碎石综合	t	1000	55.55	0.172	11	190.92	10.61
	中砂	t	1000	130	0.114	15.6	131.784	17.13
	普通硅酸盐水泥 42.5	t	1000	396	0.056	5.4	59.024	23.37
	水	t	1000	4.1	0.038		38	0.16
	混凝土 C25	m³			15.366			
	碎石综合	t	1000	55.55	14.229	11	15794.19	877.33
	中砂	t	1000	130	6.868	15.6	7939.408	1032.12
	普通硅酸盐水泥 42.5	t	1000	396	5.532	5.4	5830.728	2308.97
	小计						42193.284	90542.99
	合计						42193.284	90542.99

表 E-11 安装装置性材料汇总表

金额单位:元

编号	材料名称	单位	设计用量	损耗率%	供货方	单价（不含税）			合价（不含税）			单价（含税）			合价（含税）			重量	
						预算价	市场价	价差	预算价	市场价	价差	预算价	市场价	价差	预算价	市场价	价差	单重	总重
一	架空输电线路本体工程																		
（甲）	线路悬垂线夹 CL-300-25	件	12	1.5	甲供	215.04	221.39	6.35	2619	2697	77	243	250.17	7.17	2960	3047	87	4.1	49.938
（甲）	光缆 OPGW-12B 1-85	km	0.632		甲供	8800	8800		5562	5562		9944	9944		6285	6285		558	352.656
	钢筋笼（基础）	t	0.28	6.5	乙供	3959	4278.89	319.89	1181	1276	95	4473.67	4835.14	361.47	1334	1442	108	1000	298.2
	地脚螺栓	t	0.116	0.5	乙供	7079.65	7079.65		825	825		8000	8000	0	933	933	0	1000	116.58
	禁止标识牌 500×400	块	2		乙供	46	46		92	92		51.98	51.98		104	104		0.432	0.864
	杆号标识牌 400×320	块	2		乙供	43.36	43.36		87	87		49	49		98	98		0.276	0.552

续表

编号	材料名称	单位	设计用量	损耗率%	供货方	单价（不含税）			合价（不含税）			单价（含税）			合价（含税）			重量	
						预算价	市场价	价差	预算价	市场价	价差	预算价	市场价	价差	预算价	市场价	价差	单重	总重
	色标标识牌 200×200	块	6		乙供	10.08	10.08		60	60		11.39	11.39		68	68		0.086	0.516
	相序标识牌 320×107	块	2		乙供	9.24	9.24		18	18		10.44	10.44		21	21		0.074	0.148
（甲）	合成绝缘子 FXBW-110/100	只	12	0.5	甲供	151.7	168.86	17.16	1830	2036	207	171.42	190.81	19.39	2067	2301	234	7.1	85.626
（甲）	线路挂环综合(Q、QP、QH、U 等类型)	t	0.036	1.5	甲供	22751	29666.11	6915.11	831	1084	253	25708.63	33522.7	7814.07	939	1225	286	1000	36.54
（甲）	线路挂板综合(W、WS、P、Z 等类型)	t	0.012	1.5	甲供	18279	23834.68	5555.68	223	290	68	20655.27	26933.19	6277.92	252	328	76	1000	12.18
	六角头螺栓（包括螺母、垫圈碳钢）	kg	2.08	3	乙供	6	6.35	0.35	13	14	1	6.78	7.17	0.39	15	15	1	1	2.142
	镀锌型钢综合	t	0.015	6.5	乙供	5496	5496		88	88		6210.48	6210.48		99	99		1000	15.975
	普通圆钢（护壁）综合	t	0.436	6.5	乙供	3959	4278.89	319.89	1838	1987	149	4473.67	4835.14	361.47	2077	2245	168	1000	464.34
	普通圆钢综合	t	0.037	6.5	乙供	3959	4278.89	319.89	156	169	13	4473.67	4835.14	361.47	176	191	14	1000	39.405
（甲）	塔材角钢塔	t	5.936	0.5	甲供	6242	7445.69	1203.69	37238	44419	7181	7053.46	8413.63	1360.17	42079	50193	8114	1000	5965.68
（甲）	钢芯铝绞线 LGJ 300/25	t	1.986	0.8	甲供	12078	18258.98	6180.98	24179	36552	12374	13648.14	20632.64	6984.5	27322	41304	13982	1000	2001.888
	混凝土 C10	m³	0.212																
	碎石综合	t	0.172	11	乙供	55.55	97.09	41.54	11	19	8	57.21	100	42.79	11	19	8	1000	190.92
	中砂	t	0.114	15.6	乙供	130	130		17	17		133.9	133.9		18	18		1000	131.784
	普通硅酸盐水泥 42.5	t	0.056	5.4	乙供	396	396		23	23		447.48	447.48		26	26		1000	59.024
	水	t	0.038		乙供	4.1	4.1		0	0		4.63	4.63		0	0		1000	38
	混凝土 C25	m³	15.366																
	碎石综合	t	14.229	11	乙供	55.55	97.09	41.54	877	1533	656	57.21	100	42.79	904	1579	676	1000	15794.19
	中砂	t	6.868	15.6	乙供	130	130		1032	1032		133.9	133.9		1063	1063		1000	7939.408
	水	t	2.766		乙供	4.1	4.1		11	11		4.63	4.63		13	13		1000	2766

续表

编号	材料名称	单位	设计用量	损耗率%	供货方	单价（不含税）			合价（不含税）			单价（含税）			合价（含税）			重量	
						预算价	市场价	价差	预算价	市场价	价差	预算价	市场价	价差	预算价	市场价	价差	单重	总重
	小计								81120	102201	21080				91472	115227	23754		42193.284
	合计								81120	102201	21080				91472	115227	23754		42193.284

表 E-12　　　　　　　　　　安装甲供装置性材料汇总表

金额单位:元

序号	材料名称及规格	单位	单重	单价	设计用量	损耗率%	总重	总价
一	架空输电线路本体工程							
	线路悬垂线夹 CL-300-25	件	4.1	243	12	1.5	49.938	2959.74
	光缆 OPGW-12B1-85	km	558	9944	0.632		352.656	6284.61
	合成绝缘子 FXBW-110/100	只	7.1	171.42	12	0.5	85.626	2067.33
	线路挂环综合（Q、QP、QH、U 等类型）	t	1000	25708.63	0.036	1.5	36.54	939.39
	线路挂板综合（W、WS、P、Z 等类型）	t	1000	20655.27	0.012	1.5	12.18	251.58
	塔材角钢塔	t	1000	7053.46	5.936	0.5	5965.68	42078.69
	钢芯铝绞线 LGJ　300/25	t	1000	13648.14	1.986	0.8	2001.888	27322.05
	小计						8504.508	81903.38
	合计						8504.508	81903.38

表 E-13　　　　　　　　　　安装乙供装置性材料汇总表

金额单位:元

序号	材料名称及规格	单位	单重	单价	设计用量	损耗率%	总重	总价
一	架空输电线路本体工程							
	钢筋笼（基础）	t	1000	3959	0.28	6.5	298.2	1180.57
	地脚螺栓	t	1000	7079.65	0.116	0.5	116.58	825.35
	禁止标识牌 500×400	块	0.432	46	2		0.864	92
	杆号标识牌 400×320	块	0.276	43.36	2		0.552	86.72
	色标标识牌 200×200	块	0.086	10.08	6		0.516	60.48

续表

序号	材料名称及规格	单位	单重	单价	设计用量	损耗率%	总重	总价
	相序标识牌 320×107	块	0.074	9.24	2		0.148	18.48
	六角头螺栓（包括螺母、垫圈）碳钢	kg	1	6	2.08	3	2.142	12.85
	镀锌型钢 综合	t	1000	5496	0.015	6.5	15.975	87.8
	普通圆钢（护壁）综合	t	1000	3959	0.436	6.5	464.34	1838.32
	普通圆钢综合	t	1000	3959	0.037	6.5	39.405	156
	混凝土 C10	m³			0.212			
	碎石综合	t	1000	55.55	0.172	11	190.92	10.61
	中砂	t	1000	130	0.114	15.6	131.784	17.13
	普通硅酸盐水泥 42.5	t	1000	396	0.056	5.4	59.024	23.37
	水	t	1000	4.1	0.038		38	0.16
	混凝土 C25	m³			15.366			
	碎石综合	t	1000	55.55	14.229	11	15794.19	877.33
	中砂	t	1000	130	6.868	15.6	7939.408	1032.12
	普通硅酸盐水泥 42.5	t	1000	396	5.532	5.4	5830.728	2308.97
	水	t	1000	4.1	2.766		2766	11.34
	小计						33688.776	8639.61
	合计						33688.776	8639.61

表 E-14　　　　　　　　安装甲供装置性材料价差汇总表

金额单位:元

编号	材料名称	单位	设计用量	损耗率（%）	单价（含税）		合价（含税）		
					预算价	市场价	预算价	市场价	价差
一	架空输电线路本体工程								
	线路悬垂线夹 CL-300-25	件	12	1.5	243	250.17	2960	3047	87
	合成绝缘子 FXBW-110/100	只	12	0.5	171.42	190.81	2067	2301	234
	线路挂环综合(Q、QP、QH、U 等类型)	t	0.036	1.5	25708.63	33522.7	939	1225	286
	线路挂板综合(W、WS、P、Z 等类型)	t	0.012	1.5	20655.27	26933.19	252	328	76
	塔材角钢塔	t	5.936	0.5	7053.46	8413.63	42079	50193	8114

续表

编号	材料名称	单位	设计用量	损耗率（%）	单价（含税）		合价（含税）		
					预算价	市场价	预算价	市场价	预算价
	钢芯铝绞线 LGJ 300/25	t	1.986	0.8	13648.14	20632.64	27322	41304	13982
	小计						75619	98398	22780
	合计						75619	98398	22780

表 E-15　　　　　　　　　　　安装乙供装置性材料价差汇总表

金额单位:元

编号	材料名称	单位	设计用量	损耗率（%）	单价（不含税）		合价（不含税）		
					预算价	市场价	预算价	市场价	价差
一	架空输电线路本体工程								
	钢筋笼（基础）	t	0.28	6.5	3959	4278.89	1181	1276	95
	地脚螺栓	t	0.116	0.5	7079.65	7079.65	825	825	
	六角头螺栓（包括螺母、垫圈）碳钢	kg	2.08	3	6	6.35	13	14	1
	普通圆钢（护壁）综合	t	0.436	6.5	3959	4278.89	1838	1987	149
	普通圆钢综合	t	0.037	6.5	3959	4278.89	156	169	13
	混凝土 C10	m³	0.212						
	碎石综合	t	0.172	11	55.55	97.09	11	19	8
	混凝土 C25	m³	15.366						
	碎石综合	t	14.229	11	55.55	97.09	877	1533	656
	小计						4901	5822	921
	合计						4901	5822	921

架空输电线路工程概预算

表 E-16　　　　　　　　　输电线路工程土石方量计算表

合计单位:m³

地形	土质	基础形式	坑底长×宽(m)	坑深(m)	每坑土石方量(m³) 杆塔坑	马道	每基坑数个	每基土石方量(m³)	坑深2m以内 基数	合计	坑深3m以内 基数	合计	坑深3m以上 基数	合计	备注
	普通土	挖孔基础坑		2.6	0.135		4	0.54			1	0.54			
	松砂石	挖孔基础坑		2.6	1.148		4	4.592			1	4.592			
	岩石(人凿)	挖孔基础坑		2.6	2.038		4	8.152			1	8.152			
	普通土	接地装置	20.272	0.6	12.163		1	12.163	1	12.163					
合计															
	普通土	挖孔基础坑									1	0.54			
	松砂石	挖孔基础坑									1	4.592			
	岩石(人凿)	挖孔基础坑									1	8.152			
	普通土	接地装置							1	12.163					
总计										12.163		13.284			

表 E-17　　　　　　　　　输电线路工程工地运输重量计算表

材料类别	单位	全线概算量(含损耗) 基础工程	杆塔工程	接地工程	架线工程	附件工程	其他工程	合计	包装系数	运输重量(t)
金具、绝缘子、零星钢材										
地脚螺栓	kg	116.58						116.58	1.01	0.118
钢筋、型钢(成品、半成品及加工制作)	kg	775.32		42.6				817.92	1	0.818
螺栓、脚钉、垫片(不包括基础用地脚螺栓)	kg			2.142				2.142	1.01	0.002
金具(包括压接线夹)	kg				98.658			98.658	1.07	0.106

续表

材料类别	单位	全线概算量（含损耗）							包装系数	运输重量（t）
		基础工程	杆塔工程	接地工程	架线工程	附件工程	其他工程	合计		
复合绝缘子	kg					85.626		85.626	2	0.171
标志牌	kg						2.08	2.08	1.07	0.002
塔材										
钢筋、型钢（成品、半成品）用于塔材	kg		5965.68					5965.68	1	5.966
其他建筑安装材料										
水泥	kg	5889.752						5889.752	1.01	5.949
砂	kg	8071.192						8071.192	1	8.071
碎石	kg	15985.11						15985.11	1	15.985
水	kg	2804						2804	1.2	3.365
水超运	kg	7788.5						7788.5	1.2	9.346
线材										
700kg 以内	kg				352.656			352.656	1.2	0.423
2000kg 以上	kg				2001.888			2001.888	1.15	2.302
总计		41430.454	5965.68	44.742	2354.544	184.284	2.08	49981.784		52.624

表 E-18　　　　　　　　　　　输电线路工程工地运输工程量计算表

运距单位:km

材料站	项目名称	地形运输量（t）	平地		丘陵		山地		高山		峻岭		泥沼		沙漠	
			运距	t·km	运距	t·km	运距	t·km	运距	t·km	运距	t·km	运距	t·km	运距	t·km
	人力运输															
	金具、绝缘子、零星钢材															
	地脚螺栓	0.118			0.16	0.019	0.04	0.005								
	钢筋、型钢（成品、半成品及加工制作）	0.818			0.16	0.131	0.04	0.033								
	螺栓、脚钉、垫片（不包括基础用地脚螺栓）	0.002			0.16	0	0.04	0								
	金具（包括压接线夹）	0.106			0.16	0.017	0.04	0.004								
	复合绝缘子	0.171			0.16	0.027	0.04	0.007								

续表

材料站	项目名称	地形运输量(t)	平地运距	平地 t·km	丘陵运距	丘陵 t·km	山地运距	山地 t·km	高山运距	峻岭 t·km	峻岭运距	泥沼 t·km	泥沼运距	沙漠 t·km	沙漠运距
	标志牌	0.002			0.16	0	0.04	0							
	塔材														
	钢筋、型钢（成品、半成品）用于塔材	5.966			0.16	0.955	0.04	0.239							
	其他建筑安装材料														
	水泥	5.949			0.16	0.952	0.04	0.238							
	砂	8.071			0.16	1.291	0.04	0.323							
	碎石	15.985			0.16	2.558	0.04	0.639							
	水	3.365			0.16	0.538	0.04	0.135							
	水超运	9.346			0.16	1.495	0.04	0.374							
	线材														
	700kg 以内	0.423			0.16	0.068	0.04	0.017							
	2000kg 以上	2.302			0.16	0.368	0.04	0.092							
	汽车运输														
	金具、绝缘子、零星钢材														
	地脚螺栓	0.118			4	0.471	1	0.118							
	钢筋、型钢（成品、半成品及加工制作）	0.818			4	3.272	1	0.818							
	螺栓、脚钉、垫片（不包括基础用地脚螺栓）	0.002			4	0.009	1	0.002							
	金具（包括压接线夹）	0.106			4	0.422	1	0.106							
	标志牌	0.002			4	0.009	1	0.002							
	塔材														
	钢筋、型钢（成品、半成品）用于塔材	5.966			4	23.863	1	5.966							
	其他建筑安装材料														
	水泥	5.949			4	23.795	1	5.949							
	砂	8.071													

续表

材料站	项目名称	地形运输量(t)	平地		丘陵		山地		高山		峻岭		泥沼		沙漠	
			运距	t·km	运距	t·km	运距	t·km	运距	t·km	运距	t·km	运距	t·km	运距	t·km
	碎石	15.985														
	水	3.365			4	13.459	1	3.365								
	水超运	9.346			4	37.385	1	9.346								
	线材															
	700kg 以内	0.423			4	1.693	1	0.423								
	2000kg 以上	2.302			4	9.209	1	2.302								

表 E-19   输电线路工程杆塔分类一览表

序号	杆塔形式	高度(m)	单基重量(t)	全线基数	按地形分类								总重(t)	备注
					平地	丘陵	一般山地	高山	峻岭	泥沼	河网	沙漠		
1	直线	35.2	5.94	1		1							5.94	
	合计			1		1							5.94	

表 E-20   安装定额人工汇总表

金额单位:元

编号	人工名称	单位	数量	预算单价	预算合价
一	架空输电线路本体工程				
1	基础工程				
1.1	基础工程材料工地运输				
9101110	输电普通工	工日	18.4454	70	1291.179
9101111	输电技术工	工日	1.9703	112	220.677
	小计		20.4157		1511.856
1.2	基础土石方工程				
9101110	输电普通工	工日	16.7215	70	1170.502
9101111	输电技术工	工日	6.3454	112	710.688
	小计		23.0669		1881.19
1.3	基础砌筑				
1.3.2	现浇基础				
9101110	输电普通工	工日	24.2871	70	1700.1
9101111	输电技术工	工日	21.5316	112	2411.541
	小计		45.8188		4111.641

续表

编号	人工名称	单位	数量	预算单价	预算合价
2	杆塔工程				
2.1	杆塔工程材料工地运输				
9101110	输电普通工	工日	4.1185	70	288.294
9101111	输电技术工	工日	0.4225	112	47.315
	小计		4.5409		335.61
2.2	杆塔组立				
2.2.2	铁塔、钢管杆组立				
9101110	输电普通工	工日	11.9279	70	834.95
	小计		39.7431		3950.253
3	接地工程				
3.1	接地工程材料工地运输				
9101110	输电普通工	工日	0.0273	70	1.911
9101111	输电技术工	工日	0.0028	112	0.313
	小计		0.0301		2.224
3.2	接地土石方				
9101110	输电普通工	工日	1.8682	70	130.771
9101111	输电技术工	工日	0.1019	112	11.408
	小计		1.97		142.179
3.3	接地安装				
9101110	输电普通工	工日	0.8882	70	62.174
9101111	输电技术工	工日	0.3771	112	42.238
	小计		1.2653		104.412
4	架线工程				
4.1	架线工程材料工地运输				
9101110	输电普通工	工日	0.6045	70	42.315
9101111	输电技术工	工日	0.0485	112	5.428
	小计		0.653		47.743
4.2	导地线架设				
9101110	输电普通工	工日	21.7118	70	1519.829
9101111	输电技术工	工日	63.5671	112	7119.514
	小计		85.2789		8639.343

续表

编号	人工名称	单位	数量	预算单价	预算合价
4.3	导地线跨越架设				
9101110	输电普通工	工日	55.596	70	3891.72
9101111	输电技术工	工日	129.7206	112	14528.704
	小计		185.3166		18420.424
5	附件安装工程				
5.1	附件安装工程材料工地运输				
9101110	输电普通工	工日	0.1673	70	11.708
9101111	输电技术工	工日	0.0171	112	1.919
	小计		0.1844		13.627
5.2	绝缘子串及金具安装				
5.2.2	悬垂绝缘子串及金具安装				
9101110	输电普通工	工日	0.6159	70	43.11
9101111	输电技术工	工日	3.4831	112	390.111
	小计		4.099		433.221
6	辅助工程				
6.2	辅助工程材料工地运输				
9101110	输电普通工	工日	0.0004	70	0.029
9101111	输电技术工	工日	0	112	0.004
	小计		0.0004		0.033
6.6	杆塔上装的各类辅助生产装置				
9101110	输电普通工	工日	1.7924	70	125.466
9101111	输电技术工	工日	1.191	112	133.395
	小计		2.9834		258.86
6.7	输、送电线路试运				
9102104	调试技术工	工日	55.0916	152	8373.917
	小计		55.0916		8373.917
	总计		470.4581		48225.972

表 E-21 安装材料汇总表

金额单位:元

编号	材料名称	单位	数量	预算单价（不含税）	预算合价（不含税）
一	架空输电线路本体工程				
C14010100	镀锌铁丝	kg	88.7514	4.427	392.902
C99010102	其他材料费	元	155.2088	1	155.209
C13050101	圆钉	kg	3.8299	5.601	21.451
C20020101	普通磁漆	kg	0.732	9.727	7.12
C22040801	木桩	个	21.7897	2.611	56.893
C22040811	竹桩	个	16	0.65	10.4
C07010502	加工铁件 综合	kg	5.4525	5.767	31.445
C22030201	合金钻头	支	1.3554	22.25	30.157
C12010100	电焊条 J422 综合	kg	1.2991	4.96	6.444
C13050501	扒钉	kg	2.9797	6.363	18.96
C22010201	枕木 160×220×2500	根	0.0848	131.101	11.114
C22010401	通用钢模板	kg	56.8671	4.726	268.754
C22010431	复合木模板	m²	5.2141	39.45	205.696
C22040711	草袋	个	5.0095	1.57	7.865
C08020102	方材红白松 二等	m³	0.2922	1660	485.074
C22010421	专用钢模板	kg	22.7149	5.652	128.385
C22010441	钢模板附件	kg	0.165	4.989	0.823
C22010443	内模定型加固圈	kg	0.055	5.359	0.295
C01040102	钢丝绳 Φ15 以下	kg	4.6057	5.97	27.496
C12020100	碳钢气焊丝 综合	kg	0.0179	7.065	0.127
C19110101	氧气	m³	0.1688	4.71	0.795
C19110201	乙炔气	m³	0.0595	10.379	0.618
C08030901	木楔	m³	0.0003	1606.956	0.438
C16110704	迪尼玛绳 Φ2	m	381.44	0.872	332.616
C16010605	镀锌钢绞线 GJ-35	kg	0.5617	5.759	3.235
C18020101	普通橡胶管 DN50	m	1.2771	11.666	14.899
C22040401	白布	m²	1.1511	3.358	3.865
C22040501	棉纱头	kg	0.5885	5.67	3.337
C22040611	白棕绳 Φ8	kg	0.1367	10.626	1.452
C22040621	麻绳	kg	0.5075	9.246	4.692
C22040722	麻袋片	m	2.426	1.919	4.656

编号	材料名称	单位	数量	预算单价（不含税）	预算合价（不含税）
C16010609	镀锌钢绞线 GJ-100	kg	8.4036	5.759	48.396
C16037107	导线补修管 JX-400	个	0.3576	30.466	10.895
C18010102	橡胶板 10mm 以下	kg	0.3594	5.638	2.026
C19031101	清洗剂	kg	0.3576	2.41	0.862
C19020405	导电脂	kg	0.2724	11.597	3.159
C20010101	防锈漆	kg	0.2128	9.353	1.99
C22030501	钢锯条 各种规格	根	6.0196	1.308	7.874
C22040731	苇席	张	2.5661	5.757	14.773
C16050751	光纤测量用匹配油	瓶	0.19	304.892	57.929
C16050761	光纤用除油剂	瓶	1.33	45.357	60.325
C16050771	光纤用切管刀片	片	3.04	62.801	190.915
C18030801	自黏性橡胶带 25mm×20m	卷	4.75	6.897	32.761
C19030201	乙醇	kg	0.665	3.62	2.407
C22040412	无纺布	m²	7.125	5.218	37.178
C22041601	压缩空气标准瓶装	瓶	1.1875	19.63	23.311
C16050601	热缩管	m	28.5	1.744	49.704
C18080101	塑料标识牌	个	1.9	0.457	0.868
C22010101	钢管脚手架 包括扣件	kg	78.5235	4.215	330.977
C22010111	木脚手杆杉原木 Φ80×6000	根	17.1983	31.034	533.732
C22010121	毛竹	根	47.946	17.241	826.636
C22010301	安全网	m²	58.1979	4	232.792
C07010101	平垫铁 综合	kg	0.168	4.655	0.782
C13040200	弹簧垫圈	kg	0.168	11.929	2.004
C16100322	铝绑扎线 3.2mm 以下	m	4.2	0.523	2.197
C16011309	铜芯聚氯乙烯绝缘电线 25mm²	m	34	14.336	487.424
C16011315	铜芯聚氯乙烯绝缘电线 120mm²	m	34	73.805	2509.37
C16038104	铜接线端子 25mm²	个	10.2	4	40.8
C16038109	铜接线端子 120mm²	个	10.2	16.044	163.649
	合计				7915.666

表 E-22   安装机械汇总表

金额单位:元

编码	机械名称	单位	数量	预算单价	预算合价
一	架空输电线路本体工程				
J13-01-079	输电专用载重汽车 4t	台班	6.9838	314.67	2197.6
J13-01-080	输电专用载重汽车 5t	台班	16.6023	339.64	5638.813
J01-01-054	气腿式风动凿岩机	台班	1.8802	12.32	23.164
J11-01-020	电动空气压缩机排气量 10m³/min	台班	0.7596	419.72	318.814
J08-01-005	数控钢筋调直切断机直径 Φ1.8~3	台班	0.0623	194.75	12.14
J08-01-006	钢筋弯曲机直径 Φ40	台班	0.345	27.63	9.532
J10-01-028	汽油电焊机电流 160A 以内	台班	0.3267	226.51	73.997
J15-01-012	内切割机	台班	0.3836	60.49	23.206
J06-01-021	滚筒式混凝土搅拌机（电动式）出料容量 250L	台班	1.7107	178.74	305.766
J06-01-052	混凝土振捣器（插入式）	台班	0.2972	13.83	4.111
J03-01-034	汽车式起重机起重量 8t	台班	1.1021	655.69	722.628
J13-01-061	机动绞磨 5t 以内	台班	1.5758	174.42	274.846
J13-01-062	手扶机动绞磨 5t 以内	台班	0.0633	240.23	15.201
J08-01-073	型钢剪断机剪断宽度 500mm	台班	0.0167	249.57	4.162
J08-01-094	管子切断机管径 Φ60	台班	0.0304	17.4	0.528
J13-01-082	输电专用载重汽车 8t	台班	0.4239	476.01	201.781
J13-01-060	机动绞磨 3t 以内	台班	1.5217	162.99	248.021
J18-01-001	牵引机一牵一	台班	0.8575	1272.84	1091.413
J18-01-005	张力机一张一	台班	0.8575	936.39	802.92
J13-01-065	机动液压压接机 200t 以内	台班	0.3392	79.03	26.81
J03-01-037	汽车式起重机起重量 20t	台班	1.2847	993.04	1275.801
J13-01-084	输电专用载重汽车 15t	台班	0.1394	726.01	101.22
J14-05-064	光时域反射仪	台班	4.0674	295.76	1202.968
J14-05-061	光纤熔接仪	台班	2.508	233.38	585.317
J14-05-062	光纤电话	台班	2.2821	33.06	75.445
J14-05-057	光频谱分析仪	台班	0.57	209.72	119.54
J03-01-036	汽车式起重机起重量 16t	台班	1.0668	876.93	935.465
J04-01-004	载重汽车 8t	台班	0.4961	445.99	221.238
J14-03-018	交流高压发生器 50kV·A 以下 500kV	台班	2.278	777.48	1771.099
J14-09-027	线路参数测试仪	台班	0.4556	5226.08	2381.002

编码	机械名称	单位	数量	预算单价	预算合价
J15-01-066	功能检测分析平台（电脑）	台班	2.278	31.98	72.85
J16-01-025	绝缘电阻表（数字式）	台班	1.0843	15.69	17.012
J19-01-024	手持式数字双钳相位表	台班	2.0502	12.43	25.484
	小计				21647.989
	其他机械费				0.436
	合计				21648.425

表 E-23   安装基准期价差明细表

金额单位:元

序号	费用名称	金额	备注
1	线路编制基准期价差	31637.8	
1.1	人工价差	5994.49	
1.2	材料价差	520.06	
1.3	机械价差	1422.3	
1.4	装置性材料价差	23700.95	
2	税金	797.23	
3	合计	32435.03	

附录 F　施工图纸

施工图纸

扫二维码获取施工图纸。

序号	图号	图纸名称
1	X0101	平面路径图
2	X0201	平断面图
3	X0202	平断面图
4	X0203	平断面图
5	X0301	铁塔基础配置表
6	X0302（数字资源）	钢管杆基础配置表
7	X0401	基础配置表说明
8	X0501	掏挖基础施工说明
9	X0601	桩基础施工说明
10	X0701（数字资源）	KW1270 基础结构图
11	X0702	TW2228 基础结构图
12	X0703	TW2233 基础结构图
13	X0704（数字资源）	TW2236 基础结构图
14	X0705（数字资源）	WK1060 基础结构图
15	X0706（数字资源）	WK1065 基础结构图
16	X0707（数字资源）	WK1270 基础结构图
17	X0708（数字资源）	TW2448 基础结构图
18	X0709	WK1085（ZK1085）基础结构图
19	X0801	地脚螺栓根开参数表
20	X0802	矩形分布地脚螺栓加工图
21	X0803（数字资源）	圆形分布地脚螺栓加工图
22	X0804	地脚螺栓配箍加工图
23	X0805（数字资源）	地脚螺栓定位板加工图

序号	图号	图纸名称
24	X0901	杆塔明细表
25	X1001	杆塔一览图
26	X1101（数字资源）	进出线及接线示意图
27	X1201	线路相序及 OPGW 光缆安装位置示意图
28	X1301	接地装置施工图
29	X1302（数字资源）	接地模块施工图
30	X1401	LGJ-300/25 导线双联耐张绝缘子串组装图 XN1
31	X1402（数字资源）	LGJ-300/25 导线双联耐张绝缘子串组装图 XN2
32	X1403（数字资源）	LGJ-300/25 导线双联耐张绝缘子串组装图 XN3
33	X1404	LGJ-300/25 导线单联悬垂绝缘子串组装图 XZ1
34	X1405（数字资源）	LGJ-300/25 导线单联悬垂绝缘子串组装图 XZ2
35	X1406	LGJ-300/25 跳线绝缘子串组装图 XT1
36	X1407（数字资源）	JLB40-80-7 地线耐张金具组装图 BN1
37	X1408（数字资源）	JLB40-80-7 地线耐张金具组装图 BN2
38	X1409（数字资源）	JLB40-80-7 地线耐张金具组装图 BN3
39	X1501	防振锤安装图
40	X1601	截水沟施工图
41	X1701	基础堡坎施工图